사이코매직

세상에서 가장 발칙한
치유의 예술

사이코매직

알레한드로 조도로프스키 지음
배민경 옮김

• **일러두기** 이 책은 성인 독자의 눈높이에 맞춰 집필되었습니다.
　　　　　 미성년자는 보호자의 지도하에 읽기를 권장합니다.

사이코매직
ⓒ **알레한드로 조도로프스키, 2009**

알레한드로 조도로프스키 짓고, 배민경 옮긴 것을 정신세계사 김우종이 2025년 3월 6일 처음 펴내다. 변영옥이 꾸미고, 한서지업사에서 종이를, 영신사에서 인쇄와 제본을, 하지혜가 책의 관리를 맡다. 정신세계사의 등록일자는 1978년 4월 25일(제2021-000333호), 주소는 03965 서울시 마포구 성산로4길 6 2층, 전화는 02-733-3134, 팩스는 02-733-3144이다.

2025년 3월 6일 펴낸 책(초판 제1쇄)

ISBN　　978-89-357-0475-0　03180

• 홈페이지 mindbook.co.kr　　• 인터넷 카페 cafe.naver.com/mindbooky
• 유튜브 youtube.com/innerworld　• 인스타그램 instagram.com/inner_world_publisher

차 례

1부
내 삶을 치유해줄 사이코매직

1부

내 삶을 치유해줄 사이코매직

마르세유 타로의 일흔여덟 가지 아르카나[*]를 배우고 암기한 후, 마음속으로 이런 맹세를 했다. '일주일에 한 번씩 인기 있는 카페에서 무료로 타로를 봐주겠습니다. 그리고 이 약속을 죽을 때까지 지키겠습니다.' 나는 이 약속을 지금까지 30년 넘게 지켜오고 있다. 나는 타로 리딩을 일종의 종합 정신분석으로 바꾸어 '타로학(tarology)'이라 부르기로 했다. 본질적으로, 타로학의 목적은 미래를 점치는 것이 아니라 아르카나의 안내에 따라 내담자에게 그의 과거에 관한 질문을 던짐

---

[*] 마르세유 타로(Tarot of Marseille)는 프랑스 마르세유에서 유래된 고전적인 타로 카드 덱이다. 이 덱은 15세기 중반부터 사용되어왔으며, 주로 심리적인 질문에 답하거나 미래를 예측하기 위해 사용된다. 일반적으로 타로 카드 덱은 일흔여덟 장의 카드로 구성되어 있다. 아르카나는 비밀, 신비, 불가사의라는 뜻으로 타로 카드의 낱장을 아르카나라고 부르기도 한다. 이하 모든 각주는 역주.

으로써 현재의 문제를 해결하는 데 도움을 주는 것이다. 내가 타로 리딩을 하는 카페에는 나이, 국적, 경제적 수준, 의식 수준이 모두 다른 사람들이 찾아온다. 내게 조언을 해달라거나 (알고 보면 자기가 무언가를 해도 되는 건지 확신이 없어 남의 허락이 필요한 거지만) 미래를 점쳐달라는(가능하면 긍정적인 쪽으로) 사람들이 부지기수다. 따라서 나에게는 그들의 질문을 조금 손봐줄 의무가 있다.

앞으로 남자를 만날 수 있을까요?

앞으로 남자를 만날 수 있을지 없을지는 말해줄 수 없지만, 왜 만나지 못하고 있는 건지는 말해줄 수 있어요.

내연녀를 위해 아내와 아이들을 버려야 할까요?

그래야 하는지, 아니면 그러지 말아야 하는지를 제가 말해줄 수는 없어요. 하지만 당신이 계속 가족과 함께 살아야 하는 이유, 그리고 다른 사람과 새출발을 해야 하는 이유를 각각 말해줄 수는 있죠. 각 선택지의 장단점을 비교해본 다음 자신에게 가장 좋은 선택을 내리는 것이 좋겠네요.

　모든 예언과 조언은 권력을 잡으려는 시도이며, 거기에는 내담자를 '마법사'의 신하로 만들려는 의도가 들어 있다.
　내담자가 더 이상 무의식을 적으로 간주하지 않게 되면, 즉 자신을 직면하는 것에 대한 두려움이 사라지면 그는 고통을 유발하는 트라우마를 발견하게 된다. 보통 이런 상황이 되면 내담자들은 해결책을 묻는다. "그래요. 지금 제가 어머니와 사랑에 빠져 있다는 건 알겠어요. 이것 때문에 누군가와 안정적인 관계를 맺지 못하고 있다는 것도요. 그럼 저는 이제 어떻게 해야 하죠?" "노인들에게 구강 성교를 해주고 싶다는 충동이 들어 괴로워요. 어렸을 때 저희 할아버지가 제 입에 성기를 넣은 적이 있거든요. 어떻게 하면 이 충동을 없앨 수 있을까요?" 나는 예술 활동이나 사회봉사 활동을 통해 바람직하지 않은 충동을 승화시킨다고 해서 억압된 욕구가 사라지지는 않는다는 것을 스스로 깨닫게 되었고, 그래서 사이코매직을 발명하게 되었다.

정신분석은 언어를 통해 치유하는 기법이다. '환자'라고 불리는 내담자는 의자나 소파에 누워 있고, 정신분석가는 그 어떤 경우에도 환자를 만질 수 없다. 환자는 고통스러운 증상에서 벗어나기 위해 간밤에 꾼 꿈을 회상하고, 자신의 실수나 사고를 기록하고, 마음에 떠오르는 모든 것을 필터 없이 계속해서 말해보라는 지시를 받는다. 오랜 시간 이어진 혼란스러운 독백 끝에, 환자는 때때로 마음 깊숙한 곳에 가라앉아 있던 기억을 되살리는 데 성공한다. "부모님이 유모님을 바꿔버렸어요", "남동생이 내 인형을 망가뜨렸어요", "부모님이 나를 냄새 나는 조부모님과 살게 했어요", "아버지가 남자와 관계하는 것을 봤어요" 등등.

무의식이 보내는 메시지를 이성적인 담론으로 전환함으

로써 환자를 돕는 정신분석가는 그가 증상의 원인을 발견하기만 하면 증상이 멈출 것이라고 믿는다…. 그러나 그것은 사실이 아니다! **무의식적 충동이 떠올랐을 때, 우리는 그 충동을 충족시켜야만 거기서 벗어날 수 있다.** 이를 위해 사이코매직 작업은 말뿐 아니라 행동까지 제안한다. 정신분석과는 반대로, 사이코매직 내담자는 무의식에게 이성적인 언어를 가르치는 대신, 이성에게 무의식의 언어를 다루는 법을 가르친다. 이러한 무의식의 언어는 말뿐 아니라 행동, 이미지, 소리, 냄새, 미각 또는 촉각으로 구성되어 있다.

무의식은 상징적이고 은유적인 어떤 것을 실제의 그것으로 받아들인다. 즉, 무의식에게 있어 누군가의 사진이란 진짜 그 사람 자체이다. 무의식에게 있어 누군가의 부분은 그 사람의 전체다. (마녀도 저주를 걸 때 희생자가 될 사람의 머리카락, 손톱, 옷 등에 주문을 건다.) 무의식은 기억 속 사람들을 다른 사람이나 사물에 투사한다. 사이코드라마*의 창시자들은 환자가 특정인의 역할을 맡기로 한 사람을 마주했을 때 실제 그 인물을 대하는 것처럼 깊은 반응을 느낀다는 사실을 알아냈다. 쿠션을 주먹으로 마구 때리는 행위는 학대자에 대한 분노를 해소해주기도 한다. 하지만 좋은 결과를 얻고 싶다면 그는 어떤 식으로든 가족, 사회 및 문화가 강요했던 도덕률에서 벗어나야만 한다. 그렇게만 한다면 처벌에 대한 두려움 없이 내면의

---

* 연극의 틀과 기법을 이용한 심리 요법. 환자가 겪고 있는 갈등 상황을 극화하여 이를 외적으로 분출하는 해소 방법이다.

비도덕적인 충동을 수용할 수 있다. 예를 들어, 어머니의 관심을 독차지한 여동생을 없애고 싶어했던 오빠가 있다고 하자. 동생의 사진을 붙여놓은 멜론을 망치로 깨부수면 그의 무의식은 여동생을 드디어 죽였다고 생각한다. 이렇게 하여 내 담자는 해방감을 느낀다.

사이코매직에서는 내면 세계, 즉 기억 속 그 사람이 외부 세계에 있는 실제 그 사람과는 다르다고 본다. 전통적인 마술과 주술은 외부 세계를 대상으로 하는 작업이다. 즉, 미신적인 의식을 행하면 초자연적인 힘이 생겨 외부의 사물, 사건 및 존재들에 영향을 미칠 수 있다고 믿는 것이다. 그러나 사이코매직은 기억을 대상으로 하는 작업이다. 앞서 인용한 사례에서 알 수 있듯이, 이제 성인이 된 동생을 실제로 없애는 것이 아니라 기억의 변화를 이끌어내는 것이 사이코매직이다. 어렸을 때 미워했던 여동생의 이미지와 그 당시 오빠로서 느꼈던 무력감과 분노를 변화시키는 것이다. 세상을 바꾸기 위해서는 나 자신부터 바꿔야 한다. 우리가 기억 속에 간직하고 있는 이미지에는 그 경험을 할 당시의 나 자신에 대한 인식이 수반되어 있다. 어린 시절 부모님의 행동을 기억할 때 우리는 어린아이의 관점에서 그것을 기억한다. 우리는 다양한 연령대의 자아 그룹과 함께 지내기도 하고 거기에 지배당한 채로 살아가기도 한다. 이 모든 자아들은 과거의 표현물이다. 사이코매직의 목적은 내담자 스스로가 치유자가 되어, 그가 현재만을 살아가는 자신의 성인 자아에 안착할 수 있도록 돕는 것이다.

나는 내게 타로 상담을 받은 내담자들에게 사이코매직 행위를 제안하기 시작했다. 이 행위들은 내담자의 성격과 과거 경험에 따라 '맞춤형'으로 고안된 것이었다. 나는 이러한 경험 중 일부를 나의 다른 저서인 《사이코매직》(Psychomagic)*과 《현실의 춤》(The Dance of Reality)에 썼는데, 이 책들은 광범위한 반향을 일으켰다. 도움을 요청하는 이들이 너무 많아 내가 일일이 답변을 해줄 수 없을 정도였으니 말이다. 그러나 내가 짬을 내어 사이코매직 행위에 대한 조언을 해줬던 사람들에게는 행위를 마친 후 결과가 어땠는지를 편지로 알려달라고 부탁했다. 그런 다음 치유 효과가 있었던 행위들을 바탕으로 대중적으로 활용할 수 있는 사이코매직 팁들을 만들기 시작했다. 이 '레시피' 북은 그러한 오랜 실험의 산물이다.

좋은 결과를 얻고 싶다면 사이코매직을 수행하려는 사람은 자기 자신을 너그럽게 이해해주려는 자세를 가져야 한다. 부모의 사랑을 열망하는 아이들은 어떤 잘못으로 인해 혼이 날까 두려워한다. 성인에게 절대적으로 의존할 수밖에 없는 아이의 입장에서 부모를 화나게 만들고 부모에게 벌을 받는다는 것은 끔찍한 일이다. 따라서 아이들은 프로이트가 '다중 도착'(polymorphous perversity)이라고 불렀던 그것을 부정하거

---

* 본서와는 다른 책. 본서의 원제는 '사이코매직 매뉴얼'이다.

나 억압하는 법을 배우게 된다. ― 여기서 다중 도착이란, 어떤 대상에 대한 유아기의 자유로운 성적 욕망을 말한다. 트라우마의 영향에서 벗어나고 싶다면 먼저 선천적인 부도덕성을 받아들여야만 한다. 다시 말해, 경험자는 자기 안에 존재하는 근친상간, 나르시시즘, 양성애, 가학피학증, 식인, 식분증^{**} 등의 욕망을 받아들여야 하며 이를 은유적인 방식으로 충족시켜야 한다.

모든 질병의 기저에는 우리가 원하는 것에 대한 금지 또는 원치 않는 것을 하라는 명령이 깔려 있다. 모든 치유에는 이러한 금지나 명령에 대한 불복종이 필요하다. 불복종하기 위해서는 더 이상 사랑받지 못함, 즉 버림받음에 대한 유아기적 두려움을 버려야 한다. 이 두려움은 자기 자신에 대한 의식의 부재로 이어진다. ― 두려움의 영향을 받은 이는 진정한 자기 자신이 무엇인지 깨닫지 못하고 다른 사람들이 기대하는 사람이 되려고 노력한다. 이러한 태도를 지속하게 되면 내적 아름다움이 질병으로 바뀌어버린다. 건강은 진정성 속에서만 찾을 수 있는 것이며, 진정성 없이는 아름다움도 없다. 진정한 내가 되기 위해서는 진정한 내가 아닌 것으로부터 벗어나야 한다. 있는 그대로의 내가 되는 것이 인간의 가장 큰 행복이다.

** 대변을 먹는 것.

사이코매직 행위는 내담자가 다음의 요건들을 충족하는 경우에 가장 효과적이다.

1. 예언을 은유적으로 실현하라.

부모는 명령이나 금지와 함께 어떤 말을 아이의 기억에 새겨두는데, 아이의 기억 속에 새겨진 이러한 말은 나중에 예언으로 작용한다. 우리 뇌가 그것을 실현하려는 경향이 있기 때문이다. 예를 들어 이런 식이다. "어릴 때부터 성기를 만지작거리면 커서 매춘부가 된다", "아버지, 할아버지와 같은 직업을 가지지 않으면 굶어 죽을 것이다", "고분고분 따르지 않으면 커서 감옥에 갇힐 것이다". 이러한 예언은 어른이 되면 고통스러운 위협이 된다. 이 책을 읽어나가면서 차차 알게 되겠지만, 이러한 예언에서 벗어나는 가장 좋은 방법은 예언을 은유적으로 실현하는 것이다. 즉, 위협을 회피하는 대신 위협에 완전히 굴복하는 것이다.

2. 한 번도 해본 적 없는 일을 하라.

가족은 사회 그리고 문화와 결탁하여 우리 안에 수많은 습관들을 만들어낸다. 우리는 같은 종류의 음식을 먹고, 제한된 규칙, 생각, 감정, 제스처 및 행동을 따른다. 우리는 매일 같은 것을 반복하며 살고 있다. 치유를 위해서는 자기 자신에 대한 관점을 바꿔야 한다. 병들어 고통받고 있는 '나'는 실제 나보다 어리다. — 이 '나'는 과거에 갇혀버린 정신적 구조물이다.

습관이라는 악순환에서 벗어날 때 우리는 더 진정성 있는 자아를 발견하게 되며, 따라서 더 건강한 성격을 갖게 된다.

카를로스 카스타네다Carlos Castaneda는 매우 성공한 사업가인 자신의 제자에게 도시의 거리에서 남루한 옷을 입은 채 신문을 팔도록 했다. 오컬티스트인 G. I. 구르지예프Gurdjieff는 애연가인 제자에게 담배를 끊으라고 시켰고, 금연에 성공하기 전까지는 그를 만나주지 않겠다고 말했다. 제자는 담배를 끊기 위해 4년 동안 고군분투하다 마침내 담배를 끊는 데 성공했다. 그는 이를 매우 자랑스러워하며 스승을 찾아가 이렇게 말했다. "담배를 끊었습니다." 그러자 구르지예프가 대답했다. "이제 다시 담배를 피워라!"

고대의 흑마법에서는 역겨운 재료들(대변, 사람 시체의 일부, 동물의 독 등)로 만든 부적을 사용했다. 불순하다고 여겨지는, 즉 흔하지 않다고 여겨지는 재료들에 어떤 효과가 있다고 생각했기 때문이다. 이런 이유로 대부분의 사람들이 불결하거나 잡스러운 것으로 여기는 재료가 때에 따라 사이코매직에 활용되기도 한다.

3. 수행하기 어려운 행위일수록 더 많은 유익을 얻을 수 있다는 것을 알라.

문제를 치유하거나 해결하려면 강한 의지가 필요하다. 원하는 일을 하지 못하거나 원치 않는 일을 해야만 하는 상황에서는 자존감이 심각하게 낮아지고, 이는 우울증이나 심각한 질병의 원인이 된다. 불가능해 보이는 목표를 달성하기 위한 끊임없는 노력은 우리의 생명 에너지를 높여준다.

'투명인간이 되는 법'과 같은, 불가능한 목표를 이루게 해주는 의식서儀式書를 쓴 중세 마법사들은 이러한 사실을 잘 알고 있었다. "백포도 나무 장작으로 불을 때어 가마솥을 올리고, 거기에 성수를 넣어 끓인다. 그 안에 살아 있는 검은 고양이를 넣은 다음 뼈와 살이 분리될 때까지 끓인다. 주교가 쓰는 영대*로 뼈를 건져내어 광을 낸 은판 앞에 놓는다. 은으로 만들어진 그 거울에 자신의 모습이 보이지 않을 때까지 물에 삶은 고양이의 뼈를 차례차례 입에 넣는다." 또 다른 예로는 남성을 유혹하는 마법 의식이 있다. "멧돼지가 주둥이로 파헤친 흙을 사용해 만든 수제 점토 그릇에 개의 피와 고양이의 피, 그리고 자신의 생리혈을 담아 섞는다. 여기에 진주 가루를 넣는다. 이렇게 만들어진 액체 열 방울을 와인 한 잔에 섞은 다음 사랑하는 사람에게 마시게 하라."

첫 번째 예시를 살펴보면 이 마법 의식이 물질적으로 투명해지기 위한 것이 아닌, 마법사가 되고자 하는 개인의 자아를 투명하게 만들기 위한 행위임을 알 수 있다. 그 정도로 잔인하고 어려운 일을 실행하기 위해서는 굉장한 노력이 필요하며, 이러한 노력을 통해 개인적 성격은 사라지고 비인격적이면서도 본질적인 자아가 드러나게 된다. 두 번째 예시에서

---

* 전례복의 한 종류로, 성직자가 성무를 집행할 때 착용하는 띠. 목도리처럼 생겼으며 목에 걸치면 무릎 아래까지 내려온다.

는 어떤 마녀가 한 남자의 사랑을 위해 멧돼지가 주둥이로 파헤친 진흙을 찾아내고, 개와 고양이를 죽이고, 큰돈 들여 산 진주를 가루로 만들 수 있다면 그 과정을 통해 내적 자신감이 깨어나면서 눈과 귀가 먼데다 벙어리인 사람까지도 유혹할 능력이 생기게 되리라는 것을 상상해볼 수 있다.

　머나먼 곳까지 가서 받은 어떤 치료가 종종 기적적인 결과를 안겨주는 이유는 대개 비용이 많이 드는 긴 여정을 거쳐야만 환자가 그곳에 갈 수 있기 때문이다.

4. 항상 긍정적인 방식으로 행위를 마무리 지어야 한다. 악에 악을 더한다고 해서 달라지는 것은 아무것도 없다.

　코셔^{Kosher}, 즉 유대 율법에 따른 식이법에서는 유제품에 사용하는 도구가 고기와 닿으면 그것이 불순해진다고 여기며, 그럴 때는 땅을 파서 일정 기간 도구를 묻어두었다가 꺼내야 한다고 말한다. 땅이 그것을 정화해주기 때문이다. 나는 이런 관습에 영감을 받아 내담자들에게 과거의 고통으로부터 자유로워지기 위한 행위의 일환으로 물건, 옷, 사진을 땅에 묻으라고 권해왔다. 하지만 '불순한' 물건이 묻힌 자리에 묘목이나 꽃이 피는 식물 등을 심으라는 얘기도 언제나 덧붙여왔다. 누군가에 대한 분노를 오랫동안 쌓아왔다면 그의 사진을 갈기갈기 찢어버리거나, 그의 비석을 발로 차거나, 대결을 신청하는 편지를 쓰는 등의 행위로 그것을 표출하라고 권하기도 한다. 이런 경우에는 사진에 장미 잼을 바르라든지, 비석에 꿀로 '사랑'이라는 단어를 쓰라든지, 당신이 보상받길 원하는 이에게 꽃다발이나 초콜릿 상자 또는 술 한 병을 보내라는 말을 덧붙이곤 했다. 사이코매직 행위는 반드시 변성적이어야 한다. — 고통에서 훈훈한 결말로 옮겨가야 한다는 것이다. 증오는 돌려받지 못한 사랑이다.

어쩌면 당신은 뒤에 나올 사이코매직 팁을 읽으면서 자신을 쳐다보는 사람들이나 부정적인 상황이 분명 생길 것이므로 그러한 행위를 실천하는 게 불가능에 가깝다고 생각할 수도 있다. 그러나 나는 내담자가 실제로 사이코매직 행위를 시작할 때, 개인의 의도와 외부 세계 사이에 어떤 신비한 상호작용이 이루어진다는 것을 알게 되었다. 구경꾼으로 넘쳐날 것이라고 생각했던 장소에서 사이코매직 행위를 시작하는 순간 갑자기 개미 새끼 한 마리 보이지 않게 된다. 도저히 찾을 수 없을 것만 같은 어떤 것이 이웃에 의해 찾아진다. 언제 한 번은 신경 불균형을 호소하는 한 학교 교사가 나에게 사이코매직에 대한 조언을 요청한 적이 있다. 나는 그에게 서커스 단원을 찾아가 줄 위에서 균형을 잡는 방법을 배우라고 권했다. 그는 직장과 집이 프랑스 남부의 한 마을에 있으므로 서커스 단원을 찾기란 거의 불가능한 일이라고 대답했다. 나는 그에게 불가능한 일이라 생각하지 말고, 현실이 당신을 도와줄 것이니 이를 믿어달라고 부탁했다. 며칠 후 그는 자신의 학생 중 한 명이 은퇴한 서커스 단원의 아들이라는 사실을 알게 되었다. 그는 불과 몇 킬로미터 떨어진 곳에서 줄타기 스승을 찾을 수 있었다.

나는 때때로 내담자에게 이름을 바꾸라는 조언을 하기도 한다. 신생아에게 주어지는 이 첫 번째 '선물'은 그 아이를 가족 내에서 개별화시켜준다. 아이의 정신은 반려동물이 그러하듯, 끊임없이 자신의 관심을 끄는 그 소리와 자기 자신을 동일시하게 된다. 결국 이름은 마치 몸의 장기처럼 그의 존재에 통합된다. 대부분의 경우, 아이의 이름에는 조상이 다시 태어나기를 바라는 가족의 소망이 은근히 스며들어 있다. 무의식은 자손들에게 이름을 물려줄 뿐 아니라 아이에게 죽은 자의 존재를 물려주기도 한다. 많은 부모들이 장남에게 아버지, 할아버지, 증조부와 같은 이름을 지어주며, 장녀인 경우에는 프란시스코를 프란시스카로, 마르셀로를 마르셀라로, 베르나르도를 베르나르다로 짓는 등 조상의 이름을 여성화하여 물려준다. 이 이름에 어떤 사연이 있다면, 특히 자살, 성병, 감옥살이, 매춘, 근친상간이나 범죄(어쩌면 할아버지, 고모, 사촌의 것일 수도 있는) 등의 비밀이 감춰져 있다면 이러한 이름이 수단이 되어 그 이름으로 살아가는 사람의 삶에 어떤 행동이나 고통이 조금씩 스며들게 된다.

이름에는 비교적 가벼운 이름과 무거운 이름이 있다. 전자는 좋은 부적 역할을 하지만 후자는 저주가 된다. 아버지가 딸에게 자신의 전 애인 이름을 지어주면 딸은 평생 아버지의 신부가 된다. 아버지와의 근친상간 문제를 치유하지 못한 어머니가 아들에게 외할아버지의 이름을 물려주면 아들은 오이디푸스 콤플렉스에 갇혀 헤어나오지 못한다. 이 아들은 조상을 우러러보면서 그를 모방하고 싶다는 마음에 사로잡히는 동시에, 조상을 불가항력의 라이벌로 여기며 혐오하게 될 것이다.

이름에 신성한 개념*이 들어가 있는 사람들은 이를 명령으로 느끼게 되어 성적인 갈등으로 인한 고통을 겪을 수 있다. 천사의 이름(라파엘, 가브리엘 등)으로 살아가는 사람들은 몸과 동떨어진 느낌을 느낄 수 있다. 파스칼Pascal, 지저스, 이매뉴얼Emmanuel, 크리스티안Christian이나 크리스토퍼Christopher는 완벽에 대한 망상으로 고통받을 수 있으며 33세**가 되었을 때 죽음이나 사고, 파산 또는 심각한 질병에 대한 불안이 있을 수 있다.

자녀에게 지어준 이름이 고통스러운 상황을 해결하려는 부모의 무의식적 욕망의 결과물일 때도 종종 있다. 예를 들어, 어린 나이에 어머니와 떨어지게 된 남성이 아들의 이름을 후안 마리아Juan-María로 지었다면 아버지는 아들을 이 이중 이름으로 부르며 어머니와 하나가 되고 싶은 자신의 욕망을 실현하게 된다.*** 만약 아이가 죽었다면 그 뒤를 이은 아이의 이름이 르네René('다시 태어남', '부활'을 의미하는 라틴어 renatus에서 유래)가 될 수 있다. 사기나 절도로 체포된 조상이 있는

---

* 한국의 경우 은총, 찬양 등.
** 예수가 십자가에 못 박힌 나이.
*** 스페인어권에서는 아이의 이름을 지을 때 '이름-아버지의 성씨-어머니의 성씨' 순으로 짓는다.

20

경우, 가족들은 수치심을 없애기 위해 직계 후손에게 무죄 (Inocencio)라는 이름을 지어주기도 한다. 근친상간의 아픔을 풀어내지 못한 여성이 아버지와 같은 이름을 가진 남성과 결혼하면 그녀의 자녀는 무의식적으로 할아버지의 자녀로 살아간다. 따라서 어머니를 언니 또는 누나로 간주하며 세대를 혼동하게 되고, 이는 미성숙의 원인이 된다.

여자아이가 태어난 다음 남자아이가 태어났을 때 누나의 이름을 남성화하여 동생에게 지어주었다면(안토니아 다음에 안토니오, 프란치스카 다음에 프란치스코 등으로) 이는 여자아이의 탄생에 대한 실망을 나타내는 것일 수 있다. 이와 동시에, 누나는 자신을 남동생의 밑그림일 뿐이었다고 여기게 된다. 따라서 그녀는 자기 비하에 빠져 스스로를 불완전한 존재로 느낀다. 영화배우나 연예인 또는 유명 작가에서 따온 이름은 유명인이 되라는 목표를 주는 것과 같으므로, 예술적인 재능이 없는 사람이라면 이로 인한 고통을 받을 수 있다. 부모가 자녀의 이름을 유치한 애칭으로 바꿔 부르면(예를 들어 호세를 페페로, 로사를 로지로 부르는 등) 자녀가 어린 시절에 영영 고착되어 버릴 수도 있다.

무의식은 그것이 지닌 집단적 특성으로 인해 이름에 의미를 숨겨놓는다. 그리고 그러한 이름을 받은 개인은 고통의 원인을 의식적으로 깨닫지 못한 채 살아간다. 성인(saint)의 이름은 실제로 그러한 자질을 가질 수 있도록 사람을 이끌어주기도 하지만 순교자적 고통을 야기하기도 한다. 마리아라는

이름을 가진 여성은 완벽한 아들을 낳고 싶다는 욕망에 사로
잡힐 수 있으며 요셉이라는 이름을 가진 남성은 여성을 만족
시키는 데 어려움을 겪을 수 있다. 밀라노의 성녀 발레리아
(Saint Valeria)는 머리가 잘려 죽었기에 이 이름을 받은 여성은
광기에 빠질 수 있다. 라틴어 merces(급여, 보수)에서 유래한,
메르세데스라는 이름으로 살아가는 사람은 정직한 상업 행위
를 하는 것에 끌릴 수 있다.

무의식에게 있어 이름은 만트라mantra(부적처럼 사용하는 〈베
다〉의 일부 구절)와 같다. 어떤 단어가 끊임없이 반복되면 특정
한 오컬트적 효과를 만들어내는 진동을 일으킨다. 인도 브라
만들은 물리적 세계의 모든 소리가 보이지 않는 영역에서 그
에 상응하는 소리를 일깨워 어떤 힘의 작용을 불러일으킨다
고 믿는다. 그들에 따르면 단어의 소리는 효과적인 마법의 동
인이자 불멸의 존재와 소통할 수 있는 주요 열쇠가 된다. 인
간은 태어날 때부터 죽을 때까지 자신의 이름을 반복해서 말
하고, 또 듣기 때문에 그의 이름은 일종의 만트라로 작용한
다. 그러나 반복되는 이러한 소리는 그에게 유익할 수도, 해
로울 수도 있다. 대부분의 경우 이름은 제한된 개체성을 강화
시킨다. 에고는 "나는 이런 사람이며 저런 사람은 아니다"라
고 말하면서 유동적인 성질을 잃고 침체되어버린다.

엘리파스 레비Eliphas Levi, 알레이스터 크로울리Aleister Crow-
ley, 하인리히 코르넬리우스 아그리파Heinrich Cornelius Agrippa와 같
은 마법의 대가들은 인간이 육신과 빛의 몸이라는 두 가지 몸

을 가지고 있다고 말했다. 빛의 몸은 에너지체 또는 혼으로 불리기도 하는데, 이 몸은 신성한 몸이므로 개인적인 이름을 붙일 수 없다. 육체에 거머리처럼 붙어 불려지는 이름은 환상과도 같은 그 사람의 개체성만을 나타내는 것이다. 빛의 몸은 발음할 수 없는 신의 이름의 일부다. 마법사들의 목표는 이러한 빛의 몸을 깨우거나 계발함으로써 이 몸을 일상적인 의식에 통합하는 것이었다. 빛의 몸과 육체의 기능적 균형이 맞춰지면 에고적 자아는 사라진다. 본질적인 자아를 의식하게 되면 태어날 때 주어졌던 이름에 더 이상 매여 살지 않게 되면서 (만약 그 이름으로 사는 게 힘들었다면) 자유를 향한 문이 열린다.

이 책은 가나다순이나 주제별로 정리되어 있지 않다. 그래서 겉보기에 뒤죽박죽인 것 같은 책 구성에 놀랄 수도 있다. 나는 특정 주제에 관한 질문에 답하는 것 외에도 마치 소설이나 논문처럼 처음부터 끝까지 순서대로 읽을 수 있는 책을 만들기 위해 노력했다. 나는 오랜 시간 타로학자로 활동하며 내담자들의 문제를 분석해왔는데, 그것이 현재의 문제라고 하더라도 매번 문제의 뿌리가 가족 내에서 발견된다는 것을 알 수 있었다. 어린 시절은 인생 전체에 영향을 미친다. 따라서 어머니-아버지-자녀라는 3요소가 균형을 이루지 못하면 개인은 여러 번의 실패, 우울증, 질병을 경험하게 된다. 이러한 이유로 나는 내담자를 만났을 때 맨 처음으로 본인의 가정사에 관한 간략한 소개를 해달라고 요청한다. 그런 다음 심리적, 성적, 정서적, 물질적 문제를 광범위하게 살펴본다. 그리고 출생 마사지(모든 인간이 태어날 권리가 있는, 균형 잡힌 가정에 관한 정보를 넣어주기 위한 의식 활동)로 상담을 마무리한다.

모든 질병에는 영적인 고통이 동반된다. 이 책에 나온 팁들은 의학적 치료를 대체하기 위한 것이 아닌, 어떤 약이나 수술로도 해결할 수 없는 심리적 고통에 대한 해결책을 제시할 뿐이다.

1. 자신의 성이 가치 없다고 느끼는 여성

남성이 지배하는 이 세상에서는 많은 여성들이 콤플렉스를 가지고 자란다. 이는 남근이 대단히 중요한 가치로 여겨지면서 여성이라는 성이 'raja'라고 불릴 정도로 업신여김을 당하고 있기 때문이다. (스페인 왕립 아카데미 사전에서는 이 단어를 이렇게 정의한다. '균열, 구멍 또는 어떤 것의 파손.' 멕시코에서는 도끼로 친다는 뜻의 hachazo라고도 한다.) 거세된 성기에 비유되는, 여성에 대한 이러한 비하는 많은 여성에게 열등감을 불러일으킨다.

자신감 있는 사회 활동을 원한다면 하나 또는 여러 개의 금화(콤플렉스의 강도에 따라 다름)를 질 안에 삽입하는 것이 매우 효과적인 방법이 될 수 있다. 행위자는 이를 철저히 비밀에 부쳐야 하며, 이를 수행하는 동안 남성의 바지 속에 있는 그것보다 훨씬 더 가치 있는 것을 몸 안에 지니고 다닌다는 만족감을 느끼게 될 것이다.

때때로, 내담자의 집안에 속한 남성들이 여러 세대에 걸쳐 여성을 멸시하고 생리를 불결한 것으로 간주했던 것이 이렇게 여성의 성기를 평가 절하하는 근원일 때도 있다.

월경이라는 이 생물학적 과정을 재평가하기 위해, 행위자는 원하는 크기의 흰색 캔버스나 판지에 생리혈로 자신의 자화상을 그려야 한다. 두꺼운 획은 손가락으로, 세밀한 부분은 붓을 사용하여 그리라. 완성된 그림은 바니시 처리를 한 뒤 은색 액자(달의 색. 달은 고대부터 우주의 어머니, 절대적 여성성의 상징이었다)에 넣고 모든 방문객들이 볼 수 있는 집 안 한구석에 잠시 두었다가 아버지에게 선물로 보내라.

만약 사회적 인정에 대한 욕구가 강하다면 다음의 방법을 시도해보라.

생리혈로 목 주변에 메달을 그려 눈에 잘 띄게 걸고 다니라. 이미 완경한 여성이라면 이 행위를 도와줄 좀더 젊은 친구를 구해 그녀의 질에 손가락을 넣어 생리혈을 묻힌 뒤 그것을 물감 삼아 자신의 자화상을 그리라.

나는 딸이 아닌 아들을 기대했던 부모로부터 인정을 받지 못해 심리적 장애를 앓으며 매달 극심한 생리통을 겪는 한 여성에게 다음의 팁을 알려준 적이 있는데, 결과가 아주 좋았다.

생리 기간에 생리혈로 얼굴을 물들인 다음 산책을 하거나 친구나 가족을 만나러 가라. 만약 이렇게 하기가 너무 부끄럽다면 1년 동안 매달 생리혈로 가슴에 하트를 그려보라.

2. 소심한 여성

남자 가족 구성원들의 강한 성격에 눌린 채로 자란 많은 여성들이 소심한 성격을 갖게 된다. 따라서 그들은 자기주장을 하고, 자유롭게 움직이고, 자신의 감정을 표현하기가 어렵다. 이 지긋지긋한 심리적 감옥에서 벗어나고 싶다면 다음의 행위를 하기를 권장한다.

밸리 댄스 학원에 다니라. (그러면 자연스러운 여성적 움직임이 회복된다.) 보컬 레슨도 받으라. 보컬 레슨을 받는 이유는 가수가 되기 위해서가 아닌, 목소리를 목이 아닌 난소 부근에서부터 끌어올리기 위해서다. 말이 복부에서부터 추진되어 나오지 않는한, 그녀는 어른이 아닌 아이처럼 행동할 것이다. 사격 클럽에 가입하여 권총, 소총, 가능하면 기관총으로 사격을 배우는 것도 좋다. 사격은 자신감과 힘을 가지고 자신의 생각과 감정을 표현하는 법을 가르쳐줄 것이다.

어린 시절 고아였거나, 기숙 생활을 했거나, 조부모 밑에서 자랐거나, 입양되어 생물학적 부모와 떨어져 살았던 여성들이 있다. 이들은 보통 "일하지 않는 자 먹지도 말라", "네 얼굴에 땀이 흘러야 빵을 먹으리다"와 같은 말에 큰 영향을 받으며 살아온 여성들이다. 하지만 이러한 구절들은 버림받은 기분을 느끼게 하며, 이 세상에서 살아남으려면 필사적으로 투쟁해야 한다는 느낌을 준다. 한 번도 행복이나 번영을 느껴본 적 없는 이 여성들에게 나는 다음의 행위를 제안한다.

금화 세 개를 사서 그중 하나는 왼손에, 하나는 오른손에, 나머지 하나는 입안에 넣고 조깅을 하라. 조깅 후에는 금화 세 개를 땀에 적셔 콘돔 안에 넣고 질 안에 넣으라. 그다음 매력적인 옷을 입고 사람이 많은 곳을 돌아다니라. 그 어느 때보다도 기분이 좋을 것이다.

기분이 안 좋을 때마다 이러한 행위를 반복하라.

3. 자신의 성이 가치 없다고 느끼는 남성

아이가 남성미 넘치는 성인으로 자라나기 위해서는 그가

남성의 원형으로 삼을 만한 아버지의 존재가 필요하다. 만약 아버지가 아버지로서 제대로 기능하지 못했다면 (아버지의 부재, 아들을 거부하는 아버지, 아들과 경쟁하는 아버지 또는 단순히 무관심하거나 심약하거나 병약한 아버지 등) 아들은 소심하거나 불안정한 성격으로 자라게 된다. 따라서 사회에서 자기주장을 하며 살아가려면 그는 막대한 노력을 쏟아야만 한다. 그의 무의식은 강력한 성의 무게를 몸으로 느낀다는 것이 어떤 것인지 알지 못한다. 이 문제를 해결하고 싶다면 다음의 행동을 하라.

500유로 지폐[*]를 가능한 한 많이 모으라. 없는 경우 빌려도 된다. 지폐 뭉치를 세로로 말아서 굵은 빨대 모양으로 만든 다음 고무줄로 묶으라. 여기에 또 다른 준비물로 큰 구슬 두 개를 구해야 한다. 만약 구할 수 없다면 중국에서 쓰는 바오딩 볼[Baoding ball] 두 개를 사용해도 된다. 이 세 가지 물체를 꽉 조이는 드로어즈 팬티 안에 넣는다(세로로 말린 지폐는 남근을 상징하고 구슬은 고환을 상징한다). 다리 사이의 무게감을 느끼면서 사회 활동을 하거나 상대를 유혹하는 활동을 하라. 이 행위에 대해서는 반드시 비밀을 엄수해야 한다. 이렇게 하면 수줍음이 사라질 것이다.
또 다른 방법으로는 식용 색소(제과에 사용하는)로 고환과 발바닥을 붉게 칠하는 방법도 있다. 이렇게 하면 큰 힘과 자신감을 얻게 될 것이다.

---

[*] 500유로는 한국 돈으로 대략 75만 원이므로 이를 대체하려면 50만 원 또는 100만 원 짜리 수표를 사용하는 편이 좋을 것 같다.

4. 조루

남성은 성적인 감각을 느낄 때 힘(potency)과 무력(impotent) 사이에 놓여 있으며 여성은 만족과 불만족 사이에 놓여 있다. 남성은 힘에서 오는 만족감을 갈망하고, 여성은 만족을 얻을 수 있는 힘을 갈망한다.

여성을 만족시키지 못한다는 느낌은 남성의 트리거가 되어 실패감을 느끼게 하는데, 이는 대개 어린 시절의 문제로 인한 것이다. 이 문제를 해결하는 가장 좋은 방법은 힘, 승리감을 추구하는 대신 패배감에 자신을 온전히 내맡기는 것이다.

스톱워치를 사용하여 평균적인 성교 지속 시간을 정확하게 측정하라. 예를 들어 사정까지 8초 또는 6초가 걸릴 수 있다. 평균적인 지속 시간을 알아냈다면 자신의 기록을 깨는 것을 목표로 삼고 엄격한 측정하에 6초면 3초, 8초면 4초 안에 사정하는 식으로 절반의 시간 안에 사정하는 것을 목표로 삼으라.

실패에 자발적으로 몰입하면 무의식은 실패를 향한 이 시도를 실패하게끔 만든다. 나는 이러한 사이코매직 행위를 어떤 사람에게 알려준 적이 있었는데, 그는 다음 날 나에게 와서 애석하다는 듯이 이런 말을 했다. "어제 아내와 관계를 했어요. 평소 시간의 절반 정도 되는 시간 안에 오르가슴을 느껴보려고 했지만 30분 내내 사정을 할 수가 없더라고요."

5. 정자에 대한 혐오감

명상 워크숍에서 나는 거기 있는 남성 참가자들에게 자신의 음경에 의식을 집중하면서 요도를 통해 고환으로 들어가는 것을 상상해보라고 말했다. 그리고 고환에 무엇이 들어 있는지를 각각의 참가자들에게 설명해달라고 요청했다. 그러자 남성들은 다음과 같은 놀라운 말을 했다. "더러운 게 꽉 차 있는 것 같아요", "역겨운 게 있어요", "고약한 젤리요".

이 불쾌한 느낌의 원인을 찾아보니, 이런 느낌을 받은 사람들 대부분이 남성에게 배신당했거나 학대당한 어머니가 자신의 삶을 희생해가며 낳은 아들들이었다. 이들의 어머니는 여러 번의 유산 또는 고통스러운 분만 과정을 경험했거나 버림받은 여성들이었다. 이러한 여성들에게는 남성의 정자가 끔찍한 위협이나 다름없었다. 그리고 이러한 어머니의 감정을 듣고 자란 아들은 자신의 정자를 혐오하게 된다.

어머니의 원형보다 더 강력한 원형은 없다. 어머니가 우리에게 전해주는 사랑이 클수록 그녀가 우리에게 전해주는 공포도 크다. 우리의 내면아이에게 있어 어머니는 전능한 존재다. 그러나 어머니보다 더 강력한 힘을 가진 원형이 딱 하나 있으니, 바로 성모 마리아(또는 여러 성녀와 같은 그녀의 파생들)다. 딱히 종교가 없는 사람이라 하더라도 우리의 무의식은 성인들에게 마법의 힘을 부여한다.

행위자는 성당에서 양초를 사서 심지가 훼손되지 않도록 유의하면서 따로 준비한 양초 틀에 양초 왁스를 녹여서 부어야 한다. 그런 뒤 어머니의 사진을 두고 자위를 한 뒤 왁스를 부은 틀 안에 사정하라. 녹은 왁스를 정액과 잘 섞은 다음 왁스가 딱딱하게 굳으면 이 양초를 성당으로 가져가 성모상이나 성모의 그림 아래에 놓고 불을 붙인 뒤 다 탈 때까지 거기 놔두라.

이러한 행위를 마치면 자신의 정자가 어머니의 저주에서 벗어나게 되었음을, 정자가 정화되고 축복받았음을 그의 무의식이 받아들이게 된다.

6. 근친상간의 욕구

의식적인 성인은 세상과 소통하는 네 가지 언어, 즉 지적 언어(말과 생각), 감정적 언어(느낌), 성적 언어(욕망), 육체적 언어(행동)를 구분할 수 있다. 성인은 가족에 대한 사랑과 성적 욕망을 혼동하지 않으며, 성적 욕망 때문에 사회적 합의를 저버리지도 않는다. 그러나 아이는 다르다. 아이는 하나의 완전체로서 행동한다. 즉, 행동, 생각, 감정 그리고 욕망이 도덕적 한계를 알지 못한 채 하나로 작용한다는 뜻이다. 아이의 충동은 감정적인 동시에 성적인 것이기도 하다. 부모가 이를 이해하지 못하면 자녀의 특정 행동을 변태적이라고 여기며 거부하게 된다. 아들이 아버지의 성기를 어루만지거나 어머니에게 성기를 문지르며 자신의 성적 욕망을 만족시키려 하는 것, 딸이 아버지의 여자친구가 되어 아이를 갖고 싶다고 말하는 등의 행동이 이러한 예가 될 수 있다. 부모는 이런 자연스러운 행동에 죄책감을 심어주면서 자녀의 충동을 억눌러버린다. 이때 아이의 충동(어린 시절에는 이러한 충동이 건강한 것이며 또한 필요한 것이기도 하다)은 충족되지 못했으므로 성인이 되어서도 지속된다. 근친상간에 대한 집착이 되는 것이다. 내가 알고 있는 어린 소녀의 사례가 하나 있다. 어느 날, 소녀의 아버지가 알몸으로 화장실에서 나온 적이 있었는데 그것을 본 소녀가 아버지의 성기에서 눈을 떼지 못했다. 그러자 어머니가 소녀의 따귀를 세게 때렸고, 이것이 그녀가 성인이 되어서도 연애를 하지 못하는 원인이 되었다.

이런 식의 억압을 받은 사람들은 그 어떤 연인을 만나더라도 만족할 수 없다. 어머니 또는 아버지와 사랑을 나누고 싶다는 욕망은 꿈 그리고 말실수(배우자의 이름을 부르는 대신 아버지나 어머니의 이름을 부름)를 통해 드러난다. 이들은 연상을 찾고, 지배적인 사람을 선호하며 자녀가 있는 기혼자를 찾기도 한다. 많은 경우 이들은 부모와 성이 같은 사람과 결혼하며, 언제나 시아버지 또는 장모님보다 열등한 파트너를 만난다. 예를 들어, 아내보다 장모님이 요리를 더 잘하고, 안목이 더 높고, 더 우아하다. 남편보다 시아버지가 더 강하고, 더 똑똑하고, 더 다정하다.

이러한 억압적인 상황에서 벗어나기 위해서는 근친상간의 욕망과 싸우는 것이 아니라, 욕망을 인지하고 이를 은유적으로 충족시켜줘야 한다.

어머니/아버지가 눈치채지 못하게 그의 옷을 가져오라. 가능하다면 아직 세탁하지 않은, 어머니/아버지가 입었던 속옷도 가져오라. 옷을 벗은 상태에서 어머니/아버지의 옷과 속옷을 입은 연인과 사랑을 나누라. 오르가슴의 순간(진짜 오르가슴이든 연기든)에 파트너의 이름이 아닌 어머니/아버지의 이름을 부르라. 성관계 후에는 옷을 세탁하고 초콜릿 한 상자(어머니인 경우) 또는 시가 한 상자(아버지인 경우)와 함께 익명의 선물로 포장하여 어머니/아버지에게 돌려주라.

부모가 아닌 형제자매에게 근친상간의 욕망을 느낄 때도 위의 방법과 마찬가지로 하면 된다. 행위자가 동성애자라면 연인에게 동성 부모의 옷을 입히라. 오르가슴의 순간에 행위자는 부모의 이름을 최대한 크게 외쳐야 한다.

7. 어머니와 딸의 공의존

어머니에게 해결되지 않은 나르시시즘적 충동(그녀에게는 자기 자신이 욕망의 대상이다)이 있고, 그것이 내면에서 고착화

(건강한, 필수적인 유아기적 충동이 억압되면 나중에 병적 욕망이 된다)
되었다면 그녀는 딸을 그저 자기 자아의 연장선 정도로만 여
기게 된다. 이런 어머니는 딸을 거울로 바라보며, 딸의 개인
성을 인식하지 못한다. 그녀는 딸에게 자신의 성생활을 공유
하며, 딸이 자신과 비슷한 머리, 화장, 옷을 입도록 만든다.
(나는 이러한 사례를 하나 알고 있다. 어느 여성 화가는 자신의 딸이 가
장 즐거워하는 일이 자기가 친구들과 몇 시간 동안 전화 통화하는 걸 보
고 듣는 거라 생각하고 있었다.)

딸은 어머니의 자기중심적 태도가 자신에게 어떤 심리적 고통
을 주었는지 어머니가 이해할 수 있게끔 그녀와 얘기를 나누어
야 한다. 그런 후 다음의 행동을 하라. 딸과 어머니가 각각 다
른 색의 끈을 하나씩 선택한다. 그리고 같은 방향을 보고 일렬
로 서서 둘의 발목을 묶는다. 허리, 손목, 목도 하나로 묶는다.
딸이 어머니에게 말한다. "당신은 당신이고 나는 나야." 어머
니도 이 말을 따라 한다. 그런 뒤 딸의 지시에 따라 이 둘은 몸
을 묶고 있던 끈을 가위로 자른다. 따로 떨어진 후에는 정원이
나 공원 혹은 숲 같은, 비옥한 흙이 있는 곳으로 향한다. 그리
고 서로 가까운 곳에 두 개의 구덩이를 파서 각자의 끈이 섞이
지 않게 따로 묻는다(한 구덩이에 한 색깔만). 어머니와 딸은 하나
는 딸이 고른 것, 하나는 엄마가 고른 것으로 각자의 구덩이에
식물을 한 그루씩 심는다.

자신이 어머니와 동일시되었던 방식을 깨닫고, 그러한 방식에서 스스로를 해방시키고 싶다면 다음의 방법을 따르라.

어머니의 얼굴 사진을 확대해 인쇄하여 가면을 만든다. 눈구멍 두 개도 뚫어놓는다. 이 가면을 착용하고 돌아다니라. 어떤 시설에 가도 좋고, 친구나 가족 등을 만나도 좋다. 이 방법으로 딸의 뇌는 어머니의 눈으로 보는 세상이 어떤지를 알게 된다. 그 후, 딸은 어머니 앞에 서서 마스크를 벗어 갈기갈기 찢는다. 다 찢은 종잇조각을 어머니에게 건네면서 이렇게 말하라. "제게 주신 모든 것에 감사합니다. 이제 저는 저 자신이 될 수 있어요."

8. 어머니와 아들의 공의존

기독교의 영향을 받은 사회에서는 남성은 완벽해지기를 열망할 수 있지만 여성은 그럴 수 없다. 여성에게 허락된 최고의 성취는 완벽한 아들을 낳는 것이다. 혼자서는 사회적으로 성공할 수 없다고 느끼는 어떤 여성들은 아들을 마치 자신의 연장선인 것처럼 키우면서 아들의 마음을 장악한다. 이들은 아들을 통해 남성 사회가 부정하는 완벽함과 권력을 얻었다고 느낀다. 은유적으로 표현하자면, 이런 어머니들은 자신의 팔이 잘렸다고 느낀 나머지 아들의 팔을 장악해 아들을 통해 행동한다. 이 공생에서 벗어나고 싶다면 다음과 같이 행동하라.

아들은 어머니와 대면하여 어머니의 소유욕으로 인해 자신이 받은 심리적 상처를 이해시켜야 한다. 그런 후 다음의 행동을 하라. 먼저 어머니가 자신에게 어울리는 색의 끈을 선택해야 한다. 어머니의 가슴에 아들의 등이 닿는 모습으로 서라. 그다음 어머니가 아들의 발목을 자신의 발목과 묶는다. 이어서 어머니가 아들의 허리를 자신의 허리에, 아들의 손목을 자신의 손목에, 아들의 목을 자신의 목에 묶는다. 아들은 어머니에게 "당신은 당신이고 나는 나야"라고 말하고, 어머니는 그 말을 반복한다. 그런 다음 어머니가 가위로 끈을 자른다. 따로 떨어진 후에는 정원이나 공원 혹은 숲 같은, 비옥한 흙이 있는 곳으로 향한다. 거기서 어머니와 아들이 함께 손으로 구덩이를 하나 파서 끈 조각의 절반을 묻는다. 어머니가 거기에 작은 과일나무를 심는다. 아들은 끈의 나머지 절반을 교회로 가져가 십자가에 못 박힌 그리스도의 조각상이나 그림 밑에 놓아둔다.

9. 아버지와 아들의 공의존

아들을 위험한 경쟁자로 볼 정도로 병적인 자기중심주의가 있는 아버지는 아들을 자신의 지배하에 두기 위해 미래에 대해 겁을 주는 행동을 특히 잘한다. 예를 들어 부모인 자신이 일궈낸 재정적 결과를 자녀가 똑같이 이뤄내지 못하면 힘든 인생을 살게 될 거라는 식이다. 이런 식으로 그들은 자신의 목표를 아들에게 서서히 주입시킨다. 이들은 스스로를 넘어설 수 없는 존재로 각인시킴으로써 아들이 불안감을 느끼고, 돈을 싫어하고, 자기 자신을 혐오하게끔 만든다. 아들을 유약하고 겁 많은 실패자로 만드는 것이다. 계속되는 불수의^{不隨意} 상태에서 벗어나고 싶다면 다음의 행동을 따르라.

3만 원을 10원짜리 동전으로 바꾸라. (동전의 양이 상당할 것이다.) 비둘기에게 먹이를 주는 사람들이 있는 공원으로 가라. 그들 근처에 앉아 마치 씨앗이나 빵 부스러기를 던지듯 태연하게 새들에게 동전을 뿌리라. 적어도 열 줌 이상 동전을 뿌린 후 집으로 걸어서 돌아가라. 자루에 동전이 딱 하나 남을 때까지 발자국을 남기듯 길을 가며 동전을 흘리라. 마지막 남은 동전으로는 귀걸이를 만들어 오른쪽 귀에 걸라. 그리고 아버지의 집으로 가서 아무 설명도 없이 그에게 둥근 모양의 거울과 함께 상자 하나를 주라. (아버지의 집으로 가기 전에 둥근 거울에 소변을 본 뒤 다시 깨끗하게 닦아서 가져가라.) 원래 신발 상자였던 이 상자에는 거대한 딜도가 들어 있다. 아버지에게 이렇게 말하라. "주는 건 건전한 거예요. 그렇지만 받으라고 강요하는 건 불건전한 거예요. 이건 아버지 거예요. 저는 제 것이 있어요. 아버지는 제 아이들과 작업물의 할아버지는 될 수 있어도 아버지는 될 수 없어요."

10. 아버지와 딸의 공의존

딸은 야한 여성 속옷을 입은 뒤 그 위에 남자처럼 옷을 입고 아버지를 만나러 간다. 그녀는 아버지 앞에서 의상을 찢어버리고 (손으로 하기 힘들다면 칼로 찢어도 된다) 반나체 상태인 자신을 보여주며 이렇게 외친다. "저는 남자가 되는 데 실패한 인간이 아니에요! 저는 아버지가 아니에요! 저를 보세요. 처음으로 있는 그대로의 저를 보라고요! 아버지는 자기의 나르시시즘적인 꿈 때문에 저를 바꿔버렸잖아요! 저를 인정하세요. 저는 여자예요! 저를 사랑한다면 저와 함께 이 넝마를 땅에 묻고 저를 자유롭게 풀어주세요!" 아버지가 딸을 미친 사람 취급하거나 이와 비슷한 말을 하며 그러기를 거절하면 3년 동안 아버지를 만나지 말라. 만약 아버지가 이에 응한다면(물론 옷이 찢어졌으니 미리 챙겨 온 여성복으로 갈아입고 나서) 제우스, 여호와 또는 스탈린이나 피노체트* 와 같은 독재자의 복제 이미지와 함께 너덜너덜하게 찢어진 의상과 야한 속옷을 땅에 묻어야 한다. 그런 다음 땅에 장미를 심으라.

※ Pinochet. 칠레의 대통령이자 독재자.

11. 자녀의 삶에 과하게 끼어드는 어머니

아버지가 부재하거나 자녀에게 무관심하면 어머니는 자녀의 삶에 과하게 끼어들게 된다. 자신이 어머니이자 아버지로서의 역할을 해야 한다는 생각이 너무 강해지면 어머니는 자녀를 과잉보호하거나 스스로를 자녀에게 필수 불가결한 존재라고 생각하면서 자녀의 사생활을 용납하지 않는다. 내담자가 어머니로부터 벗어나는 방법을 물어올 때마다, 나는 인간의 본성 때문에 내면에서 어머니를 완전히 지워버리는 것은 불가능하다고 대답한다. 서로 영영 만나지 않거나 어머니가 죽더라도 그녀가 우리 무의식의 어둠 속에서 계속 활동하기 때문이다. 하지만 어머니가 자신의 인생에 덜 개입하도록 할 방법은 있다. 그 방법은 다음과 같다.

어머니가 살아 있든 죽었든(이 경우 그녀는 신성한 우상으로 다뤄질 것이다) 간에 집 한구석에 제단으로 쓸 작은 탁자를 두라. 그리고 거기에 은색 액자에 담긴 어머니의 사진을 놓아두라. 이때 이 사진 위에는 격자무늬가 그려져 있어야 한다(이렇게 하면 무의식이 그녀를 포로로 잡아뒀다는 것을 인지하게 된다). 사진 앞에 불켜진 양초, 꽃을 꽂은 유리 화병, 인센스 스틱을 놓아두라. 집에서 저녁을 먹을 때는 포로의 사진 앞에 놔둔 작은 접시에다 당신이 먹을 음식을 약간 덜어준다(먹을 것을 잘 챙겨줬기 때문에 그녀가 우리를 집어삼키는 일은 없을 것이라고 무의식이 추론할 수 있도록 하기 위해서다). 다음 날이 되면 그녀에게 바쳤던 음식(무의식은 어머니 우상이 이 음식의 정수를 빨아먹었다고 느낀다)을 가급적이면 동물에게 주는 것이 좋다. 만약 이렇게 할 수 없다면 이 음식을 밀폐 용기에 보관했다가 40일마다 말린 꽃(이전에 그녀에게 바쳤던 꽃)과 함께 땅에 묻으라. 행위자는 어머니가 자신의 인생에 간섭한다는 느낌이 더 이상 들지 않을 때까지 이 과정을 반복해야 한다.

그러나 만약 자신에게 어머니를 죽이고 싶다는 욕망이 있음을 인식한 사람이 그녀를 완전히 없애버려야겠다고 고집한다면, 나는 그에게 두 친구(여자 그리고 남자)의 도움을 받으라고 조언한다. 먼저, 셋이서 외딴곳으로 간 다음 함께 무덤을 파라. 행위자는 신발, 옷, 가발 등을 활용해 어머니로 분장을 한 후 그 구덩이에 누워야 한다. 그다음 구덩이에 금화 모양의 초콜릿을 뿌려 자신을 덮은 다음 그 위를 흙으로 덮고 얼굴만 드러낸 채로 있어야 한다. 행위자는 자신의 내면에 침범해 들어오는 어머니가 모두 녹아 없어졌다고 느껴질 때까지 계속 이렇게 있어야 한다. 무덤에서 나온 행위자는 어머니로 분장할 때 썼던 옷과 물건들을 무덤에 던져버려야 한다. 그런 뒤 두 친구가 행위자를 성수[*]로 씻겨준다. 행위자는 금화 모양 초콜릿을 일곱 개 먹은 다음 '어머니의 무덤'에 소변을 보아야 한다.

---

[*] 성수는 성당 사무실에 문의하면 구할 수 있다.

독자가 보기에는 어머니를 거부하는 이러한 방식이 좀 과해 보일 수도 있지만, 행위자는 자신이 생각하는 (온전하고 건강한) 어머니에 다른 유형의 어머니(불완전하고 건강하지 못한)가 덧붙여져 있음을 반드시 알아야 한다. 어머니에는 다섯 가지 유형이 있다.

1. 살인적인 어머니

이 유형의 여성들은 어머니가 되고 싶어하지 않는다. 그저 자신이 여성이라는 것을 확인하고 싶어할 뿐이다. 이들은 여성에게는 부차적인 역할만 주고 남성을 드높이는 가정에서 자랐을 수도 있다. 세상에는 다음의 이유로 고통받는 여성이 수도 없이 많다. — 딸이 아닌 아들을 기대한 가정에서 태어났거나, 아버지를 만족시키기 위해 딸인데도 아들처럼 살아가고 있거나, 어머니가 원치 않는 자식을 낳아 노예처럼 사는 것은 불명예스러운 일이라는 생각을 심어주는 등. 이들은 뇌를 제외한 자신의 몸 전체를 금지된 것으로 느낀다. 남자가 되는 데 실패한 인간으로서 살아가는 그녀들은 자신의 성기에서 느껴지는 쾌락을 부정하며 어머니가 되는 것을 절대 받아들이지 않는다. 그녀는 낙태를 하기 위해 수정을 한다. 자신이 무언가를 할 수 있는 사람이라는 것을 알기 위해 이런 일이 필요한 것이다. '무언가를 할 수 있는 사람'이 되고자 하는 욕망은 어머니의 이미지와의 동일시 그리고 아버지와의 경쟁의식을 내면 깊숙한 곳에 감춰준다. 임신은 불임에 대한 감각과 남근을 갖고 싶다는 발기불능의(impotent) 욕망을 함께 진정시켜준다. 그녀는 자신을 거세된 남자로 느끼기 때문에 스스로를 혐오한다. 그리고 그녀는 자기 어머니를 혐오한 나머지 모든 여성을 싫어하게 된 남자와 이러한 자기혐오로 인해 결혼하게 된다.

살인적인 어머니가 있는 것처럼 살인적인 아버지도 있다. 살인적인 아버지는 아이를 만들고 싶다는 욕구 없이 그저 성적인 긴장을 일시적으로 해소하기 위해 섹스를 한다. 여성의 임신 사실은 그들에게 있어 참을 수 없을 만큼의 불쾌한 일이다.

2. 고착된 어머니

이 유형의 여성들은 배가 부풀어 오르길 원하면서도 아기를 낳고 싶어하지는 않는다. 유아기에 고착된 이런 여성들은 임신했다는 사실을 이용하여 아기처럼 다정한 보살핌을 받으면서 자신의 결핍을 채운다. 임신을 하면 가족의 관심을 집중적으로 받게 되고, 그녀들은 이를 통해 정서적 욕구를 충족한다. 물론 9개월 동안은 행복할 수 있겠지만 출산 직후 이들은 심한 우울증에 시달리게 된다. 임신 중에 받았던 보살핌을 빼앗겼다고 생각해 자기 자식을 미워할 수도 있다. 아기에게 설사를 유발할 수 있는, 신맛의 젖이 나오기도 한다.

유아기에 고착된 이 유형의 여성들은 자신과 비슷한, 유아적인 남성과 커플이 된다. 사랑받지 못하는 것에 익숙해져 있는 그는 임신한 어머니를 필요로 하며, 자신을 태아에게 투사한다. 하지만 그는 타오르는 질투심을 느끼기 때문에 아이의 탄생을 보는 것을 괴로워한다. 아이가 마치 어머니의 관심을 빼앗으러 온 동생처럼 느껴지기 때문이다. 여자가 임신했다는 사실을 알게 되자마자 그는 도망쳐버린다.

고착된 어머니 유형에는 또 다른 유형이 있다. 수많은 자녀를 낳다가 목숨을 잃을 뻔한 여성들이 대대손손 많은, 그중 몇몇은 실제로 출산 도중 사망한 그런 집안에서 이런 유형의 어머니가 생겨난다. 이 유형의 여성은 살인적인 정액을 전해줄 수 있을 것 같은 남자를 찾는다. 남자는 여성의 임신 기간 동안 죄책감을 느낄 것이며, 아내와 그녀가 품고 있는 아이를 혐오하게 된다. 달이 지날수록 임산부는 더 큰 공포를 경험하게 될 것이며, 종종 유산 직전의 상황에 처하기도 한다. 따라서 그녀에게는 집중 치료가 필요할 수 있으며 몇 달 동안 누워만 있어야 하는 등의 일을 겪게 될 수도 있다. 그녀의 아이는 생명의 메신저가 아니라 죽음의 메신저가 될 것이다. 이런 여성들은 보통 마취를 한 뒤 제왕절개로 아이를 낳는다.

고착된 어머니 유형의 또 다른 유형으로는 임신을 수치스러워하는 여성이 있다. 아이나 아이 아버지가 여러 가지 이유로 여성의 가족 계획이나 신념에 맞지 않을 수도 있고, 미혼모일 수도 있고, 근친상간으로 인해 아이가 생겼거나 다른 인종의 아이를 임신했을 수도 있다. 그녀는 스스로 죄 또는 배신이라고 믿는 그것의 결실을 자기 뱃속에 품고 있다. 여성은 임신 기간 동안 자신이 원래 지냈던 지역을 떠나거나 부풀어

오른 배를 숨긴다. 그리고 아이가 태어나면 부모나 친척에게 더 이상 사랑받지 못할까 봐 두려워한다.

고착된 어머니는 아이를 낳고 나서도 마치 아이가 완전히 태어나지 않기라도 한 것처럼 미묘하게 행동하면서 아이가 정신적 자율성을 계발할 수 없도록 막는다. 물론 이런 시도가 성공할 수도 있지만 이는 유아의 발달에 심각한 지장을 줄 수밖에 없다. 이런 아이는 정신 질환을 앓는 아동이 되거나, 청소년기에 조현병을 앓게 되거나, 사회에 적응하지 못하는 성인으로 자라날 수 있다.

3. 젖을 물리지 않는 어머니

이 유형의 여성들은 기꺼이 출산을 할 의향은 있지만 자신의 몸에서 떨어져 나온 아이를 키울 의향은 없다. 아기는 빨고, 깨물고, 소리 지를 줄만 안다. 아기는 24시간 내내 그녀를 필요로 하고, 성생활에 집중할 수 없게 만들고, 그녀가 독립적인 한 개인이라는 것을 생각할 수 없는 존재다….

바르셀로나에서 열린 나의 세미나에 임신 6개월 차 부부가 참석한 적이 있었다. 그들은 상호 합의하에 모유가 나오는 것을 막기 위해 매일 주사를 맞고 있다고 말했다. 특히 여성은 모유 수유가 역겹다고 했다…. 그녀는 남편이 보기에도 매우 합리적인 듯한 몇 가지 다른 이유를 둘러댔다. "몸이 변형되는 것을 원치 않는다, 인생은 희생하며 살기에는 너무 짧다, 회사 임원으로서의 성과를 내기 위해서는 시간을 낭비할 수 없다, 가슴에 매달려 있는 아이를 데리고 다니면 나 스스로가 짐승처럼 느껴질 것 같다" 등이 그 이유였다. 둘 중 여자 쪽이 진취적인 남성, 사업가, 집 밖에서 일하는 가장 역할을 맡고 있다는 것이 분명해 보였고 남자는 집안일, 음식 준비, 젖병 수유에 전념하는 주부 역할을 맡고 있었다. ― 둘은 성적 정체성이 무너진 전형적인 부부의 모습이었다. 남편은 유약한 아버지를 두었거나 아버지가 아예 부재했기 때문에 남자다움이 무엇인지를 모르고 있었으며 끊임없이 관심을 받고 싶어했다. 그는 아내를 한 아이의 어머니로 인정하긴 하지만 아내가 자신의 라이벌에게 젖을 먹이느라 자신에게 소홀해지는 것은 원치 않았다. 그는 언제나 관심의 중심에 서 있어야 하는 사람이며 그의 아들/딸은 부차적인 역할을 할 뿐이었다. 두 사람의 아이는 알코올 중독자, 강박적 흡연자, 마약 중독자, 만족을 모르는 대식가가 될 소지가 다분했다….

어머니의 모유는 다른 여성의 모유나 다른 동물의 우유로 대체될 수 없다. 충분한 기간 동안 모유 수유를 하지 않으면 아이는 말하는 것에 어려움을 겪을 수 있고 분노 발작[*], 장 통증, 천식, 두통, 고혈압, 공황 발작, 만성 피로와 같은 만성 질환으로 고통받을 수 있다. 또, 아이가 모유 수유 기간 동안 느낄 수 있는 사랑(아이는 어린 시절 동안 이 사랑을 굉장히 갈구하게 된다)을 느끼지 못했기 때문에 평생 동안 이러한 사랑이 결핍

---

[*] 아기가 자기 뜻대로 되지 않으면 울고 떼를 쓰면서 폭발적인 분노를 표현하는 현상.

되어 있다고 느끼게 된다.

4. 소유욕이 심한 어머니

이 유형의 여성들은 남성을 부정하며(이러한 부정은 남성중심적 사회에서 고통을 겪은 자기 어머니의 혐오를 그대로 모방하는 것이기도 하다) 아이가 전적으로 자신의 것이라고 생각한다. 이들은 출산 예정일보다 아이를 늦게 낳을 수 있으며 필요 이상으로 모유 수유를 길게 하기도 한다. 그녀는 자신을 전지전능한 존재로 나타내면서 자녀의 정신에 침범해 들어간다. 그리고 강철 같은 의지로 자녀를 계속 유아기에만 머무르게 만들면서 아이를 자신의 팬으로 만든다. 어른으로 자라지 못한 자식은 악몽을 꿀 때 종종 거미의 모습으로 나타나곤 하는 자신의 어머니로부터 벗어나기 위해 노력하면서 불안과 무력감에 시달린다. 자식은 어머니가 자신을 알아봐주기만을 바라며 나이를 먹을 것이고, 결국 어머니는 자식을 자기 말을 들어주는 거울로만 여기게 될 것이다. 이러한 왜곡된 관계는 자살 기도, 피해망상, 불임, 정신병, 실패에 대한 강한 공포라는 결과를 낳는다.

5. 온전하고 건강한 어머니

몸과 마음이 건강하고 만족스러운 성생활을 하고 있으며, 감정 상태가 균형 잡혀 있고 파트너와 긴밀하게 협력하고 있는 어머니는 자연과 완벽한 조화를 이룬 상태로 출산을 하고 젖을 물리며 아이를 양육한다. 이 유형의 여성들은 새로 태어난 아기가 자신의 내장이나 몸의 기관이 아니며 이 지상에 새로운 길을 내줄, 우주의 필수 불가결한 요소 중 하나로서 태어났다는 것을 의식하고 있다. 아기가 인간을 영원으로 이끌어줄 진화의 한 발걸음이 되리라는 것을 알고 있는 것이다.

이들은 아이에게 구시대적인 사고방식을 심어주지 않고 조상들이 전해온 귀중한 가치만을 전달한다. 아이를 스승으로 생각하면서 그가 자신을 인도하게끔 하며, 그가 필요로 하는 것을 준다. 가족 공동의 목표를 강요함으로써 아이를 경직시키지 않고 그가 본질적인 자기 존재 그대로 살 수 있게 해준다. 이 어머니들은 자신이 아이를 전적으로 소유하고 있다고 여기지 않으며 아이를 파트너 그리고 세상과 공유한다. 아이에게 "이렇게 해라"라고 하는 게 아니라 가능한 한 많은 옵션을 보여주면서 선택의 기회를 준다. 이들은 아이의 필요를 충족시켜주는 법을 알고 있으며, 필요한 만큼의 기간 동안 모유 수유를 하고, 아이를 두 팔로 다정하게 안아 부드럽게 달래준다. — 모유를 먹는 아이는 이런 경험을 통해 현실감, 존재감을 느끼게 되는데, 이는 곧 무언가를 할 수 있는 가능성, 받을 수 있는 가능성으로 이어진다.

만약 당신이 첫 네 유형의 어머니 중 하나라도 경험한 적이 있다면 195쪽의 '출생 마사지'를 통해 안도감을 느낄 수 있을 것이다.

12. 전화로 비판하는 어머니

딸과 떨어져 살면서 종종 전화를 거는 어머니들이 있다. 완벽주의에 대한 집착 때문에 고통받는 이들은 병적인 수준의 자기중심적인 마음을 키워나간다. 이들은 뭐든지 자기가 옳다고 생각하면서 자기 스스로 받아들이지 못하는 결점을 딸에게 투사한다. 그래서 딸과 대화할 때마다 딸을 계속 비판하게 된다. 만약 이런 상황에서 아버지가 부재하고, 딸이 어머니의 사랑에만 의존하고 있다면 상처가 되는 그 모든 말들이 딸의 가슴에 비수가 되어 꽂힌다. 이 경우 나는 내담자에게 다음과 같은 조언을 한다.

빨간 코르크로 하트를 만들어 전화기 옆에 두라. (어머니에게 핸드폰 말고 집 전화로 연락하라고 해야 한다.) 어머니에게 언어적인 공격을 받을 때마다 코르크에 작은 화살을 꽂으라. 하트가 화살로 가득해지면 화살을 뽑지 않은 채로 개수를 세라. 빨간 박 (metallic paper)으로 포장된 초콜릿을 화살과 같은 개수로 준비하라. 예를 들어 화살이 50개였다면 초콜릿도 50개를 준비해야 한다. 화살이 꽂힌 하트를 선물 상자에 넣고 그 주변을 초콜릿으로 채운 다음 분홍색 엽서와 함께 상자를 우편으로 보내라. 엽서에는 이렇게 써야 한다. "엄마, 엄마를 사랑하니까 엄마가 비판으로 나를 고통스럽게 한 것도 용서할게요."

13. 낙태로 인한 슬픔

낙태는 그것이 아무리 정당화된다 하더라도 여성의 마음에 고통스러운 흔적을 남길 수밖에 없다. 신체적 상흔이 남는 것은 물론이고, 자신을 임신시킨 남자 없이 수술이 이루어졌다면 정신적 충격도 함께 받는다. 일반적으로 책임을 회피하는 남성 사회에서 낙태는 주로 여성과 태아의 책임이다. 여성은 자라나는 모습을 볼 수 없었던 그 아이에 대한 깊은 슬픔을 마음 깊숙한 곳에서 종종 느끼곤 한다. 아이를 애도하고 안도감을 느끼고 싶어하는 사람에게 나는 다음의 행위를 권장한다.

행위자는 의식을 깊이 집중한 상태로 작은 과일(태아를 나타냄) 하나를 골라야 한다. 그런 다음 알몸으로 과일을 배 위에 올려놓고 몸 주변으로 살색 붕대를 네 바퀴 감아 고정한다. 낙태 경험 당시의 자세를 취한 채 연인이나 남성 친구에게 메스로 붕대를 아주 조금씩 자르면서 열매를 몸에서 떼어달라고 부탁하라. 이 은유적인 수술이 진행되는 동안 행위자는 푸념, 울음 또는 욕설의 형태로 비통함과 분노를 표출해야 한다. 수술이 끝나면 자신이 직접 장식한 아름다운 상자 안에 과일을 넣는다. 그리고 입안에 검은 돌(마음속에 쌓여 있던 슬픔을 상징)을 넣은 뒤 그와 함께 이 상징적인 관을 묻을 적당한 장소로 이동한다. 행위자는 손으로 땅을 파야 하는데, 그 과정에서 남자의 도움을 받아야 한다(과거에는 경험하지 못했던 남성과의 협업). 이제 검은 돌을 구덩이에 뱉는다. 남자는 입안에 빨간 사탕을 넣고 그녀에게 키스한다. 그러면서 생명의 부활을 상징하는 사탕을 그녀의 입안에 넣어준다. 둘이서 그 작은 구덩이에 식물을 심으라. 그리고 가능하면 그 옆에서 사랑을 나누라. 남성과 그저 좋은 친구 사이일 뿐이라면 카페에 가서 기분이 좋아질 만한 맛있는 음료를 마시라.

만약 행위자가 낙태를 여러 차례 경험한 경우 과일의 수를 그에 맞춰 늘리면 된다. 검은 돌의 수도 마찬가지다. 떠나간 모든 생명들을 위한 장례를 이 한 번의 의식으로 치를 수 있다.

14. 고향에 대한 향수

가장 고통스러운 트라우마는 사랑하는 사람을 잃는 것이다. 그리고 그다음으로 가장 고통스러운 것이 고향이나 자신의 토지를 잃는 트라우마다. 나는 칠레에서 어느 마뿌체족* 샤먼이 북미 출신의 한 관광객에게 이렇게 말하는 것을 들은 적이 있다. "당신은 아무도 아닙니다. 정경(landscape)이 없는 사

---

* mapuche. 스페인 정복 시기에 칠레의 중부와 남부 지방에 살던 원주민족.

람이니까요." 또 한번은 오래전 알제리에서 나고 자라서 결혼까지 한 부부를 프랑스에서 상담해준 적이 있었다. 그들은 네 살배기 딸과 함께 알제리에서 추방당해 파리에서 새출발을 해야만 했다. 부부는 파리가 항상 차갑고 생경하며 무자비한 도시로 느껴진다고 했다. 몇 년 동안 부부는 딸 앞에서 계속 이런 말을 했다고 한다. "이곳에서 사는 건 사는 게 아니야. 알제리에서는 행복했는데 파리에서는 살 수가 없구나." 전날까지만 해도 건강했던 그들의 딸은 열 살 때 뚜렷한 이유 없이 숨을 거뒀다.

고향이 그립다면 향수병을 치유할 수 있는 다음의 방법을 시도해보라.

향수를 느끼는 지역의 흙을 10킬로그램 정도 주문하라. 대야에 흙을 넣은 후 매일 30분 동안 명상, 독서 또는 텔레비전을 보면서 그 안에 발을 담그라. 향수병이 도질 때마다 이 흙 족욕을 하라.

또한 나는 이민자들에게 자신이 태어난 나라로 여행을 떠나라고 추천하는 편이다. 만약 그게 힘들다면 자신이 태어난 나라와 최대한 가까운 지역에 나무를 심는 것을 추천한다.

15. 새로운 장소에 적응하지 못함

동물은 자신의 영역을 표시하기 위해 소변을 본다. 어떤 사람들은 이사를 하거나 새로 사무실을 연 뒤로 마음이 편치 않고 뚜렷한 이유 없이 새 장소에 적응하지 못하기도 한다. 주변 환경을 내 집처럼 편하게 느끼고 싶다면 다음의 방법을 추천한다.

따로 준비한 용기에 소변을 보라. 그런 다음 소변을 새 장소의 방 모퉁이마다 세 방울씩 스포이트로 떨어뜨리라.

16. 부모의 불화

자녀가 균형 잡힌 인격을 형성하기 위해서는 마음의 조화를 잘 이룬 부모와 살아야 한다. 다시 말해 자녀 앞에서 모순된 삶의 개념을 표현하지 않는 부모, 정서적으로 하나된 부모, 서로를 존중, 애정, 존경으로 대하는 부모, 서로를 성적으로 원하면서도 서로를 통해 성적 만족감을 느끼는 부모, 자신들이 느끼는 경제적 불안감을 자녀가 느끼지 않게 하려는 부모, 꼭 필요한 것들을 언제나 부족함 없이 줄 수 있다는 확신을 주는 부모와 함께 살아야 한다는 말이다.

서로 사랑하지 않거나, 계속해서 싸우거나, 이혼한 부모의 자녀 또는 태어났을 때 이모, 삼촌 또는 조부모에게 맡겨졌던 자녀는 통합된 목표를 찾지 못한 채 성격이 분열된 기분을 느낀다. 집이 부자일지라도 이러한 자녀들은 보호받지 못하고 있다고 느끼며, 어른이 되어서도 자신이 파트너로부터 사랑받고 있음을 확신하지 못한다. 나는 이런 유형의 내담자들에게 다음과 같은 조언을 해준다.

오른발 발바닥에는 태양(우주적 아버지의 상징)을, 왼발 발바닥에는 달(우주적 어머니의 상징)을 문신하라. 이렇게 하면 걸을 때마다 부모의 지지를 느끼게 된다.

이어폰을 끼고 걸어 다님으로써 어머니-아버지의 하나됨을 경험할 수도 있다. 왼쪽 귀에 꽂은 이어폰으로는 여자가 부르는 노래를 듣고, 그와 동시에 오른쪽 귀에 꽂은 이어폰으로는 남자가 부르는 노래를 들으라.

부모에게 버려지거나 거절당한 사람들에게는 다음의 행동을 추천한다.

버진 올리브 오일이 담긴 유리병에는 어머니의 사진을, 술병에는 아버지의 사진(아버지를 알지 못한다면 존경하는 남성의 사진)을 붙이라. 매일 밤 잠들기 전에 올리브 오일 일곱 방울과 술 일곱 방울을 작은 와인 잔에 떨어뜨린 뒤 한 번에 다 마시라. 이렇게 하면 무의식이 어머니와 아버지에게서 영양분을 공급받는다고 느끼게 되며, 일정 기간이 지나면 버림받았다는 느낌이 사라질 것이다.

예술적 재능이 있는 독자 중에서 자기 성격이 둘로 분열되어 있다고 느끼는 사람이 있다면 다음의 행동을 추천하고 싶다.

자신과 다른 성별의 친구 또는 연인이나 배우자의 도움을 받아 몸 전체를 칠해야 한다. 오른쪽 절반은 금색, 왼쪽 절반은 은색으로 칠하라. 이제 해와 달의 두 색이 한 몸에 결합된 그 상태로 자신의 어린 시절 초상화를 웃고 있는 건강한 모습으로 그리라. 색연필이나 붓으로 오른손과 왼손을 번갈아 사용하며 그리면 된다. 초상화가 완성되면 행위자는 자신의 이름과 아버지의 성, 어머니의 성으로 그림에다 서명을 한다. 그런 뒤 금색과 은색이 몸에 칠해져 있는 그 상태로 가능한 한 많은 친구와 가족, 친척에게 컴퓨터로 그 초상화를 전송해야 한다.

나는 마음을 진정시킬 수가 없다고 호소하는, 언제나 긴장 상태에 있는 내담자(부모가 끊임없이 말다툼을 했기 때문에 심한 불안이 있었다)에게 다음의 조언을 한 적이 있다.

몇 미터 정도 되는 밧줄을 들고 부모님에게 가라. 그리고 "두

분의 의견이 일치되는 모습을 보지 못하면 저는 절대 평온을 느낄 수가 없어요"라고 말하라. 행위자는 부모님을 마주 보게 한 뒤 밧줄을 이용해 둘을 하나로 묶는다. 그리고 자신의 비통함과 버림받은 고통, 억눌린 분노를 표현할 수 있을 때까지 한참 동안 그들을 바라보다가 밧줄을 잘라 한쪽은 어머니에게, 다른 한쪽은 아버지에게 주라. 세 사람은 숲으로 가서 땅에 밧줄을 묻고 꽃이 핀 식물 세 그루를 함께 심는다(각각 어머니가 고른 것, 아버지가 고른 것, 자녀가 고른 것이어야 한다).

17. 피부염

때로는 심리적 이유로 피부 문제가 생기기도 한다. 피부 질환은 근본적으로 어린 시절에 부모님의 애정 어린 손길을 받지 못했기 때문에 생긴다. 다시 말해, 피부 질환은 그것을 앓는 사람이 사랑하는 사람들에게서 충분한 관심을 받지 못해 불만을 느끼고 있음을 나타낸다. 이러한 알레르기 반응은 충족되지 못한 소망 또는 거부로 인해 일어날 수 있다. 나에게는 몸 왼쪽의 발진 때문에 고생하는 내담자가 한 명 있었다. 나는 그에게 아내가 어느 쪽에서 자느냐고 물었고, 그는 왼쪽이라고 대답했다. 나는 아내를 오른쪽에 재우라고 조언했고, 그는 내 말에 따랐다. 그러자 왼쪽에서 발진이 사라졌는데, 대신 오른쪽에 발진이 나타났다. 이는 의사소통 부족으로 인한 거부 사례다. 즉, 언어로 표현되지 못한 화와 분노가 피부염을 유발할 수 있다는 얘기다….

관심받지 못함으로써 유발된 피부 질환에 대해 말하자면, 나는 최근에 연하의 제자(거의 딸뻘이었다)와 결혼한 프랑스의 유명한 구루를 상담해준 적이 있다. 그의 아내는 아버지 없이 어머니의 손에 컸다. 상황이 이렇다 보니 그의 장모는 딸이 결혼하면서 자신의 곁을 떠나는 것을 힘들어했고, 그 와중에 딸이 아버지뻘 되는 남자와 함께 있는 모습을 보자 더더욱 힘들어했다. 하지만 이 구루는 인품이 좋고 흠잡을 데가 없는 사람이었기 때문에 장모는 질투심이나 분노를 표현할 수가 없었다. 그러자 장모의 양쪽 손바닥에 습진이 생겼다. 구루는 나에게 조언을 구했고, 나는 다음과 같은 조언을 했다.

구루와 그의 젊은 아내는 장모 앞에서 녹색 점토 가루에 침을 충분히 뱉은 뒤 잘 섞어서 반죽을 만들었다. 그리고 그것을 피부염이 난 장모의 손바닥에 발랐다. 이렇게 함으로써 인정과 애정을 받고 싶다는 그녀의 소망이 충족되었고, 그녀는 치유되었다.

이를 실천하려는 사람은 자신이 사랑받길 원하는 두 사람(남자와 여자)을 구해 그들에게 미리 상황을 설명하고 허락을 구하라. 남자와 여자는 환자가 보는 앞에서 자신들의 침과 녹색 점토 가루를 섞어 반죽을 만들고, 둘이 함께 이 반죽을 환자의 습진이나 발진 부위에 발라준다.

18. 나보다 더 강한 마음을 가진 사람에게 끌려다니지 않는 법

    인간의 마음은 자기보다 더 강력한 타인의 마음을 마주했을 때 자기 자신을 잃어버리고 더 강한 마음이 좌지우지하는 대로 자신의 의지를 굽히는 경향이 있다. 의식적인 삶을 살아가기 위해서는 직면하기 힘든 생각, 감정, 욕망이 있더라도 두려움 없이 자기 관찰을 해냄으로써 마음의 힘을 키울 필요가 있다. 우리는 가족, 사회, 문화에 의해 만들어진 가짜 인격에서 벗어나겠다는 의도를 갖고 내 내면에서 일어나는 일들에만 집중해야 한다. 하지만 그러지 못할 때, 우리는 다른 사람의 자아에 홀려버리고 그는 우리의 심리적 약점을 이용하여 우리의 생명 에너지를 빨아먹는다. 나는 이런 상대를 만나야만 하는 내담자들에게 다음과 같이 조언하곤 한다.

> 알루미늄 포일로 싼 생 돼지갈비를 주머니에 넣고 다니라. 그리고 자기 자신을 잃어버리고 있다는 느낌이 들 때마다 주머니에 손을 넣어 그것을 잡으라. 행위자는 돼지갈비를 잡는 이런 우스꽝스러운 행동을 함으로써 상대방의 영향력에서 벗어나 자기 자신으로 의식을 되돌릴 수 있다. 그러나 이런 강력한 마음을 가진 사람을 만났을 때 돼지갈비를 잡았는데도 불구하고 여전히 그 사람에게 영향을 받고 있다는 느낌이 든다면 화선지와 먹물을 사용해 다음의 방식으로 그 사람의 이름을 써보라.

홍길동

홍길도

홍길ㄷ

홍길

홍기

홍ㄱ

홍

호

ㅎ

(상대가 외국인이라면 이름 옆에 그의 성도 똑같은 방식으로 쓰라.) 이
제 종이를 펼쳤을 때 4등분 된 모양이 되도록 두 번 접는다. 접
힌 종이를 검은 양초 불에 태워버리라.

19. 액운

연이어 일어난 나쁜 일들 때문에 불안해하는 내담자들이
있다. 이들은 자신에게 액운이 붙었다고 확신한다. 나는 내담
자가 스스로를 이런 식으로 벌해야 할 만큼 큰 죄책감을 어느
부분에서 느끼고 있는지를 알아낸 다음 '림피아limpia'(나쁜 영향
력으로부터 벗어나기 위한 멕시코 샤먼의 방편)를 연습하라는 조언
을 한다. 내담자가 그것을 믿지 않더라도 그의 무의식은 이

상상의 치유를 현실로 받아들일 것이다.

> 냄비에 물 2리터를 넣고 따뜻하게 데운 다음 굵은소금을 세 줌 넣으라. 파슬리 한 다발을 가져다가 물에 담근 뒤 몸 전체에 문지른다. 이때, 왼쪽부터 문질러야 한다. 이 작업을 하루 두 번, 즉 아침저녁으로 반복한다. 이 행위가 한 번 끝날 때마다 파슬리를 빈 냄비에 넣고 거기에 알코올을 뿌린 다음 불을 붙이라. 타고 남은 재는 변기에 버리라. 이 행동을 7일 연속으로 수행해야 한다.

20. 광장 공포증

누군가가 바깥 세상에 대한 비합리적인 두려움에 시달리느라 집 밖으로 나갈 수 없을 때, 그의 무의식은 집을 어머니의 자궁 안과 동일시한다. 임산부의 감정은 태아에게 전달되어 태아의 세포 기억에 새겨진다. 만일 산모가 바깥 세상을 위험한 곳으로 생각하여 출산을 두려워한다면, 즉 아기를 자신의 뱃속에만 영영 가두고자 한다면 아기는 이를 태어나지 말라는 명령(이 명령은 평생 동안 유효하다)으로 받아들인다. 그러니 광활한 세계를 향해 나아가는 것은 곧 어머니의 바람을 어긴 채 태어나는 것과 같다. 이런 아기의 입장에서는 바깥 세상에 의해 다치거나 죽는 것보다도 어머니에게서 사랑받지 못하는 것이 가장 큰 걱정거리다. 광장 공포증으로 고통받는 사람에게 나는 다음과 같은 행동을 하기를 권장한다.

네 쌍의 커플에게 미리 도움을 요청하여 집으로 오라고 한다. 행위자는 옷을 벗은 채로 매우 날카로운 칼을 가지고 침낭 안에 들어간다. 도우미들은 침낭을 단단히 여미어 닫은 다음, 그 상태로 행위자를 광장으로 데려간다.

광장에 도착하면 도우미들은 침낭을 바닥에 내려놓는다. 행위자는 칼로 침낭에 긴 칼집을 낸 뒤 자신이 태어나는 중이라는 상상을 하며 아주 천천히 밖으로 나오기 시작한다. 행위자가 침낭 밖으로 나오는 동안 여덟 명의 도우미들은 서로 손을 잡고 그의 주위를 둥글게 돌면서 어린이 합창곡을 부른다. 행위자가 침낭 밖으로 완전히 나오면 각 커플은 이 '신생아'에게 성수 1리터를 부어준다. 도우미들은 행위자에게 새 옷을 입혀준 다음 그를 포함하여 다시 둥근 원으로 돌아야 하는데, 행위자는 그들과 함께 총 여덟 번을 돌아야 한다. 원을 다 돌았으면 행위자는 도우미들의 손을 놓고 원 뒤쪽으로 걸어 나간다. 그런 다음 자신의 새 이름을 크게 외치며 광장을 뛰어다닌다.

그런 다음 다 같이 카페에 가서 청량음료를 마시고 디저트를 먹는다. 행위자는 침낭과 칼을 예쁘게 선물 포장한 뒤 초콜릿 상자와 함께 어머니에게 보낸다. 만약 어머니가 이미 세상을 떠났다면 그녀의 무덤 옆에 이 선물을 놓아야 한다.

다음은 나의 내담자 중 하나가 보내온 편지 내용이다.

2006년 7월 6일 일요일 정오, 바야돌리드^{Valladolid}의 마요르^{Mayor} 광장에서 저는 당신의 지시를 정확하게 따랐습니다. 침낭 안에 있을 때 저는 공황이 와서 울면서 비명을 지르고만 싶었습니다. 그러다 침낭에서 나와 사람들이 제 머리 위로 성수를 붓자 그곳이 더 이상 두렵지 않더군요. 저는 달리고, 뛰고, 광장에서 두 팔을 벌리고 소리를 지르며 기쁨을 만끽했어요. 일주일 동안 혼란스러운 느낌이 들었고 여전히 약간의 두려움은 남아 있지만 이미 두 번이나 혼자 외출했습니다.

만약 여덟 명을 모을 방법이 도저히 없는 경우, 다음의 방법을 따르라.

집에 있는 동안에 항상 성인용 변기가 아닌 유아용 변기에 소변을 보라. 이것이 습관이 된 후에는 외출할 때마다 유아용 변기를 가방에 넣어 휴대하라. 조금이라도 괴로움을 느낀다면 카페 화장실에 들어가서 유아용 변기에 일을 본 다음 소변을 변기에 버리라. 이 행동은 외부 영역을 자신만의 개인적 영역으로 바꾸어줌으로써 불안을 없애준다.

21. 폐소 공포증

밀폐된 공간에 대한 두려움은 모든 동물에게 공통적으로 존재하는 두려움이다. 자유를 잃는다는 것은 곧 죽음 또는 잡아먹히는 것을 의미하기 때문이다. 폐소 공포증 환자의 무의식에는 그것과 관련한 어린 시절의 경험이 있을 수 있으며 그것이 아니라면 가까운 친척 또는 조상이 밀폐된 곳에서 고통을 겪었거나 사망했을 수도 있다. 환자가 용기를 내어 잠깐의 고통을 감수할 수 있다면 폐소 공포증도 치료가 가능하다. 폐소 공포증의 치료를 위해서는 공포로부터 도망치지 말고 그 공포에 자신을 완전히 내맡겨야 한다. 그 방법은 다음과 같다.

먼저, 관을 준비하라. 그런 다음 이 행위를 도와주기로 한 여섯 명(남자 세 명, 여자 세 명)과 함께 행위자가 무서워하는 밀폐된 장소와 가까운 곳으로 가라. 그런 다음 숨을 쉴 수 있도록 뚜껑에 구멍을 약간 뚫어놓은 관 속에 알몸으로 들어가 관 뚜껑을 닫으라. 여섯 사람이 관을 들고 행위자가 두려워하는 장소에 관을 가져다 놓는다. 행위자는 최대한 오랫동안 그 상태를 견디다가 관 뚜껑을 열어달라고 요청한다. 여섯 사람은 요청에 따라 관 뚜껑을 열어주긴 하지만 그를 관에서 꺼내지는 않은 상태로 행위자의 몸에 꿀을 바르기 시작한다. 그런 다음 이 여섯 명은 거칠게 으르렁거리는 소리를 내며 행위자의 온몸을 핥는다. 이 작업이 끝나면 행위자는 관에서 나온다. 그는 새 옷을 입은 뒤 벽을 발로 차면서 이렇게 외친다. "그 무엇도 나를 가둘 수 없어! 내 영혼에는 한계가 없으니까!" 그 순간부터 그의 눈에는 밀폐된 장소가 꽤 널찍하게 느껴질 것이다.

만약 도저히 여섯 명을 모을 수 없다면 다음과 같이 하라.

자신의 마음을 고통에서 해방시키고자 한다면 그는 지고하고 영원한, 무한한 의식을 향한 믿음을 키워주는 문장을 가슴으로 외워야 한다. 밀폐된 공간에서 답답함을 느낄 때, 행위자는 오른쪽 신발을 벗어서 머리 위에 올린 다음 신발을 힘껏 누른 상태에서 큰 소리로 다음의 문장을 암송한다.

시작이 없으면 끝도 없으니
내 모든 몸짓의 근원
내 그림자를 관통하는 빛
흙먼지에 생명을 불어넣는 숨결
모든 시간의 집합체
나는 당신의 일부입니다
나는 당신을 믿습니다
당신을 내 안에 받아들인다면
그 어떤 것도 나를 가둬둘 수 없습니다

22. 폭식증

머리(생각의 언어)는 지식을 갈망하고, 가슴(감정의 언어)은 사랑을 갈망하고, 성(욕망의 언어)은 만족을 갈망하고, 몸(필요의 언어)은 안전함을 갈망한다. 이 네 가지 에너지 센터가 실현되지 않으면 개인에게 온갖 종류의 신경증을 유발한다. 네 센터는 서로 소통이 가능하므로 다른 센터의 언어를 이해하도록 훈련시킬 수도 있다. 열린 지성은 숭고한 감정이 무엇인지를 이해할 수 있고, 열린 가슴은 우리에게 지식을 줄 수 있으며, 섹스로 채워지지 않는 만족감은 몸을 통해 얻어낼 수 있다.

폭식증(채워지지 않는 식욕)은 어린 시절의 트라우마가 그 원인인데, 이는 경쟁심이 강한 어머니가 자신이나 자신의 남편에게 딸이 근친상간적인 충동을 느끼지 못하도록 억압함으로써 발생한 트라우마일 수 있다. 이러한 경험 때문에 딸은 성적 쾌락을 느끼는 것을 용납할 수 없게 되고, 이를 채워지지 않는 식욕으로 대체해버린다. (참고로, 환자가 남성이냐 여성이냐에 따라 치유 방법이 다르다.)

입을 통해 성적 욕구를 충족시키는 사람은 탐욕스러운 식욕이 음식을 집어삼키라고 몰아붙일 때마다 음식 조각을 질 안에 넣어야 한다. 그녀는 식사를 마칠 때까지 그 음식 조각을 질 안에 넣고 있어야 한다. 이렇게 하면 그녀의 무의식은 성적 만족을 느껴도 된다는 것을 이해하게 된다. 질에 넣었던 음식 조각은 비닐봉지에 보관하라. 비닐봉지가 가득 차면 비옥한 땅이 있는 장소로 가서 구덩이를 판 뒤 거기에 내용물을 버리라. 그런 다음 그 구덩이에 꽃을 심으라.

환자가 남성인 경우, 그의 폭식증은 어머니를 먹고 싶다는 식인적인 충동에서 비롯된 것일 수 있다. 환자의 아버지가 아내를 아들과 공유하기 싫어하는 경쟁심 강한 사람이었다면 아들은 젖을 빨고 싶다는 욕구를 제대로 충족시키지 못한다. 따라서 그는 모든 음식을 어머니의 상징물로 보기 시작하고, 만족감을 느끼지도 못한 채 배가 터질 때까지 먹는 행동을 멈추지 않는다.

남성 환자는 8킬로그램의 아몬드 가루 반죽으로 어머니의 조각상을 만든다. 그리고 제과할 때 쓰는 식용 색소로 조각상에 색을 칠한다. 그는 음식을 먹을 때마다 마지막에 디저트로 조각상 한 조각을 먹어야 한다. 이렇게 함으로써 그는 자신에게 식인 충동이 있음을 깨닫게 된다. 이와 동시에 그는 젖어머니를 고용해 그녀의 젖을 하루 두 번 빤다. 한 번은 공복 상태인 아침에, 나머지 한 번은 밤이어야 한다. 이렇게 하면 폭식증의 강도가 서서히 약해질 것이다.

나에게 도움을 요청하는 사람 중 이런 사람도 있었다.

16년 전 이혼한 뒤로 계속 콜레스테롤 수치가 높아졌어요. 하지만 도저히 무지방 식단을 따를 수가 없는데, 혹시 이것도 사이코매직으로 치유할 수 있을까요?

나는 이렇게 대답했다.

정육점에서 살코기가 없는 쇠고기 지방 500그램을 구입하세요. 그런 다음 그릴에 구워서 하루 종일 그것만 먹으세요(아침, 점심, 간식, 저녁으로). 이 행위는 금요일에 해야 합니다. 이런 금요일을 네 번(4×4는 16, 즉 헤어진 기간) 반복하면 다시는 지방을 먹지 않게 됩니다. 지방을 다 먹은 후에는 입을 이혼한 배우자의 사진으로 문지르세요. 네 번째 금요일이 지나면 사진을 땅에 묻고 그 위에 레몬 나무를 심으세요.

23. 거식증

거식증(비정상적인 식욕 부진)은 그것을 앓는 여성(남성 거식증 환자 비율은 매우 낮음)이 자기 신체를 왜곡되게 인식하여 정상 체중에 많이 미달하는데도 자신이 뚱뚱하다고 굳게 믿는 질병이다. 이러한 이유로 환자는 음식 섭취량을 줄이게 되고, 점차 체중이 줄어 목숨이 위태로울 지경이 된다.

환자의 가족은 환자에게 의학적 조치를 취해주어야 한다. 하지만 치유를 위해서는 환자 본인에게 치유의 의지가 있어야 하는데, 거식증 환자는 정상적인 식사를 전혀 원치 않으며 자신이 뚱뚱하다는 망상으로 인해 모든 도움을 거부한다. 이 경우 사이코매직은 질병을 치유하는 데 쓰이는 것이 아닌(질병 치료는 의학적인 문제다), 환자에게 치유되고자 하는 의지를 심어주는 데 쓰인다.

마뿌체족의 치유법을 공부하고 싶었던 나는 칠레 남부의 테무코Temuco로 가서 마치툰*에 참여한 적이 있었다. 다섯 명의 마치machi(부족의 우두머리 샤먼)가 마치툰의 개최를 담당했는데, 나는 그들 중 가장 존경받는 사람과 이야기를 나눌 수 있었다.

"무엇을 알고 싶으십니까?" 그가 내게 물었다.

내가 대답했다. "사람들을 어떻게 치유하는지 알고 싶습니다."

"가장 먼저 해야 할 일은 질병의 주인이 누구인지 알아내는 겁니다."

"주인요?"

"모든 병에는 주인**이 있습니다. 주인이 없다면 그 병은 버려져서 죽게 되지요. 나는 치유 의식의 비용을 병의 주인들

---

* machitún, 치유 의식의 일종. 여러 부족들이 경기장 주변에 모여 하키와 비슷한 게임인 추에카chueca를 하는 의식. 저자 주.
** 질병에 대한 책임을 짊어질 사람을 의미하는 것으로 보인다.

과 논의해야 합니다."

거식증의 경우, 환자 스스로가 치유를 원치 않기 때문에 '주인들'(친척이 될 수도 있지만 어머니나 아버지가 가장 좋다)이 치유 준비를 해야 한다. 우선, 이들은 자신에게 딸의 질병에 대한 큰 책임이 있다는 것을 인지해야 한다. 어쩌면 이들은 딸을 가정에서 소외시켰을 수도 있고, 순결에 관한 잘못된 인식(예를 들어 성적 쾌락에 대한 거부)을 그녀에게 심어줬을 수도 있고, 딸이 어렸을 때 학대했을 수도 있고, 어머니가 비만으로 고통받은 사람이었을 수도 있고, 부모가 이혼했을 수도 있고, 부모 중 한 명이 일찍 사망했을 수도 있다. 어쩌면 딸을 끊임없이 비판함으로써 혹은 딸의 자존감을 낮춤으로써 그녀가 가족 내에서 벗어날 수 없게끔 만들었을 수도 있다. 이렇게 되었을 때, 그녀의 사회성이나 의사소통 능력은 완전히 망가지게 된다.

육신에 대한 이러한 혐오는 여성의 성을 악마의 발현이라 여겼던 우리 선조들의 종교적 관념에 그 뿌리가 있다. 최초의 거식증 사례 중 하나는 이탈리아의 신비주의자이자 도미니크회 수녀인 시에나의 카타리나(Catherine of Siena, 1347-1380)에게서 나타났다. 그녀가 일곱 살 때 여동생이 출산 중에 사망했는데, 그 후로 그녀는 자신의 육체적 순결과 삶을 신에게 바치겠다고 맹세했다. 젊은 여성이었던 그녀는 평균 몸무게의 절반에 불과한 몸무게로 도미니크 수도회에 들어갔고, 방에만 틀어박혀 식음을 전폐하며 스스로를 학대했다. 얼마 후 그녀는 세상을 떠났다. 그리고 그녀의 명성은 수도회 내에서 빠르게 퍼져나갔다. — 영혼이 육체를 이길 수 있는 방법이 바로 단식이었기 때문이다. 성적인 관계를 경험한 적이 없으면서도 음식을 먹지 않는 것은 곧 거룩함의 징표로 여겨졌다.

이러한 터무니없는 종교적 관념은 대부분 은밀한 방식으로 대를 이어 전승된다. 이렇게 이어진 종교적 관념은 완벽에 대한 헛된 욕망, 성적 쾌락에 대한 경멸, 영적 순결을 높게 생각하고 육신을 혐오하는 마음 등을 불러일으킨다. 거식증은 빈곤층에서는 나타나지 않는다. 음식이 없어서 못 먹는 것과 음식이 있는데도 먹지 않는 것은 다르다. 거식증 환자는 보통 심각한 경제적 문제가 없는 환경에서 보살핌을 받는다. 심리학자들은 심리적 질환을 앓고 있는 사람이 자존감과 삶의 의지를 점차 회복할 수 있도록 주변 사람들의 이해심, 친절이 필요하다고 말하며 그에게 좋은 치료 환경을 조성해주어야 한다고 말한다. 하지만 거식증의 경우에 나는 감히 공식적인 방법과는 완전히 반대되는 사이코매직 행위를 권장했고, 좋은 결과를 얻은 적이 있었다.[*]

나는 환자 모르게 그녀의 부모를 만나 남성 배우(최대한 무섭게 생긴 사람으로) 세 명을 고용하여 가짜 납치극을 꾸미도록 그들을 설득했다. 그다음, 어머니는 딸을 데리고 쇼핑에 나섰다. 길

---

* 아래 나온 사이코매직 행위는 아무리 부모의 동의하에 이루어진 일이라 하더라도 명백한 범죄 행위이다. 따라서 사례 참고만 하는 것을 권한다.

한가운데 멈춰 선 차에서 내린 두 명의 배우는 모녀를 총으로 위협하면서 딸을 강제로 차에 실었다. 나머지 배우 한 명은 운전기사 역할을 했다. 배우들은 그녀에게 재갈을 물리고 머리에 자루를 씌운 채로 한 시간 동안 시내를 돌았다. 그런 뒤 더럽고 낡은 매트리스와 배변에 쓸 양동이 하나만 있는 어두운 방에 그녀를 가둬버렸다. 그녀를 그곳에 두고 가기 전, 그들은 그녀의 옷을 벗겨버렸다. 배우들은 말 한마디 없이 사흘 동안 저칼로리 음식을 개 밥그릇에 담아 주었다. 그녀가 살을 빼기 위해 강박적으로 먹던 그런 음식들 말이다. 그녀에게 주어지는 음식에는 언제나 죽은 바퀴벌레가 들어 있었다. 나흘째에 배우들은 캠코더를 들고 방에 들어와 자신들이 요구하는 높은 몸값을 부모에게 내달라고 애원하는 그녀의 모습을 찍을 것이라고 했다. 그러면서 자신들의 요구에 순순히 응하지 않으면 강간하겠다고 협박했다. 이틀 후, 배우들은 몸값이 지불되었다는 사실을 그녀에게 알려주면서 재갈을 물리고 머리에 자루를 씌운 후 한 시간 동안 차로 시내를 돈 후에 마침내 그녀를 알몸 상태로 집 문 앞에 놓아주었다.

이 가짜 납치 사건에 충격을 받은 여성은 자신이 고집하던 식단과 자신의 앙상한 몸에 혐오를 느꼈으며 몸값을 내주기 위해 많은 돈을 쓴 가족들에게 감사를 느꼈다. 이와 동시에, 가족들이 자신을 보살펴주지 않았다는 원망도 사라져버렸다. 결국 그녀는 스스로 치료를 원했고, 의학적으로 권장되는 식단에 따르기로 동의했다.

24. 실패한 삶

한 내담자가 나에게 다음과 같은 내용의 이메일을 보내왔다. 파티에 갔다가 너무 취하는 바람에 난교를 하게 되었고, 그 과정에서 모르는 사람의 아이를 임신하게 된 여성이었다.

어머니는 제게 존재할 권리가 없다고 합니다. 따라서 저에게는 창조할 권리도 없고 임신할 권리도 없으며, 그 어떤 건설적인 행동도 끝까지 완성해낼 권리가 없다고 합니다. 저는 영적 스승들의 사진을 모은 사진집을 만들었고, 전력을 다해 여러 출판사에 이 책의 출간을 제안했었는데 결국 책은 나오지 못했습니다. 어머니는 제가 하는 모든 것을 숨기려고 하거나 없애버렸습니다. 제가 쓴 글과 철학 사전을 쓰레기통에 갖다 버렸고, 제 사진이 싫다고 소리치면서 제 사진 필름들을 짓밟았습니다. 어머니는 제 친구를 통해 '다시는 네 소식을 듣고 싶지 않아'라는 메시지를 전하며 저와 연을 끊어버렸습니다. 어머니와 함께 사는 동안 저에게는 어머니에게 모습을 보이지 않을 권리, 어머니가 시키는 대로 꼭두각시처럼 행동할 권리밖에 없었어요. 저는 저라는 존재 자체에 대한 죄책감을 끊임없이 느끼며 자라왔습니다. 지금 저는 아무런 희망 없이 이렇게 메일을 씁니다. 이제 저를 도와줄 수 있는 사람은 아무도 없는 것 같습니다.

온갖 치료를 아무리 받아도 직업적 성공이나 사랑, 가족, 창작 분야 등에서 실패했다는 느낌을 떨쳐낼 수 없는 사람들이 있다. 이들은 누군가가 자신의 가치를 인정해줄 것이라는 희망을 잃었고, 이런 삶을 더 이상 견딜 수 없다고 느끼지만 겁이 많아서 스스로 목숨을 끊을 수도 없다고 말한다. 그 어떤 위로도 받지 않겠다고 거부하는 사람을 말로 설득하는 것은 어려운 일이다. ― 그들은 스스로를 사랑하기보다 경멸하고 있다. 만약 내담자가 이런 상태에 빠져 있을 경우 나는 이렇게 말한다. "당신이 말한 대로, 치유는 불가능합니다. 남은 건 죽어서 다시 태어나는 방법밖에 없습니다." 따라서 나는 다음의 행위를 권장한다.

마른 장작(상황이 여의치 않다면 마른 나뭇가지 큰 것)에 모든 가족(조부모, 부모, 삼촌, 숙모, 고모, 이모, 형제자매 등)의 사진을 못 박으라. 행위자는 두 명의 도우미(여자 한 명 남자 한 명, 친구가 없다면 고용해도 된다)와 함께 도시 외곽의 적당한 장소로 가서 깊지 않게 무덤을 판다. 밤이 되면 행위자는 무덤 앞에서 자신의 인생사를 적은 추도사를 읽는다. 그리고 옷을 벗고 얇은 천으로 몸을 스스로 감싼 다음, 무덤에 눕는다. 도우미들은 행위자를 흙으로 덮어줘야 하는데, 이때 숨을 쉴 수 있도록 얼굴은 빼고 묻는다. 움직일 수 없는 이 상태에서 행위자는 무無에 온몸과 마음을 내맡겨야 한다.

행위자는 별을 바라보면서 자신을 예전의 캐릭터로 돌아가도록 만드는 요소들이 완전히 없어질 때까지 모든 것을 내려놓아야 한다. 그는 불이 켜진 열 개의 초에 둘러싸인 이 무덤 안에 최대한 오래 누워 있어야 하며, 다음의 문장을 진심으로 외칠 수 있겠다는 느낌이 들 때 "나는 다시 태어나고 싶다!"라고 말해야 한다. 그러면 도우미들은 행위자를 무덤에서 꺼내어 성수로 씻겨준 후 깨끗한 흰옷을 입혀준다.

옷을 다 입고 나면 행위자는 자신의 새 이름을 떠올린다. 그리고 양피지같이 생긴 종이에 자신의 옛 이름을 써서 입고 온 옷, 양초와 함께 무덤에 묻는다. 도시로 돌아오면 행위자는 사진을 못 박아둔 마른 장작을 태워야 한다. 만약 사진이 없는 가족이 있다면 비슷하게 그린 초상화를 그려 못을 박아야 한다. 이것이 다 타면 버진 올리브 오일 1리터에 재를 녹인다. 그리고 밤에 이 반죽을 온몸에 바르고 바닥에서 잠을 잔다.

잠에서 깨면 즉시 샤워를 해야 한다. 비누칠을 한 뒤 몸을 헹구는 것을 일곱 번 연속으로 반복한다. 그리고 새 옷을 입는다. 행위자는 헌 옷을 모두 모아 자선단체에 기부한다. 마지막으로 자신이 사는 곳의 바닥, 천장, 벽에 세례수를 뿌린다. 그는 가구를 다른 위치로 옮겨야 한다. 새 그릇을 사고 낡은 그릇은 망치로 부수라. 식탁보와 수저도 교체하라. 마지막으로, 새 이름이 적힌 명함을 인쇄하라.

　나에게 도움을 요청해오는 사람 중에는 또 이런 사람도
있었다.

　저는 직장도 집도 없어서 조금만 더 있으면 제게 신물이
날 친구들 집에서 신세를 지며 살고 있습니다. 제 삶은 이
별의 연속이었습니다. 아버지는 자살하셨고, 어머니와도
연락이 안 됩니다. 저는 빚도 못 갚고 강박적으로 돈을 써
댑니다. 에이즈에 걸린 남자를 도와주려 그와 결혼했는
데 지금 그이는 저를 쳐다도 보기 싫어합니다. 저는 양성
애자이자 코카인 중독자이고, 제 삶은 점점 더 안 좋은 쪽
으로만 흘러가고 있습니다. 사람들은 항상 얼마 안 가서
저를 실망시킵니다. 그렇지 않으면 그들이 저에게 실망
하게 되죠. 그러면 저는 끔찍한 외로움에 빠집니다. 전에
는 욕을 정말 잘했었는데 지금은 욕도 나오지 않습니다.
저는 지금 너무 슬프고, 도움이 필요한 상태입니다. 마치
바람 한 점 없는 망망대해에서 방향도 잡지 못하는 배가
된 기분입니다. 먹을 것도 다 떨어졌고, 이루어질 수 없는
사랑만 반복해서 하고 있을 뿐입니다. 저는 두렵습니다.
존재의 기쁨을 완전히 잃어버렸습니다. 이 기쁨을 어떻
게 하면 되찾을 수 있을까요?

나는 이렇게 답했다.

가능한 한 많은 음식을 드세요. 소화가 다 돼서 화장실에 가야 할 때가 오면 어린이용 변기에 대변을 본 다음 그것을 자신의 알몸에다 문지르세요. 그 상태로 찢어진 더러운 옷을 입고 길거리로 나가서 악취를 풍기며 세 시간 동안 구걸을 하세요. 그 뒤 어머니의 집으로 가서 목욕을 하게 해달라고 하세요. 어머니 집에 갈 때는 깨끗한 옷 한 벌을 가져가야 합니다. 깨끗이 씻고 옷을 갈아입고 나왔다면 냄새나는 옷을 공공장소의 쓰레기통에 버리면서 '이 쓰레기! 쓰레기는 쓰레기통으로 돌아가라! 나는 다시 삶 속으로 돌아간다!'라고 말하세요. 큰 소리로 웃은 뒤 장미 꽃다발을 가지고 친구의 집(또는 현재 살고 있는 곳)으로 돌아가세요. 이렇게 할 수 있다면 존재의 기쁨을 되찾을 수 있을 것입니다.

25. 금연

담배에 중독되었다면 끊으려는 의지를 내지 않는 이상 금연하기가 상당히 힘들다. 또, 끊으려는 의지를 낸다 해도 금연에 성공하려면 엄청난 의지력이 필요하다. 만약 당신이 금연을 원한다면 하루 흡연량을 최소한으로 줄임과 동시에 다음의 행동을 22일 연속으로 수행해야 한다.

하루에 네 시간만 잠을 자라. 그릇에 물을 가득 받아놓고 그것을 목욕 장갑과 함께 침대 옆에 놓고 자야 한다. 알람 시계를 새벽 4시에 맞춰놓고 자정에 잠자리에 들라. 4시가 되어 눈을 뜨면 머리끝까지 이불을 덮고 팔을 한쪽으로 뻗어 목욕 장갑을 손에 낀 다음 그것을 물에 적셔 온몸에 문지른다. 그런 다음 이렇게 이불을 덮은 상태에서 그릇에 남은 약간의 물이 증발되어 사라질 때까지 기다린다. 그다음 일어나서 찬물로 샤워하라. 몸이 새로운 에너지로 가득 차게 될 것이다. 두꺼운 매직펜으로 담뱃갑의 한쪽 면에 '노!'라고 쓰고 다른 쪽 면에는 '나는 할 수 있다!'라고 쓰라. 일식집에서 식사를 하고 나서 나무젓가락을 챙기라. 그리고 그것을 담배 크기로 잘라 담뱃갑에 넣으라. 이때 담뱃갑에는 성수가 가득 담긴 작은 병도 같이 넣는다. 담배를 피우고 싶을 때마다 젓가락 조각을 꺼내 성수에 담근 뒤 흡연 욕구가 사라질 때까지 그것을 입으로 빨아들인다.

이러한 노력에도 불구하고 중독이 너무 심각하여 담배를 끊는 게 불가능하다는 느낌이 든다면 행위자는 흡연 습관이 얼마나 해로운 것인지를 무의식에게 보여주어야 한다. 그 방법은 아래와 같다.

자신이 가장 사랑하는 사람 두 명을 꼽아 그들의 밀랍 인형을 만들라. 각 인형에 실제 그들의 머리카락과 손톱을 몇 개 정도 붙인다. 낮 동안 담배를 피울 때마다 공책에 선을 그으라. 집에 돌아오면 그 선이 몇 개인지 세서 헤드가 검정색인 시침핀을 그 날 피운 담배의 개수만큼 밀랍 인형에 꽂는다. 행위자가 미신 따위 믿지 않는, 철저하게 이성적인 사람이라 할지라도 그의 무의식은 이러한 주술적인 행위로써 사랑하는 사람들에게 정말로 해를 끼쳤다고 믿을 것이다. 큰 죄책감에 사로잡힌 행위자는 조금씩 담배를 끊게 될 것이다. 그러면 행위자는 핀을 뽑아 그것을 식물이 심어진 화분(이 화분은 행위자의 집에 계속 둬야 한다)에 묻는다. 그리고 두 밀랍 인형을 녹여 하트 모양으로 굳힌 뒤 초콜릿 상자 가운데에 그것을 넣어 실제 사랑하는 사람들에게 선물로 보낸다.

26. 헤로인 중독

이성만으로는 헤로인 중독에서 벗어날 수 없기 때문에 헤로인을 끊기 위해서는 초인적인 의지가 필요하다. 자신을 파괴하는 것이 다른 이의 생명을 파괴하는 것만큼이나 해로운 행위임을 중독자가 머리로 이해할 뿐만 아니라 마음 깊이 느끼게 하려면 무의식을 나무라는 특정한 행동을 수행해야 한다.

우선 새장 안에 갇힌 새 열두 마리와 흰쥐 열두 마리를 사라.

행위자는 스스로 헤로인 주사를 놓을 때마다 오른손에는 새를, 왼손에는 쥐를 쥐고 뼈가 으스러질 때까지 손에 힘을 주라. 사체는 밀폐가 가능한 유리병에 보관한다. 이렇게 사체들이 계속 쌓여가다 보면 어느 순간 그의 양심이 무방비한 생명체들을 죽이는 것을 더는 두고 볼 수 없다고 느낄 것이며, 더 이상 주사를 놓지 않게 된다.

27. 알코올 중독

알코올 중독 극복에는 재활단체 활동이 좋은데, 이런 활동은 익명의 알코올중독자들(Alcoholics Anonymous) 회원들이 가장 잘 알 것이다. (다음의 사이코매직 행위는 알코올 중독자와 함께 사는 사람의 관계 개선을 위한 것이다. 28번도 함께 참조하라.)

침실 한구석에 아이를 품에 안은 성모 마리아 성상을 놓을 제단을 만들라. 성상 옆에는 알코올 중독 환자가 가장 좋아하는 술한 병을 둔다. 이 술병에 환자 어머니의 사진을 붙이라. 매일밤 제단에 두 개의 인센스 스틱을 켜고 싱싱한 장미 두 송이를 꽂은 유리병을 놓는다. 잠자리에 들 시간이 되면 환자의 배우자(또는 친구)는 제단의 술병에 담긴 술로 환자의 등과 가슴을 마사지해준다. 이렇게 하면 신성한 의미를 얻는 것 외에도 유아기에 경험하지 못했던 어머니의 애정이 채워지면서 내적 균형을 맞추게 된다. 독이 해독제로 작용하게 되는 것이다. 이런 식으로 환자의 자존감이 점차 높아지고 죄책감은 줄어든다. 또, 환자가 자신을 마사지해주는 사람을 대하는 방식도 개선된다.

폭식증(22번 참조)과 마찬가지로 나는 알코올 중독자에게 젖어머니를 고용하여 하루 두 번, 즉 아침 공복에 한 번, 밤에 한 번 젖을 빨라고 권장한다. 술에 대한 갈망이 서서히 사라질 것이다.

28. 중독자의 파트너

알코올 중독자, 모르핀 중독자, 도박 중독자 또는 다른 어떤 것에 중독된 사람은 다른 사람을 정상적으로 사랑할 수 없다. 건강한 사랑은 '두 승자 간의 균형 잡힌 교환'이지만, 중독자는 자기중심적이므로 자신이 '승자'이고 파트너가 '패자'인 관계를 만든다. 중독자는 보살핌과 희생을 요구하고 어린아이처럼 끝없이 무언가를 요구하지만 상대에게 무언가를 줄 수는 없다.

이런 중독자들에게 묶여 사는 사람들은 스스로를 사랑하지 않는다. 이들은 자존감이 너무 낮아서 자신을 희생해서 다른 사람을 도와야만 자신이 가치 있는 사람이라고 믿는다. 그러면서 스스로에게 이런 거짓말을 한다. '자기 자신을 망가뜨리고 있는 이 사람이 마침내 중독이나 어떤 악습관에서 벗어나게 되면 나에게 고마워하면서 나를 사랑해줄 거야.' 결국 어린 시절에 부모로부터 사랑받지 못했던 이들은 영영 주어지지 않을 사랑을 얻기 위해 백방으로 노력하고, 그렇게 어린 시절의 고통을 반복하며 살아간다. 이들은 자기 삶을 낭비하고 있다는 것을 알면서도 동정심이라는 표면적 감정 아래 깔려 있는, 인정받고 싶다는 고통스러운 욕망에 이끌려 이런 부적절한 관계를 끊어내지 못할 수 있다. 따라서 나는 이런 사람들에게 파트너를 향해 다음의 말을 하라고 권장한다.

(행위자가 여성인 경우) "당신은 아픈 사람이야. 나는 당신의 아내나 애인이 아니라 간호사야. 오늘부터 나는 항상 간호사 옷을 입고 당신 곁에 있을 거야. 식당, 영화관, 마트, 친구네 집 등 어디든 이 간호사 옷을 입고 당신과 함께 다닐 거야." 행위자는 모든 옷을 큰 보관함 안에 넣은 뒤 간호사 옷을 입는다. 그리고 중독자의 어머니 사진을 넣은 로켓° 목걸이를 목에 건다. 언제나 이 상태로 파트너와 함께한다.

(행위자가 남성인 경우) "당신은 아픈 사람이야. 나는 당신의 남편이나 애인이 아니라 간호사야. 오늘부터 나는 항상 간호사 옷을 입고 당신 곁에 있을 거야. 식당, 영화관, 마트, 친구네 집 등

° 사진 등을 넣어 목걸이에 다는 작은 갑.

어디든 이 간호사 옷을 입고 당신과 함께 다닐 거야." 행위자는 모든 옷을 큰 보관함 안에 넣은 뒤 간호사 옷을 입는다. 그리고 중독자의 아버지 사진을 넣은 로켓 목걸이를 목에 건다. 언제나 이 상태로 파트너와 함께한다.

29. 아이의 죽음

"신께서 주셨던 것 신께서 도로 가져가시니 다만 신의 이름을 찬양할지라", "우리는 그의 부재를 생각지 않을 것이며 그가 우리 삶을 밝혀주었던 그 시간들에 감사할 것입니다…", "신성한 물방울이 원래의 대양으로 돌아갔습니다…", "그의 영혼이 영원한 행복에 녹아…", "죽은 자는 고통받지 않습니다" 등…. 제아무리 지혜롭고 현명한 말일지라도 아이를 잃은 부모를 위로하기에는 역부족일 것이다. 무의식이 받아들이기에 시신을 땅에 묻거나 화장한 후 재를 뿌리는 행위는 물질, 즉 지상의 차가운 어둠 속으로 돌아감을 의미한다. 고별의식을 치름으로써 영적인 안도감을 느끼고 싶어하는 유족에게 나는 다음과 같은 조언을 한다.

죽은 아이의 사진을 액자에 넣고 헬륨으로 채워진 흰색 풍선 네개 또는 그 이상을 액자에 묶어 하늘로 띄워 보내라.

이 의식은 세상을 떠난 성인 가족이나 반려동물의 사진으로도 할 수 있다.

30. 죽은 형제자매의 뒤를 이어 태어남

당신의 탄생은 기대되는 일이었으며, 다른 누구도 아닌 당신의 가족들이 당신을 원했다는 사실을 반드시 알아야 한다. 만약 당신이 먼저 태어난 형제나 자매가 죽은 후에 태어났으며 죽은 형제자매의 이름을 물려받았다면 이는 당신이 다른 사람을 대체하기 위해 태어났음을 의미한다. 따라서 당신은 온전한 자기 자신으로 살 수 없다. 우리는 자기도 모르는 사이에 죽은 사람을 짊어지고서 살아간다. 이것은 우리가 고인의 이름을 물려받았을 때 또는 이름이 레나토^{Renato}('다시 태어남'을 뜻함)나 레나타^{Renata}일 때 더욱 분명해진다. 아니면 고인의 이니셜이나 이름의 특정 음절을 똑같이 물려받는 경우도 있다. 형준은 해진이 되고, 윤희는 윤호가 되는 식이다. 내담자가 자신의 존재감을 느끼지 못할 때, 나는 다음과 같이 조언한다.

아몬드 가루 반죽 1킬로그램을 준비하라. 자정에 알몸으로 누워 가슴과 배에 마치 피부가 한 겹 더 있는 것처럼 반죽을 펴 바른다. 그런 다음 등을 대고 잠들 때까지 누워 있으라. 10분,

두 시간 또는 몇 시간이든 잠을 자고 나서 깨면 아몬드 반죽으로 죽은 아이를 상징하는 인형을 만들어야 한다. 다 만든 다음에는 식용 색소로 칠하고 그것을 예쁜 상자에 넣어 어머니나 아버지 또는 두 사람 모두에게 선물로 주면서 커피나 차를 함께 마시고 싶다고 말하라. 그러면서 인형 조각을 먹어보라고 요청해야 한다. (행위자는 그것을 먹지 않아야 한다.) 만약 부모님이 돌아가셨다면 인형의 절반은 어머니 무덤에, 나머지 절반은 아버지 무덤에 놓으며 이렇게 말하라. "죽은 이들께서 자신들의 죽은 이를 드시기를." 그런 다음 법적 개명까지는 아니어도 가족과 친구들에게 새 이름으로 불러달라는 문자나 편지를 보냄으로써 이름을 바꾼다.

자살한 이모나 삼촌같이 비극적인 상황에서 죽은 친척의 이름을 따서 이름이 지어진 경우에도 이 작업을 해야 한다.

자녀에게 문제가 있는 이름을 지어줬다는 것을 깨닫고 이름을 바꾸기로 결정한 부모의 경우에는 자녀의 인격이 사라져버리지 않도록 주의해야 한다. 그 이름은 이미 아이의 일부가 되었으므로 갑자기 이름을 빼앗는 것은 고정된 주거지 없이 자녀를 밖에 방치하는 것과 같다. 이를 방지하려면 다음과 같은 행동이 필요하다.

작은 은색 궤짝(여아인 경우) 또는 금색 궤짝(남아인 경우)을 아이에게 보여주라. 그러면서 이렇게 말하라. "얘야, 작은 새들은 둥지에 살지. 이름도 새들과 같아서 머물 곳이 있어. 이 상자는 네 이름의 둥지야." 부모는 궤짝을 열고 아이의 원래 이름이 적힌, 양피지 같은 종이를 꺼낸다. "네 이름은 이 상자에서 편하게 쉴 수 있어. 상자를 잠그면 절대 이름을 잃어버리지 않아. 이 상자를 네 방에다 두렴. 이 이름은 네가 어렸을 때 잘 어울렸던 이름이지만 이제 네가 컸으니 지금의 네 모습에 맞는 아름다운 이름을 새로 지어줄게. 새 이름은 네 모습에 딱 맞는 힘을 네게 줄 거야." 부모는 아이에게 작은 초코바를 주는데, 이때 초코바 위에는 초코펜으로 적은 아이의 새 이름이 적혀 있어야 한다. "이 초코바에는 네 새 이름이 적혀 있어. 이걸 먹으면 이름이 네 몸에 들어가서 영원히 너의 일부가 될 거야." 아버지와 어머니는 동시에 새 이름을 말하고 아이가 초코바를 먹을 때까지 기다린다. 그런 다음 축하의 의미로 아이를 안아주며 이렇게 말한다. "이제부터 우리는 널 새 이름으로 부를 거야. 옛날 이름이 기억나면 상자를 열고 사랑한다고, 너를 잊지 않겠다고 말해주면서 다시 잠에 들라고 하면 돼."

31. 다른 사람의 감정 돌려주기

유아의 뇌 뉴런은 부모의 감정을 거울처럼 반영하면서 그 감정을 저장하는 특성이 있다. 이로 인해 우리는 자신의 것이 아닌 타인의 고통을 느끼며 자란다. 또한 가족에 소속되고 그들에게 사랑받고 싶다는 욕구 때문에 조상이 앓았던 질병을 재현하기도 한다. 반면 조상들은 우리의 개체성을 알지 못한 채 우리를 자신들의 연장선으로 만들어버릴 수도 있다. 증조부의 이름(그리고 그의 직업[*])은 할아버지, 아버지, 손자에게 전달될 수 있으며, 그 이름에는 조상이 겪었던 운명이 담겨 있다. 우울증, 실패, 종양 등은 집안의 결속으로 인해 종종 한 가족 구성원에서 다른 가족 구성원으로 전달되기도 한다. 이런 경우 다음의 행위를 권장한다.

가장 먼저, 환자는 스스로에게 이런 말을 해야 한다. "이 병은 내 병이 아니라 다른 가족의 병이다!" 그런 다음 쇠공^{**} 하나(문제의 중요도에 따라 공의 개수를 달리하라)를 구해서 검은색(종양이나 우울증인 경우) 또는 회색(재정적 실패나 관계 실패의 경우) 또는 짙은 녹색(자존감 부족인 경우)으로 칠하라. 이 무거운 공은 씻거나 잘 때를 제외하고는 항상 배낭에 넣어 등에 메고 다녀야 한다. 그렇게 일주일이 지나면 공을 크리스마스 선물처럼 포장해서 자신에게 이러한 느낌이나 질병을 전해주었다고 추측되는 사람에게 보내라. 선물을 보낼 때는 아름다운 꽃다발과 "이것은 당

＊ 서양에서는 성씨가 직업에서 유래된 경우가 많다. 예를 들어 Smith는 대장장이를 뜻하는 blacksmith에서 유래했으며 Carter는 짐 마차꾼, Cooper는 큰 나무통을 만들거나 수선하는 사람을 뜻한다.
＊＊ 원문에는 프랑스에서 유래한 스포츠인 '페탕크'에 사용하는 쇠공을 쓰라고 나와 있다. 국제 페탕크 규칙에 따르면 이 쇠공의 직경은 70.5에서 80밀리미터, 무게는 650그램에서 800그램 사이여야 한다. 페탕크 공을 구하기 힘든 한국 독자들은 최대한 비슷한 크기와 무게의 쇠공을 사용해도 될 것 같다.

신의 것입니다. 이것은 결코 제 것이었던 적 없었으므로 당신께 다시 돌려드립니다"라고 쓴 카드를 동봉하여 보내야 한다.

풍요, 성공, 화목한 가정 등 인생에서 원하는 모든 것을 이룬 유명한 어느 조각가가 우울증에 시달리다 못해 머리에 총을 쏴서 자살하고 싶다는 생각에 사로잡힌 적이 있었다. 이런 감정은 알고 보니 조각가 본인이 아니라 예술적 재능을 꽃피우지 못한 그녀의 어머니의 감정이었다. 나는 그녀에게 대리석으로 권총을 조각하고 그것을 검은색으로 칠한 다음 삭망월[*] 한 달 동안 핸드백에 넣고 다니라고 했다. 그리고 월경을 시작할 때 어머니에게 하트 모양의 초콜릿 상자와 함께 그것을 선물로 보내라고 조언했다.

32. 아이의 슬픔 놓아주기

살다 보면 부모가 자녀의 소원을 들어줄 수 없을 때가 있다. 예를 들어 아이가 너무나 좋아하는 이 나라를 떠나 다른 나라로 이민을 가야만 하는 상황이 생기거나, 이혼으로 부모 중 한 명과 헤어지게 되거나, 아이가 필요로 하는 것을 사줄 돈이 없거나, 조부모가 세상을 떠나는 등. 이러한 상황은 아

---

* 초승달에서 초승달, 또는 보름달에서 보름달까지의 평균 시간을 삭망월이라고 한다. 약 29.5일이다.

이에게 큰 슬픔을 안겨준다. 마음의 문을 닫은 아이는 식욕을 잃거나 도통 웃지 않는 모습을 보일 수 있다. 이러한 상황을 해결하기 위해서는 다음의 행위를 하기를 권장한다.

부모는 과장스러울 정도로 슬픈 얼굴을 한, 아이처럼 생긴 인형을 만들어야 한다. 그것을 아이에게 보여주며 이렇게 말하라. "이것이 너의 슬픔이란다. 밖으로 나가자. 우리는 이걸 가지고 영화관(또는 슬픔에 잠긴 아이를 기쁘게 해줄 만한 다른 장소)으로 갈 거야." 아이는 인형을 품에 안고 영화관을 간다. 영화를 보는 동안에는 인형을 아이 옆에 앉히라. 그런 뒤 만약 아이스크림 가게에 간다면 아이가 아이스크림을 인형의 입에 문지르는 등의 행동을 하도록 해도 된다. 즐거움으로 가득했던 하루가 끝나면 하루 종일 '슬픔'을 가지고 다녔던 아이는 헬륨 풍선을 필요한 만큼 인형에 묶는다. 그런 다음 그것을 손에서 놓아주면 인형은 하늘 높이 날아가버릴 것이다. 부모는 아이에게 이렇게 말해야 한다. "봐봐! 너의 슬픔이 하늘로 날아가고 있어. 하늘의 천사들이 슬픔을 처리해줄 거야. 이제 너는 행복할 수 있어."

33. 해로운 생각 버리기

우리의 뇌는 예언을 실현시키려는 경향이 있다. 예언적인 말들은 우리의 뉴런에 새겨지고, 우리 내면에서 일종의 명령으로 바뀌게 된다. 부모가 바라보는 아이의 모습을 아이들은 그대로 따라간다. 부모가 아이를 인정하지 않으면, 즉 자신이 바라는 모습을 자녀에게 투영함으로써 있는 그대로의 아이의 모습을 받아들이지 않으면 아이는 공허함을 느끼며 자라난다. 아이는 부정적인 자기비판을 습관화하게 되는데, 이러한 평가 절하 행위를 반복할수록 실제로 그런 사람이 되어간다. 이러한 부정적인 자아 개념("나는 실패한 사람이다", "나는 쓸모없는 사람이다", "남자/여자들은 나를 싫어한다", "나는 절대 부자가 되지 못할 것이다", "나는 아무것도 얻지 못할 것이기 때문에 더 이상 무언가를 원하지 않을 것이다.", "나는 못생겼다", "나는 절대 공부를 잘하지 못할 것이다", "모두가 나를 배신한다" 등)으로 고통받는 이들에게 나는 다음과 같은 행위를 하기를 권장한다.

양피지 비슷한 종이에 벗어나고 싶은 자기 비판적인 생각을 모두 적어보라. 다 적었으면 이 종이에 피 한 방울을 떨어뜨려 봉인한다. 그리고 땅에 묻으라. 종이를 묻은 땅 위에 꽃 한 송이를 심는다.

나는 나의 첫 소설인《일곱 개의 혀를 가진 앵무새》(El loro de siete lenguas)를 출간할 자격이 없다고 생각하면서 20년 동안 집필만 했었다. 나는 양피지에 '실패한 작가'라고 쓴 다음 그것을 묻어버렸다. 그리고 6개월 만에 책을 출간했으며 그 뒤로도 수많은 책을 출간할 수 있었다.

34. 아버지의 부재(여성의 경우)

　성인이 되어 사랑을 할 수 있으려면 여자아이의 근친상간적 충동이 아버지와의 결합이라는 목표를 이뤄내는 일이 절대적으로 필요하다. 그녀의 무의식 속에서, 아버지는 욕망의 원동력이 된다. 만일 아버지와 아무런 관계를 맺지 못했다면 (아버지가 일찍 사망했거나, 버려졌거나, 어머니가 아버지를 만나지 못하게 함으로써) 성인이 된 여성은 자신의 리비도*에 공허함을 느끼게 되어 안정적인 파트너 관계를 맺을 수 없게 된다. 근친상간적 협력이 일어나기 위해서는 다음과 같은 행위를 할 필요가 있다.

　행위자는 아버지의 사진을 구해서 이미지가 바깥쪽을 향하도록 빨대 모양으로 돌돌 만다. 그다음 사진에 꿀을 바른 뒤 질에 삽입하라. 침대에 세 시간 동안 움직이지 않고 누워 있어야 한다. 세 시간 후에는 그것을 꺼내 그 도시에서 가장 높은 건물 옥상으로 올라가 아버지의 사진을 최대한 멀리 던져 버리면서 다음과 같이 크게 외쳐야 한다. "이제 남자들 사이로 사라지세요!"

　만약 어머니가 아버지를 싫어하며, 그를 잊기 위해 사진을 전혀 갖고 있지 않다면 다음과 같이 한다.

＊ 성적 본능 또는 성충동을 뜻하는 말. 인간의 삶을 지속시키는 에너지다.

아버지의 이름을 알고 있다면 각설탕에 그 이름을 적고 질에 넣으라. 다 녹을 때까지 질에 넣고 있어야 한다. (어머니가 이름을 알려주지 않는 경우 각설탕에 '아빠'라고 적어도 된다.)

35. 아버지의 부재(남성의 경우)

남성이 성인으로서의 남성다움, 의지력, 진취적인 성격, 자신감, 성취 능력, 보호하려는 정신, 친절과 배려를 바탕으로 하는 힘을 계발하려면 어린 시절에 이러한 특성을 가진 아버지로부터 사랑을 받고, 또 그에게서 교육을 받아야 한다. 만일 아버지와 아무런 관계를 맺지 못했다면(아버지가 일찍 사망했거나, 버려졌거나, 어머니가 아버지를 만나지 못하게 함으로써) 아들은 자신의 리비도에 공허함을 느낀다. 그는 독립적이지 못하게 되며 상사, 친구 또는 지배적인 여성에게 종속적인 행동을 보인다.

아들의 무의식이 부모로부터 지원을 받고 있다고 느끼기 위해서는 오른팔에 아버지의 얼굴이나 이름을 문신으로 새겨야 한다. 어머니가 아버지를 너무 싫어한 나머지 아버지의 사진을 모두 버렸거나 이름을 알려주기를 거부하는 경우 아들은 삼각형 안에 눈이 있는 이미지(영원한 아버지의 상징)를 위에 말한 부위에 문신으로 새겨야 한다.

전자의 경우든 후자의 경우든 행위자는 문신에 더해 타로카드의 왕 카드 네 장*이 너덜너덜해질 때까지 신발 깔창으로 끼고 다녀야 한다. 카드 뒷면이 신발 밑창 쪽으로, 그림이 발바닥과 마주하도록 하라. 오른쪽 신발에는 먼저 완드 왕 카드를 놓고 그 위에 소드 왕 카드를 놓는다. 왼쪽 신발에는 먼저 펜타클 왕 카드를 놓고 그 위에 컵 왕 카드를 놓는다. 이 네 명의 왕은 아버지의 상징이며 성적 에너지(지팡이), 지적 에너지(칼), 육체적 에너지(오각별), 감정적 에너지(컵)를 가져다준다.

이외에도, 나는 어떤 분야의 스승이든 간에 행위자에게 자신보다 나이가 많은 스승을 찾기를 권장한다. 그에게 돈 대신 실질적인 무언가를 해줌으로써 무료로 가르침을 받으라.

36. 억압된 분노 표현하기

아이는 태어날 때부터 가족 내의 심리적 분위기를 흡수하게 되는데, 이러한 심리적 분위기 속에는 비정상적인 생각과 왜곡된 감정, 좌절된 욕망, 변화의 흐름에 맞지 않는 구시대적 생각에 따른 행동들이 마구 뒤섞여 있다. 아이는 부모와 다른 가족 구성원들이 원하는 모습에 자기 자신을 맞춰야 한

---

* 타로에는 왕 카드가 총 네 장 있다. King of Swords, King of Wands, King of Pentacles, King of Cups.

다는 생각을 주입받는다. 이러한 규칙을 따르지 않으면 배신자, 병자, 바보, '나쁜 사람' 취급을 받는다.

아이는 원치 않는 일을 하라는 명령을 받고, 자신이 원하는 것을 거부당한다. 아이는 있는 그대로의 자신으로 존재하기를 금지당하며 다른 사람들이 원하는 사람이 되기를 강요받는다. 이런 고통스러운 상황에 직면한 아이는 (사랑받기 위해 자발적으로 순종한다 해도) 분노를 자신의 무의식 속에 꾹꾹 억눌러 묻어두는 경우가 많다. 그는 자신이 사랑받고 있고 아무런 문제가 없다고 믿으며 자란다. 그러나 그는 행복한 가정을 꾸리기 어려울 수도 있고, 하려는 일마다 죄다 실패할 수도 있으며, 불가해한 우울증에 시달릴 수도 있다. 어쩌면 신경장애로 고통받거나 조증에 걸릴 수도 있다. 어느 날 문득, 그는 자신이 고통받고 있다는 사실을 깨닫는다. 삶을 즐기지 못하도록 그를 막아서고 있는 것은 다름 아닌, 억압된 분노다. 나는 이런 상황에 처한 이들에게 다음과 같이 하기를 권한다.

우선, 무의식 깊은 곳에서 분노를 끌어올리기 위해 바닥에 등을 대고 누워 발장구를 쳐야 한다. 유아가 분노를 표출하는 방법을 따라 하는 것이다. 손으로 때리고, 발뒤꿈치로 차고, 나를 좌절시켰거나 아프게 했던 사람들을 향한 불만과 욕설을 고래고래 소리 지르며 표현해야 한다.

성인의 정신에는 유아기적 감정을 재현하려는 경향이 있

다. 사랑받지 못할 것이라는 유아기적 두려움 때문에 가족, 선생님 또는 친구가 했던 잘못을 감히 의식하지 못한다면 성인이 되어서는 자신이 사랑하는 이들, 혹은 직장 동료나 상사에게 이런 잘못을 투사하게 된다. 그러면 이들은 과거 누군가가 그에게 했던 짓을 오늘날 그에게 다시금 저지를 것이다. 일단 문제의 장본인(들)을 정확히 찾아냈다면 그들에게 은유적으로 벌을 내림으로써 억눌려 있던 울분을 풀어낼 수 있다.

이혼한 지 얼마 되지 않아 전남편에 대한 분노가 가득했던 한 여성은 전남편이 강압적인 성격이었던 군인 아버지의 투영물이었다는 사실을 깨닫고서 커다란 수박에 두 사람의 사진을 붙인 뒤 발로 차서 조각내버렸다. 그녀는 수박 조각들을 모아 절반은 전남편에게 보내고 나머지 절반은 아버지의 무덤에 놓아두었다.

대부분의 고통이 어머니(또는 이모, 할머니, 자매 등)에게서 기인한 경우에는, 매우 잔인하게 느껴지겠지만 검은 암탉을 사서 야구 방망이로 죽을 때까지 때리라. 그다음 그것을 수프나 스튜로 요리한다. 문제의 장본인을 저녁 식사에 초대한 다음 그 요리를 먹이라. (만약 그 사람이 이미 죽었다면 무덤에 가서 무덤을 발로 차거나 거기에 소변 또는 대변을 봐야 한다.)

만약 문제의 장본인이 중요 인물(아버지 또는 어떤 곳의 장튽)이라면 그의 직장, 요양원 또는 무덤에 가서 날달걀 십여 개를 던지라.

나는 신학교에서 오랫동안 고통을 겪다 자살 충동이 생긴 한 내 담자에게 아침 일찍 그 건물로 가서 타조알을 문에 던지라고 조언했다. 그는 삶의 기쁨을 되찾았다.

이미 자신이 용서한 가족이라면, 그리고 그가 당신에게 저지른 그 모든 일에도 불구하고 마음 깊은 곳에서 그를 사랑했다면 붓, 비누, 물을 가지고 가서 그의 무덤을 청소하는 것이 좋다. 그런 다음 거기에 향수를 뿌리고 마지막으로 꿀을 바른 붓으로 '사랑'이라는 단어를 쓰라.

사랑받고 인정받고 싶은 욕구가 채워지지 못했을 때 종종 증오라는 반응이 나오기도 한다. 그러나 어린 시절부터 복음서에 대한 잘못된 해석을 주입받으며 살아온 우리는 용서하라고 배웠기 때문에 '용서해야지' 하고 머리로 생각한다. 하지만 이런 정신적인 용서는 우리를 치유하지 못한다. 용서는 우리에게 해를 끼친 사람이나 그들을 대변하는 테라피스트, 또는 그의 사진이나 무덤(화장을 했다면 유골이 뿌려진 곳)을 대면한 후에 이루어진다. 대면할 때는 다음의 말을 하라.

1. 내가 어렸을 때 당신은 나에게 ～한 행동을 했습니다.
2. 그때 나는 ～를 느꼈습니다.
3. 당신의 그 행동으로 인해 나는 ～ 되었습니다.
4. 나는 오늘날에도 여전히 ～를 느끼고 ～로 고통받고 있습니다.

5. 나는 당신에게 ~원의 배상을 요구합니다.

행위자는 자신이 입은 피해를 평가하여 그에 따른 정확한 금액을 요구해야 한다. 수십억 원을 요구하는 것이 좋다. 상대방이 살아 있는 경우 자신이 진 빚을 인정하지 않는다면, 빚을 인정할 때까지 그를 만나지 말아야 한다.

"나를 안아주고 사랑해달라", "사과해달라" 등의 요구를 하는 것은 소용없다. 손상당한 삶의 가치는 얼마인가? 실패에 대한 노이로제는? 낮은 자존감, 불감증, 고의적인 자기 파괴는 얼마의 가치가 있는가? 나는 내 아들 중 하나인 크리스토발 Cristóbal에게 300만 달러짜리의 은유적인 수표를 써주었다. 아들은 그것을 액자에 넣어 자신의 상담실에 걸어두었다.

용기를 내어 대면한 후, 부모에 대한 분노를 최종적으로 비워내려면 어머니와 아버지 각자의 사진을 태우는 것이 좋다. 행위자는 아버지의 사진을 태운 재를 와인 한 잔에 한 꼬집 녹여서 그것을 해독제로 마셔야 한다. 어머니의 사진을 태운 재는 우유 한 잔에 녹여서 마시라.

37. 고통스러운 비밀

　모든 숨겨진 비밀은 병적인 응어리가 되어 천천히, 그러나 확실히 무의식을 파고든다. 숨겨진 비밀은 상상조차 하기 힘든 이 무의식의 영역에서 정신과 신체에 신경증 또는 질병이라는 파괴적인 결과물을 만들어내기 시작한다. 이러한 비밀은 가족 내의 누군가가 이를 고백할 때까지 대대손손 재현되면서 드러나는 경향이 있다. 예를 들어, 할머니가 강간당한 사실을 숨기면 그녀의 딸과 손녀 모두 강간을 당할 수 있으며 그들이 오래된 트라우마적 행동을 이어나갈 수 있다. 이 고통스러운 침묵을 끝낼 수 있는 유일한 방법은 용기를 내어 가능한 한 많은 가족과 친구들에게 비밀을 고백하는 것이다. 이러한 고백은 사람들이 비밀을 알지 못하게 하려는 가족 내의 공모를 끝내는 행위이기 때문에 아마도 내담자의 삶 속에 큰 소동을 일으킬 것이다. 가족들은 외적인 체면을 지키기 위해 이 비밀을 기억 속에서 완전히 잊거나 가끔 삐져나오는데도 무시하고 있지만, 행위자는 이를 정면으로 반박하게 된다. 그러나 가족들의 편견과 부족한 이해 속에 갇혀 사는 것보다 가족 내에서 추방당하는 것이 더 낫다. 비밀을 폭로하는 가장 좋은 방법은 사람들에게 손 편지를 돌리는 것이다.

　내 내담자 중 한 명은 성교 시간이 4초를 넘지 못하고 애무도 하지 않으며, 별안간 아내의 다리를 벌려 몇 초간의 짧은 강간을 하곤 했던 조루증 환자와 20년 동안 결혼 생활을 했었다. 나는 그녀에게 오랜 세월 어떤 성행위를 견뎌왔는지 자세히 묘사한, 이제 이혼을 결심했다는 내용의 손 편지를 온 가족에게 보내라고 조언했다. 가족들은 전통과 엄격한 종교적 규율에 따라 남편의 편을 들면서 그녀에게 "미쳤다, 타락했다, 파렴치하다" 등의 비난을 쏟아냈다. 그러면서 그녀에게 상속권을 박탈하겠다는 협박을 했다. 하지만 그녀는 이에 굴복하지 않고 만족스러운 새 인생을 시작했다.

동성애자에게는 다음의 행동을 권장한다.

당신이 동성애자임을 가족들이 모른다면 그들에게 당신의 성적 지향성에 관해 이야기해야 한다. 나의 이런 제안에 어떤 이는 이렇게 반박할지도 모른다. "저희 아버지는 동성애 혐오자세요. 완전 마초라니까요. 제가 동성애자라는 걸 고백하면 아버지는 스스로 목숨을 끊으실 거예요." 그러면 나는 이렇게 말할 것이다. "아버지를 죽이는 것은 당신이 아니라 아버지의 편견입니다. 이거 하나만은 말씀해드리고 싶군요. 지금껏 수많은 가족들의 계보를 분석해본 결과, 나는 부모가 억압하는 것을 자녀가 그대로 따라 한다는 것을 알게 되었습니다. 당신의 아버지는 동성애적 욕망을 억압했을 가능성이 매우 큽니다. 당신이 고백할 내용이 무엇인지는 아버지도 직관적으로 이미 알고 있습니다."

38. 지배적인 부모

지배적이거나 소유욕이 강한 부모는 자녀에게 부모와 멀리 떨어져 독립적인 삶을 사는 것에 대한 죄책감을 심어줌으로써 자녀가 실패에 대한 신경증을 앓게끔 한다. 이들은 자녀가 자신들을 능가하는 것을 두려워하기 때문에 자신이 가르쳐준 것을 자녀가 체득하여 발전시키거나 다른 데서 성장의 자원을 얻는 것을 두려워한다. 진실한 사랑으로 결합된 부부 관계를 이루지 못한 부모는 자녀에게 파트너와 사랑으로 하나되는 것에 대한 죄책감을 심어주며, 성공하지 못한 부모는 자녀에게 성공에 대한 죄책감을 심어주기도 한다. 말하자면, 이들은 자녀가 부모를 뛰어넘는 것에 대한 죄책감을 심어준다. 이런 경우 나는 다음의 행위를 권장한다.

금화 모양의 초콜릿이 가득 담긴 큰 봉투를 선물로 들고 아버지/어머니를 찾아가라. 부모님께 앞에 앉아달라고 부탁한 뒤 다정한 손길로 '금화'를 비처럼 부어드린다. 그다음 계약서 한 장을 보여드리며 이렇게 말하라. "이 금화로 제게 해주신 모든 것, 제게 주신 모든 것들을 보답합니다. 저를 사랑하신다면 이 계약서에 서명해주세요." 계약서에는 다음과 같은 내용이 적혀 있다. "지불이 완료되었으니 우리는 우리 딸/아들이 우리가 가르친 모든 것들과 스스로 배운 모든 것들을 세상에 자신의 재능을 발휘하는 데 사용할 수 있도록 허락합니다." 행위자는 계약서를 액자에 넣어 매일 볼 수 있는 곳에 걸어두라.

39. 다정하게 어루만지는 법

수 세기 동안 신체적 접촉에는 어두운 의도가 있다고 여겨져 왔다. 부모는 근친상간이나 동성애적 충동을 두려워하면서 거부감이 뒤섞여 있는 사랑의 마음으로 자녀를 어루만지기도 한다. 이는 그들이 자기 자신을 믿지 못하기 때문일 수도, 자기 자신을 과소평가하여 자녀까지도 과소평가하기 때문일 수도 있다. 세상에는 적절한 애정으로 어루만져주는 방법을 잘 모르는 부모 때문에 심리적 질병으로 고통받는 아이들이 참 많다. 만약 자녀를 어루만져주지 않는 부모가 있다면 그것은 그들 역시 자신의 부모로부터 진정한 애정을 받아본 적이 없기 때문이다. 누군가를 잘 어루만져줄 수 있으려면, 그리고 자신 안에서 본질적인 자아를 깨울 수 있으려면 우리는 신체적, 성적, 정서적, 정신적 힘을 양손에 집중시킨 다음, 손에서 무한한 공간과 영원한 시간, 물질의 근원인 무한한 사랑, 삶의 큰 기쁨을 느낄 수 있어야 한다. 그런 다음 놀라지 않도록 천천히, 숨겨진 성적 욕구나 힘의 과시 없이 헌신과 진정한 관심 그리고 어머니-아버지의 따스함을 가지고 상대를 만져야 한다. 이렇게 하는 데 필요한 감수성이 아직 부족한 사람에게는 다음의 행위를 권장한다.

적어도 3개월간 아침마다 30분 정도 무생물을 어루만지면서 그것에 생명을 전하려 노력하라. 돌, 피아노, 마네킹, 안락의자 또는 기타 가구 등을 만져도 된다. 이 작업을 수행하기 전에는 날고기로 7분 동안 손을 문지르고 (나중에 고양이나 개에게 먹이라) 손을 씻은 다음 비누칠을 하고 헹궈내기를 네 번 연속으로 반복하라. 손에 질 좋은 마사지 오일을 바르고 향수도 뿌린다. 물체를 정성스럽게 어루만지는 시간이 끝나면 물체가 손의 온기를 흡수하여 각진 부분이나 거친 곳이 부드러워진다. 마치 물체에 영혼이 생긴 것처럼 보일 것이다. 행위자가 이런 식으로 무생물에 민감하게 반응할 수 있다면, 사람도 어루만질 수 있을 것이며 애정 어린 신체 접촉을 풍성하게 경험할 수 있을 것이다.

40. 공격적인 말 멈추기

실망감을 억눌러둔 사람, 자신의 우월성을 주장하기 위해 끊임없이 다른 사람을 비판하는 부모 밑에서 자란 사람은 입을 열 때마다 공격적인 말을 내뱉는다. 대부분이 무의식적인 이러한 공격성은 주변 사람들뿐만 아니라 자신이 살고 있는 사회를 향한 것이기도 하며, 궁극적으로는 전 인류를 대상으로 한 것이다. 부모가 자녀의 가치를 인정해주는 법을 알지 못하고, 최소한의 존중이라도 얻어내려 했던 자녀의 노력을 짓밟아버리면 자녀는 공격적인 말을 하게 된다. 신경계의 가장 고차적인 활동은 단어를 발음하는 것이며, 이러한 단어는 신체와 밀접하게 연결되어 있다. 공격적인 말은 말한 사람에게 부메랑처럼 되돌아와 그의 정신적, 육체적 건강에 영향을 미치고 결국 주변 사람들과의 관계를 단절시킨다. 나는 이런 상황에 처한 사람들에게 다음의 행위를 권장한다.

벌집에 들어 있는 벌꿀을 구한다. 매일 아침 공복에 꿀 한 조각을 빨아 먹으라. 꿀을 빨고 벌집을 씹으면서 단내 나는 입으로 "사랑이 없는 곳에 사랑을 심으면 사랑을 얻으리라"를 세 번 말한다. 다 씹은 벌집은 금색 용기에 보관하라. 씹은 벌집이 적당히 모이면 그것을 하트 모양으로 만들어 성수가 담긴 유리컵에 담가 둔다. 그것을 식사하는 식탁 중앙에 놓으라.

41. 예술을 할 수 없는 예술가

예술 활동을 하라는 내적 부름을 계속해서 느끼지만 그렇게 하고 싶어도 원인을 알 수 없는 정신적 마비가 오거나 고뇌에 빠져 아무것도 하지 못하는 식으로 예술 활동을 시작조차 할 수 없는 경우가 있다. 이런 경우 예술가는 "예술가는 굶어 죽는다", "예술 활동을 하는 여성은 나쁜 인생을 사는 사람들과 어울리게 된다"와 같은 부모의 명령을 무의식적으로 따르고 있는 것일 수 있다. 만약 당신이 어린 시절 또는 청소년기에 "모든 시인은 동성애자다", "모든 음악가는 마약 중독자다", "모든 여가수나 여배우는 창녀다"와 같은 말을 들은 적이 있거나, 가족들이 아버지의 '안정적이고 명예로운' 직업을 이어받기를 원하거나, 집안일 잘하는 여성이 되기를 원하거나, 부모가 그 자신이 예술가가 되고 싶은 욕구를 억눌렀다면 (자식은 부모가 할 수 없었던 일을 한 것에 대해 죄책감을 느끼게 된다) 그 사람은 그 안에 갇혀 나올 수 없게 된다. 나는 이런 이들에게 다음의 행위를 권장한다.

책을 쓰고 싶은 사람이라면 붉은 잉크병에 자신의 소변 몇 방울, 침 약간, 배설물 1그램을 넣고 글의 첫 세 문장이나 세 구절을 손글씨로 써야 한다.

만약 행위자가 레즈비언이라면 4미터 길이의 종이 롤을 바닥에 펼쳐놓아야 한다. 검은 잉크가 담긴 그릇에 일곱 번 침을 뱉고 거기에 배설물 1그램과 소변 몇 방울을 추가한다. 그다음 붓을 준비해서 붓 손잡이를 질에 삽입한다. 행위자는 종이 위에 쪼그리고 앉은 자세로 엉덩이를 움직여 글을 써야 하는데, 옆으로 움직이면서 텍스트의 처음 다섯 단어를 쓴다.

빨간 잉크로 쓴 손글씨 종이 또는 종이 롤 모두 당신의 재능을 멸시한 사람(들)에게 보내야 한다. 화가 역시 위와 같이 하면 된다.

타액, 배설물 및 소변에 대해 말하자면, 아이에게는 자신의 몸에서 나오는 것들이 자신의 창조물과도 같다. 그러나 이런 것들을 가지고 노는 즐거움은 부모에 의해 억압된다.

42. 생리 불순

인간의 신체는 (정신 활동과는 다른 차원에서) 동물적인 행동을 하기도 한다. 때로는 분석 과정에서 언어를 통해 장애의 원인을 알아내는 것이 별 효과가 없을 때도 있다. 이럴 때는 몸에게 건강한 신체 작용이 무엇인지 알려주는 비언어적 행동을 취해야 한다.

나는 중단된 월경을 회복시키는 사이코매직을 한 내담자에게 조언해준 적이 있는데, 이것은 내가 어렸을 때 목격했던 어떤 사건에서 영감을 받은 것이었다. 우리 아버지의 가게에는 당나귀 수레에 물건을 실어 가져다주던 한 일꾼이 있었는데, 그가 일을 제대로 할 수 없는 상황에 처한 적이 있었다. 그의 고집 센 당나귀가 우리를 떠나려 하지 않고 움직이지도 않으며, 물도 마시려 하지 않아 스스로 탈수 상태에 빠져버렸던 탓이었다. 일꾼은 아버지의 가게를 찾아와 이렇게 불평했다. "어떻게 해야 할지 모르겠어요. 강제로 나가게 하려고 해도 고집을 피우며 떠나려 하질 않아요." 이 말을 들은 한 백발의 손님이 말했다. "고집이 센 사람에게 하기 싫은 일을 강요하는 것은 잘못된 일이지요. 제게도 당나귀가 있습니다. 제 당나귀를 데려와서 당신 당나귀와 함께 지내도록 해봅시다." 호기심이 생긴 아버지는 그들을 따라가도 좋다고 허락해주셨고, 나는 당나귀 두 마리가 만나는 그곳에 함께 있었다. 노인은 자신의 당나귀를 고집 센 당나귀 옆에 끌고 온 다음 물이 가득 담긴 양동이도 함께 놓아두었다. 그러자 노인의 당나귀가 꿀꺽꿀꺽 물을 마시기 시작했다. 노인은 목이 마를 것이 분명한, 고집 센 당나귀 앞에도 물 양동이를 하나 더 놓아두었다. 그러자 당나귀는 즉시 옆 당나귀를 따라 물을 마시기 시작했다. 노인이 고집 센 당나귀를 다루듯, 행위자도 다음의 행동을 통해 자신의 신체를 구슬릴 수 있다.

영화 소품 가게에서 가짜 피 한 병을 사서 매 태음월마다 나흘 간 이 가짜 피를 질에 넣어 생리를 하는 시늉을 하고 탐폰을 껴서 피가 흐르는 것을 방지하라. 내 내담자는 이렇게 한 지 4개월 만에 생리 주기가 정상으로 돌아왔다.

43. 사랑하는 사람에게 느끼는 질투

사랑하는 이에게 질투를 느끼는 것은 정상이다. 질투는 라이벌이 자신의 파트너를 뺏어가는 것에 대한 동물적인 두려움이 표현된 것이기도 하다. 자신의 이기심을 탓하고 상대에 대한 넓은 마음이나 신뢰를 옹호하면서 이런 본능적인 감정을 아무리 머리로 억누르려 해도, 파트너가 평소보다 더 오랜 시간 여행을 떠나 있거나 부재중인 시간이 길어질 때면 자신의 정서적인 면, 그리고 성적인 면에서는 어쩔 수 없이 걱정을 하게 된다. 그래서 나는 내담자에게 질투를 없애려 하는 대신 질투를 긍정적으로 활용하라고 조언한다.

예쁜 유리통 하나를 준비해서 질투를 느낄 때마다 거기에 천 원(돈이 별로 없는 경우)이나 만 원(여유가 있는 경우) 또는 5만 원권 지폐(부유한 경우)를 넣으라. 돈이 꽤 쌓였다면 그 돈을 사랑하는 사람을 위한 선물을 사는 데 쓰라.

44. 광적인 질투

만약 광적인 질투심이 일어난다면, 그리고 '내 파트너는 모든 사람을 유혹하고 싶어하는 사람이며 그가 원하는 유일한 것은 나를 속이는 것'이라고 믿고 있는 내담자가 이러한 고통스러운 분노의 마음에서 벗어나기를 원한다면, 나는 내담자에게 "당신은 지금 억압된 동성애적 욕망을 파트너에게 투사하고 있다"는 설명을 해준다. 프랑수아 드 라로슈푸코 François de La Rochefoucauld는 "질투는 의심을 먹고 산다. 의심이 확신으로 변하면 질투는 깨끗하게 소멸되거나 광기로 변한다"

는 명언을 남겼는데, 나는 이에 따라 질투하는 사람에게 다음과 같은 행위를 권장한다.

남자의 경우: 남자는 자신의 얼굴 사진으로 아내를 위한 가면을 만들어야 한다. 그런 다음 포르노 영화 업계에서 일하는 남자 배우 네 명을 고용하라. 그들이 벌거벗은 채로 벌거벗은 아내를 애무하는 것을 봐야 한다. 남자는 아내의 몸에 자신의 남성적인 얼굴이 있는 것을 보면서 충동이 충족되었음을 느낄 것이며 더 이상 질투를 느끼지 않을 것이다.

여성의 경우: 네 명의 여성을 고용하고, 남편에게 자신의 사진으로 만든 가면을 씌우면 된다.

45. 실패 노이로제

어떤 일을 할 때마다 제대로 끝맺음을 못 하거나, 어떤 일에 성공할 때마다 나도 모르게 그 성공을 실패로 뒤집어버리거나, 좋아하는 파트너를 만날 때마다 의도치 않게 갈등을 유발하여 결국 이별하게 되거나, 알 수 없는 죄책감에 시달리거나, 언제나 자기 자신이 못마땅하게 느껴지거나, 어떤 분야에 재능이 있고 또 열심히 노력하는데도 성공할 수 없다면 그는 실패 노이로제에 걸려 있는 것이다. 실패 노이로제는 다음의

여섯 가지 주요 원인 중 하나(또는 전부)를 경험하면서 걸리게
된다.

1. 가족에게 짐이 된 경우

부모가 경제적으로 힘든 시기에 아이가 태어났거나, 계획
되지 않은 임신이었거나, 대가족 안에서 태어났거나, 아이의
출생으로 인해 어머니가 성취하고 싶었던 바를 성취할 수 없
었거나, 아이 때문에 아직 미혼이었던 부모가 결혼을 강요당
하는 등. 아이는 여러 이유들로 인해 가족에게 짐이 된 기분
을 느낄 수 있다.

이런 암울한 기분에서 벗어나고 싶다면 행위자는 정육점에서
개가 먹을 고기와 뼈를 구해 바퀴 달린 큰 여행 가방을 채워야
한다. 이때 고기와 뼈를 채운 여행 가방의 무게는 자신의 몸무
게와 같아야 한다. 그다음, 자신이 태어난 곳의 거리를 따라 여
행 가방을 3킬로미터 정도 끌고 다니다가 강이나 바다에 던지
라. 그렇게 할 수 없는 상황이라면 땅에 묻어야 한다. 만약 출
생지로부터 너무 멀리 떨어진 곳에 살고 있어서 그곳까지 갈 수
없다면 첫 글자가 고향의 첫 글자와 비슷한 도시에서 여행 가방
을 버려도 된다. 예를 들어 스페인 톨레도Toledo에서 태어났다면
프랑스의 툴루즈Toulouse에 여행 가방을 버리라.

그 후, 그는 부모님과 함께 열기구를 타야 한다. 열기구를 타는
동안 행위자는 부모님을 안아주고, 아무런 설명 없이 금화 모양

의 초콜릿이 가득 들어 있는 봉지를 주어야 한다. 부모님이 돌아가셨거나 이혼한 경우, 또는 함께 열기구 타기를 거부하는 경우 친구 두 명이나 테라피스트 두 명(남성과 여성)을 데리고 가라. 이때는 남자가 아버지의 사진으로 만든 가면을 쓰고, 여자가 어머니의 사진으로 만든 가면을 써야 한다.

2. 부모가 원했던 것과 다른 아이인 경우

부모는 남자아이를 원했는데 당신은 여자로 태어났거나 그 반대인 경우가 있다. 또, 어머니는 당신이 자신과 닮기를 원했지만 막상 낳아보니 당신이 아버지를 닮았을 수도 있다. 그 반대도 가능하다. 아니면 부모가 조용한 아이를 원했는데 당신이 어릴 때 많이 울고 소리를 질렀다면 이런 말을 하기도 한다. "네가 하도 우니까 우리가 잠을 못 자서 널 죽이고 싶을 때가 있었어." 또, 자식이 못생겼다고 생각하는 부모는 이렇게도 말한다. "아무도 너와 결혼하고 싶어하지 않을 거야." 당신이 고집 센 아이였다면 "너는 아주 나쁜 아이였어"라는 말을 들었을 수도 있다. 비만이 되었다면 부모는 이런 말을 하기도 한다. "우리는 영적인 길을 따랐고 너는 먹는 것에만 관심이 있었어."

아들을 낳고 싶어했던 부모가 딸(당신)을 낳은 것에 대한 불만을 표출한 적 있다면 당신의 자존감은 낮아질 수밖에 없다. 나는 이런 부모 밑에서 자란 사람들에게 다음의 행위를 권장한다.

머리카락을 아주 짧은 길이로 약간 잘라서 마치 수염이 살짝 돋아난 것처럼 얼굴에 붙이라. 이 상태에서 남자처럼 옷을 입고 부모를 만나러 가라. 행위자는 부모에게 이렇게 말한다. "엄마 아빠는 나를 이런 모습으로 봤지. 고추가 없는 불완전한 남자의 모습으로. 하지만 난 그런 사람이 아니야." 그런 다음 행위자는 옷을 벗고 알몸을 보여주면서 이렇게 말한다. "이제 완전한 여성인 나를 있는 그대로 볼 때가 왔어. 나를 품에 안고 사과해 줘. 그렇게 하지 않는다면 다시는 엄마 아빠를 보지 않을 거야."

딸을 낳고 싶어했던 부모가 아들(당신)을 낳은 것에 대한 불만을 표출한 적 있다면 나는 다음의 행위를 권장한다. 여자처럼 옷을 입고 부모님을 만나러 가라. 그리고 부모님께 성기를 잘라내는 성전환 수술을 받고 싶으니 태국행 비행기표를 살 돈을 빌려달라고 말하라. 부모가 당황하는 모습을 보이면 행위자는 웃으며 농담이라고 말해야 하지만, 부모는 이것이 자신들이 평생 원해왔던 것임을 깨달을 필요가 있다. 그다음 행위자는 여성복을 벗고 그 옷을 부모의 얼굴에 던지며 이렇게 소리쳐야 한다. "인제 그만! 나를 봐. 나한테는 이렇게 고환이랑 고추가 달려 있어. 난 남자라고!"

부모님으로부터 "넌 못생겼어!"라는 말을 들은 사람에게는 다음과 같은 행위를 권장한다. 행위자는 자신이 아름답다고 생각하는 연예인의 얼굴 사진으로 가면을 만들어 쓴다. 그런 다음 큰 글씨로 "나는 아름답지만 내 영혼은 못생겼습니다"라고 적힌 팻말을 목에 걸고 산책로 벤치에 가만히 앉아 있으라. 다음 날에도 행위자는 같은 장소로 간다. 하지만 이번에는 최대한 못생긴 화장을 한 얼굴 사진으로 만든 가면을 쓰고 "나는 못생겼지만 내 영혼은 아름답습니다"라고 적힌 팻말을 목에 걸고 있어야 한다. 셋째 날에는 자신의 얼굴 사진 그대로 만든 가면을 쓰고 "나를 보고 이렇다 저렇다 판단하지 마세요. 나는 못생기지도 아름답지도 않습니다. 혹시 이런 나에 대해 알고 싶나요?"라고 적힌 팻말을 목에 걸어야 한다. 행위자는 자신에게 다가오는 사람들과 가면을 벗고 대화를 나누어야 한다.

내가 부모님이 원하는 존재가 아니라는 느낌에서 벗어나고 싶지만 만약 부모님이 돌아가셨거나 협조적이지 않을 경우에는 다음과 같은 행위를 하기를 권장한다.

KKK단[*] 멤버들이 입는 것과 같은 의상(머리를 가리는 뾰족한 두건과 튜닉)을 만들되, 흰색이 아닌 빨간색으로 만들라. 이 옷을 입고 도시의 혼잡한 장소를 돌아다니라. 가능하면 친척이나 친구의 집을 방문해 마치 이런 옷을 입고 있다는 사실을 깨닫지 못한 사람인 것처럼 행동하고 대화하라. 저녁에는 이 옷을 벗고 정성스럽게 접은 다음 옷 위에 소변을 보라. 이것을 선물 상자

---

[*] Ku Klux Klan, 백인 우월주의, 반유대주의, 인종주의, 반가톨릭주의 성향의 집단.

에 포장해서 익명으로 부모님에게 보내야 한다.

3. 가족의 신념을 저버린 경우

사상과 신념은 먼 조상으로부터 대대손손 전승된다. 그리고 이러한 사상과 신념은 (대개는 무의식적으로) 일족의 결합을 유지하기 위한 특정한 규율을 만들어낸다. 이것의 기원을 타고 올라가 보면, 거기에는 언제나 종교가 있다. 무신론자 가문이라 할지라도 그 가문 내에는 신성한 책에서 따온 도덕률이 있기 마련이다. 다만 그 책이 그림자 속에 가려져 있을 뿐…. 가족의 생존을 위해서, 아이는 그들의 원칙에 따라야만 한다. 그러다 아이가 다 큰 성인이 되어 다른 사람들을 위해 자신이 어쩔 수 없이 받아들였던 생각과 신념을 현재의 자신에게 더 잘 맞는 것으로 바꾼다면 가족들은 그를 거부할 것이다. 가족들은 이러한 반응을 보임으로써 그에게 무의식적으로 죄책감을 유발하고, 이런 죄책감은 그가 자기도 모르게 실패를 유발함으로써 스스로를 벌하게끔 만든다.

행위자는 〈성경〉(구약과 신약 모두), 〈코란〉, 칼 마르크스의 〈자본론〉, 아돌프 히틀러의 〈나의 투쟁〉을 배낭에 넣어야 한다. 이 다섯 권의 책이 든 배낭을 사흘 동안 들고 다니라. 오직 잠을 자거나 씻을 때만 배낭을 벗을 수 있다. 사흘이 지나면 큰 화분에 책을 묻고 그 위에 작은 분재(인공적으로 모양을 잡은 나무)를 심으라. 행위자는 그 분재가 자유롭게 자라나도록 내버려두어야 한다. 그 작은 분재는 이미 행위자의 손에 들어오기 이전에 고통을 많이 받았기 때문이다. (일부 전문가들은 돈을 벌기 위해 철사로 어린 가지의 모양을 잡아 분재의 형태를 모방한다. 즉 인위적으로 '난쟁이' 나무를 만드는 것이다. 이런 나무들은 싹을 틔우는 족족 손질을 당한다.)

4. 집을 떠났거나 가족과 연을 끊은 경우

나무가 숲의 일부인 것과 같이, 건강한 가족은 더 큰 집단의 일부가 되는 것을 받아들인다. 이들은 특수한 일부를 보고서 전체가 그러하다고 판단하지 않으므로 이 세상을 부정적으로 보지 않는다. 물론 이들 역시 세상에 부정적인 것이 많다는 것을 알고 있다. 따라서 건강한 가족은 다른 사람들과 협력하여 그런 것들을 근절시킨다. 또한 이들은 다른 관습, 다른 생각, 다른 신념을 갖고 있는 새로운 구성원들도 잘 받아들인다.

반면에 배타적이며 노이로제와 나르시시즘에 빠진 가족들은 자신들이 타인과 전쟁을 치르는 중이라 생각한다. 세상은 부정적인 곳이므로 반드시 세상으로부터 보호되어야 하고, 가정은 피난처 또는 요새가 된다. 가족을 떠나는 것은 곧 방어적인 에너지를 빼앗는 것이 되고, 가족은 자신들이 약해졌다고 생각한다. 그들은 다음과 같이 말한다. "네게 우리의 시간과 에너지를 쏟아부었는데 네가 떠나면 도대체 우리는 어떻게 되는 거니?", "우리가 널 낳아 기른 이유는 우리가 늙었을 때 네가 우리를 돌봐주기를 바라서였어", "우리 가업은 너희 증조부께서 시작하셔서 할아버지가 물려받으셨고, 그다음으로 아버지인 내가 물려받은 거다. 네가 계속 이어가야만 해. 그냥 휙 떠나서 네 인생만 산다는 건 말도 안 된다." 무의식 속에 숨겨져 있는 집을 떠난 것에 대한 죄책감, 즉 가족들에 대한 죄책감으로부터 자유로워지기 위해서는 무의식을 납득시킬 필요가 있다. 이를 위해 행위자는 다음의 상징적인 행위를 준비한다.

2미터 길이의 사슬을 준비한다. 두 개의 빈 캔에 각각 어머니의 사진과 아버지의 사진을 붙인다. 허리에 사슬의 한쪽 끝을 고정시키라. 다른 한쪽 끝은 빈 깡통 두 개에 고정시킨다. 손에 금속 절단용 톱을 들고 쇠사슬과 사진이 붙어 있는 캔을 바닥에 질질 끌면서(깡통 때문에 시끄러운 소리가 나도 그냥 둔다) 번화한 거리를 따라 3킬로미터 정도 떨어진 프로이트 정신분석가(미리 약속을 잡아둔 사람)의 사무실로 걸어가라. 정신분석가를 만난 행위자는 그에게 톱으로 사슬을 잘라달라고 요청한다. 사슬이 잘리면 행위자는 그것을 땅에 묻고 그 위에 작은 과일나무 하나를 심는다. 그런 다음 사진이 붙어 있는 두 개의 캔에 아카시아꿀을 채우고 방수가 되는 상자에 넣는다. 행위자는 상자를 강물에 던져 그것이 물살에 떠내려가도록 한다. 만일 당신이 사는 곳에 강이 없다면 강이 있는 도시로 가야 한다.

5. 부모가 원했지만 이룰 수 없었던 것을 자식이 이룬 경우

각 세대에서 새로운 가족 구성원들은 있는 그대로의 자기 자신(자기만의 의식을 계발하고 시대의 흐름에 따르는 개인)으로 존재하면 안 된다는, 가족이 원하는 개인(과거에 부과된 한계에 고분고분 따르고 꿈을 희생하는 개인)이 되어야 한다는 압박을 받게 된다. 이런 억압을 받은 부모는 자녀에게 고통스러운 갈등 상황을 유발한다. "우리는 네가 자아실현을 이루기를, 우리가 이루지 못했던 것을 너라도 이루기를 바란단다. 하지만 만약 그렇게 된다면 너는 우리를 쫓아내고 우리 가문의 원칙을 훼손시키겠지. 지금껏 네가 우리와 같았기 때문에 우리는 너를 사랑해왔단다. 그러나 네가 우리와 달라진다면 우리는 널 더 이상 사랑하지 않을 거야." 실패한 피아니스트의 아들이 재능 있는 피아니스트로서 성공하자 이에 대한 죄책감을 느끼고 미쳐버리는 영화 〈샤인Shine〉도 이런 심리적 역학을 잘 나타내고 있다.

행위자는 얼굴을 금색으로 칠한 채 부모님을 찾아간다. 이때 값비싼 손목시계 두 개(여성용, 남성용)와 행위자가 석고로 만든 가짜 금괴 20개, 양피지처럼 생긴 종이에 자필로 쓴 계약서를 선물로 가져가라. 행위자는 부모님 앞에 서서 두 분의 손을 잡고 큰 존경의 마음을 담아 이렇게 말한다. "엄마 아빠, 제가 살아오는 동안 느꼈던 두 분을 향한 저의 사랑을 보여드리기 위해 이 시계를 드릴게요. 부모님이 제게 주신 많은 것들에 대한 보답으로 금괴도 열 돈씩 드려요. 그러니 두 분 모두 이 계약서에 서명해주시길 바라요." 계약서에는 다음과 같은 내용이 적혀 있다. "우리가 아들/딸에게 가르친 모든 것에 대한 보답으로 금과 사랑을 받았으니 이제부터 아들/딸은 언제 어디서나 원하는 대로 그 가르침을 활용할 권리가 있다. 또한 다른 가르침과 경험을 통해 우리의 가르침을 개선하고 더 강화할 권리가 있다. 이를 우리의 피로 서명하는 바이다. ㅇㅇㅇ의 부모님." 그런 다음 빨간색 잉크가 채워진 만년필을 부모님에게 선물하여 그 펜으로 서명을 하게 하라. 부모님이 이혼하셨거나 돌아가신 경우, 두 명의 친구 또는 두 명의 치료사(남성과 여성)와 함께 이 행위를 수행해도 된다.

6. 유아기에 성이 억압된 경우

일부 보수적인 부모들은 성적 쾌락을 죄악으로 간주하고, 자녀가 성적 호기심을 보이거나 종교에서 '부끄러운 부분*'이라고 여기는 신체 일부분을 가지고 놀면 자녀에게 벌을 주기도 한다. 내 내담자 중 한 명은 아주 어린 소녀였을 때, 아침에 막 잠에서 깨느라 알몸 상태였던 아버지의 성기를 만졌다가 이를 알게 된 어머니로부터 호된 질책을 받았다. 또 다른 내담자 중에는 그가 소년일 때 자위를 할까 봐 걱정한 부모님이 잠자리에 들 때 권투 글러브를 착용하게 했던 사례도 있

---

* pudendo, 문자 그대로 해석하면 '부끄러움을 주는 것'이라는 뜻이다. 인간의 생식기를 지칭하는 말로 오랫동안 사용되었다.

다. 어떤 어머니는 어린 자녀가 성기를 만지는 모습을 보면 손을 찰싹 때리고 혐오감을 느끼는 목소리로 "이 추잡한 것!" 하고 혼을 내기도 한다. 부모의 이런 행동은 아이에게 성적 쾌락에 대한 죄책감을 불러일으키고, 이 죄책감은 후에 모든 쾌락에 대한 죄책감으로, 특히 자신이 열중하는 분야에서 성공하는 것에 대한 죄책감으로 확장된다.

두 명의 테라피스트(남성과 여성)와 함께 다섯 살짜리 아동 복장을 하고 모텔에 가라. 남성 테라피스트는 행위자의 아버지 얼굴 사진이 담긴 로켓 목걸이를 걸어야 하고, 여성은 어머니 얼굴 사진이 담긴 로켓 목걸이를 걸어야 한다. 세 사람은 '아이'가 호기심에 따라 선택한 포르노 영화를 방에서 세 시간 동안 시청한다. 길고 긴 시청 시간을 다 채웠다면 마지막 영화를 보면서 모든 수치심을 내려놓고 두 테라피스트 앞에서 자위를 하라. 행위자가 오르가슴을 느끼고 나면 테라피스트들은 행위자를 안아주고, 뺨에 뽀뽀를 해주며 이렇게 말한다. "너는 참 착한 아이야!" 그 후 세 사람은 목걸이와 아동 의상을 이전과 같이 착용한 채 카페로 가서 케이크를 먹는다. 다음 날이 되면 행위자는 그 의상을 부모에게 보낸다. 이미 돌아가셨다면 옷을 두 개로 나눠 하나씩 무덤에 놔둔다.

내담자가 시작한 일을 제대로 끝내본 적이 없다고 하소연하거나 자신이 성공할 수 있을지 없을지를 생각하며 불안해할 때, 나는 그에게 실패 노이로제의 여섯 가지 주요 원인 중 어떤 것을 경험했었는지 물어본다. 어쩌면 한 가지만 해당될 수도 있고, 여러 가지 또는 여섯 가지 모두에 해당될 수도 있다. 나는 각각의 원인에 상응하는 사이코매직 행위를 하나씩 하나씩 해나가라고 권한다.

46. 급격한 변화를 감당할 힘 얻는 법

인생은 "영원한 무상함"이라는 두 마디 말로 정의된다. 세계 경제의 위기, 직장 문제, 부부 또는 가족 간의 문제, 예상치 못한 성공 등은 끊임없이 우리 삶에 변화를 불러온다. 이러한 변화는 꽤 급진적일 때가 있어서, 가끔은 이를 감당할 준비가 되어 있지 않다는 느낌이 들 때도 있다. 다른 사람들이 나의 불안감을 알아챌까 봐 두렵기도 하다. 그렇다면 어떻게 이러한 불안감을 감추는 동시에 힘을 얻을 수 있을까? 나는 이런 난감한 상황에 처한 사람들에게 다음과 같은 행위를 권장한다.

다리에 깁스를 하고 목발을 짚은 채 절뚝거리며 다니라. 사람들에게는 큰 사고를 당해 다리가 부러졌다고 말하라. 적절한 시기가 되면 깁스를 풀긴 하지만 계속 절뚝거리는 척해야 한다. 그러면서 아주 천천히 정상적인 걸음걸이로 돌아간다. 정상적으

로 걸을 수 있을 때쯤이면 행위자는 새로운 상황에 완전히 익숙
해졌을 것이다.

47. 주의 산만

항상 여러 가지 관심사에 정신이 팔려 있고 이 아이디어
에서 저 아이디어로, 또는 이 느낌에서 저 느낌으로 왔다 갔
다 하느라 어떤 주제에 제대로 집중을 못 하는 사람들이 있
다. 이런 행동은 어린 시절에 부모가 필요한 만큼의 관심을
쏟아주지 못했을 때 나타난다. 성인이 된 우리는 어린 시절에
겪었던 일을 자기 자신에게 똑같이 행하게 되며, 어린 시절에
받지 못했던 것을 커서도 자기 자신에게 주지 못한다. 이런
경우 그는 어린 시절의 상황을 재현하면서 자신에게 필요한
관심을 스스로에게 쏟지 않고, 이에 따라 자신의 자아를 부정
한다. 나는 이런 이들에게 다음의 행위를 권장한다.

자신이 태어난 곳과 최대한 가까운 곳에 가서 거기다 나무를 심
으라. 그런 다음 자신이 태어난 지역의 흙 10킬로그램을 가져
와 큰 비닐 위에 깐다. 흙 위에 무릎을 꿇고 물이 가득 담긴 대
야에 머리를 담그고 익사하겠다는 생각이 들 때까지 숨을 참고
있으라. 이런 치명적인 공포에 압도되었다면 물에서 머리를 빼
낸다. 이 동작을 일곱 번 연속으로 반복한다. 18일 동안 매일

아침 공복에 이 행위를 하라. 18일이 지나면 그 흙을 화분에 넣고 길쭉한 기둥 모양의 선인장을 심는다.

48. 빼앗긴 어린 시절

불량하고 미성숙한 어떤 부모들은 마치 자신이 자녀의 자녀인 것처럼 행동한다. 이들의 자녀는 아주 어린 나이 때부터 부모가 겪고 있는 문제에 대한 책임을 같이 느끼면서 부모에게 조언하고 격려하는 등의 행동을 한다. 부모는 이렇게 아이처럼 행동함으로써 자녀가 미처 어른이 되기도 전에 그를 어른으로 만들어버린다. 아이는 부모가 지어준 무거운 책임감 때문에 아이에게 가장 중요한 활동이라고 할 수 있는, 놀 수 있는 능력을 제대로 발달시키지 못한다. 이로 인해 아이는 자기 자신을 즐겁게 할 방법을 알지 못한다는 슬픔을 끊임없이 억누르며 자란다. 아이가 할 줄 아는 유일한 것은 책임을 지는 것, 다른 사람을 돕는 것, 나 자신을 잊어버리는 것뿐이다. 나는 이런 사람에게 다음의 행위를 권장한다.

돈을 어느 정도 모아서 카지노에 간다. 거기서 돈을 작은 칩으로 교환한 다음 칩을 다 잃을 때까지 도박을 하라. (이기는 게 아니라 지는 게 중요하다.) 만약 이겼다면 다 잃을 때까지 계속해야 한다. 이런 식으로 행위자는 실용적인 목적 없이 행동하는 기쁨을 알게 될 것이다.

49. 가족력이 있는 병

집안 대대로 내려오는 병 때문에 고통받는 사람들은 대부분 이러한 병이 선천적인 것이라고 믿는다. 예컨대 "우리 페레즈 가문 사람들은 간이 약하다"고 말한다거나 "우리 가족은 전부 심장병이 있다"고 말하는 식이다. 할머니가 유방암으로 사망하면 그녀의 딸과 손녀도 마찬가지로 유방암으로 사망한다. 아버지에게 항상 트림을 하는 증상이 있고 코에 물혹이 있으면 아들 역시 이 두 가지를 닮는다. 증조할아버지가 1차 세계대전 때 연기로 인해 폐병에 걸렸다면 그의 많은 후손들도 폐 질환으로 고통받는다.

같은 핏줄들로 구성된 가족에게는 지켜야 할 공동의 유대감과 이해관계가 있다. 한 부족에 속한다는 것은 사랑받고 있으며 아무 부족함이 없다는 확신이 생기는 것과 같다. 만약 부족원 중 한 명이 이런 결속을 해치는 행동을 하면 그는 가족에서 제외되는 벌을 받게 된다. 인간의 깊은 무의식 속에는 부족 내에서 추방당하면 위험 요소가 많은 자연에서 더 이상 생존할 수 없다는 원시적인 믿음이 아직도 존재한다. 따라서 추방은 곧 사형 선고처럼 느껴진다. 교회가 선고할 수 있는 가장 큰 형벌 역시 파문이다. 공동체(애정 표현을 명확하게 하지 않는 가정)에서 배제되지 않으려는 무의식적 욕구는 그가 집단에 속해 있음을 분명히 나타내는 '공통 질환'으로 표출된다. 우리 뇌는 고통을 피하기 위해 항상 두 가지 나쁜 선택지 중에서 차악을 선택한다. 즉, 인간은 버려질지도 모른다는 공포 속에서 살기보다는 자신을 가족의 일원으로 생각할 수 있는 질병(때로는 치명적이기도 한)에 걸리기를 선호할 수 있다. 나는 이런 상황에 처한 이들에게 다음과 같은 행위를 권장한다.

> 자신의 병을 상징하는 물건(무거운 책, 가족 사진첩, 돌, 박제된 동물 등)을 하나 골라 가방에 넣고 40일 동안 집을 나갈 때마다 가지고 다니라. 40일이 지나면 가장 윗대 조상의 무덤에 가서 그 물건을 놓고 그 위에 작은 유리병에 담긴 꿀을 부으면서 이렇게 말한다. "조상님, 가족과 하나되는 데는 당신의 병이 필요하지 않습니다." 그런 다음 가족의 질병을 상징하는 물건에 부은 것과 같은 꿀을 각 가족 구성원에게 한 병씩 우편으로 보내라.

50. '꼬리표' 떼기

물론 좋은 의도로 그랬겠지만, 부모와 교육자들은 아이를 부정적으로 정의하곤 한다. 이러한 정의는 오랜 시간 우리를 따라다니면서 우리의 즐거운 성장 과정을 방해한다. 이들은 우리 존재에 달라붙어 있기 때문에 사이코매직에서는 이를

'꼬리표'라고 부른다. 이 꼬리표로부터 자유로워지고 싶은 이들에게 나는 다음의 행위를 권장한다.

자신이 들었던 부정적인 정의들을 가능한 한 많이 스티커에 적어보라. 예를 들어 "넌 음악에는 영 소질이 없구나", "얍삽이", "이기적인 놈", "약골", "멍청이", "왜 그렇게 손재주가 없니?", "뚱보", "말라깽이", "거짓말쟁이", "허풍선이", "배은망덕한 놈", "도둑놈"과 같은 것들 말이다. 온몸에, 특히 얼굴에 이런 꼬리표를 많이 붙이고 최대한 긴 시간 외출을 하라. 집에 돌아오면 행위자는 꼬리표를 다 떼어낸 다음 그것을 공 모양으로 만든다. 그다음 향이 좋은 향수에 적신 손으로 자신의 몸을 다정하게 어루만지라. 그리고 꼬리표 뭉치를 동네 쓰레기통에 버린다.

51. 불임

많은 여성들이 신체적 장애가 없는데도 임신이 되지 않아 괴로워한다. 이들의 가계를 분석해보면 이들이 무의식적으로 임신을 원하지 않거나, 두려워하거나, 임신을 금지당했음을 알 수 있다. 여성의 조상 중 누군가는 너무 많은 아이들을 키우느라 희생하는 삶을 살았거나, 출산 중 사망했거나, 끔찍하게 고통스러운 출산을 겪었거나, 싫어하는 남자와 결혼했거나, 출산 직후 과부가 되었을 수 있다. 어머니로서 겪었던 이러한 고통은 대대손손 이어져 후손의 무의식에 뿌리를 내리게 된다.

특히 어머니 때문에 고통을 겪은 여성인 경우, 그녀는 어머니가 되기를 상당히 기피한다. 왜냐하면 출산할 때 스스로가 자신이 겪었던 고통의 가해자가 된다고 느낄 것이기 때문이다. 우연이 아닌 필연에 의해 그녀는 아버지의 성격을 싫어하여 아버지와 똑같이 되고 싶지 않다고 생각하는 남자와 짝을 이룬다. — 이 남성 역시 임신에 어려움을 겪을 확률이 높다. 여기에다 딸이 아닌 아들을 낳기를 원했던 부모가 딸을 불완전한 남자로 여기며 키웠다면 딸은 임신을 하면 부모님이 실망하여 그들의 사랑을 잃을 것이라는 두려움을 느끼게 된다. 만약 여성이 맏이로 태어났다면 몇 년 후 동생이 태어나 부모님의 사랑을 모조리 빼앗긴 기분을 경험했을 것이다. 이런 질투심으로 인해 딸은 어머니의 임신을 미워하게 되고, 무의식적으로 절대 임신하지 않겠다는 맹세를 하게 된다. 이외에 또 다른 이유도 있다. 내 내담자 중 한 명은 어렸을 때 아버지를 향한 근친상간적인 충동을 스스로 비난하며 그러한 충동을 억누른 적이 있었다. 그녀는 어머니를 모방하여 순진한 생각으로 아버지와 아이를 갖기를 바랐다. 성인이 되고 나서도 그녀는 여전히 이런 생각에 대한 죄책감을 느끼고 있었다. 아이를 갖고 싶다는 마음의 그림자 속에서, 아버지를 향한 근친상간적 욕망이 그녀의 바람을 위협하고 있었던 것이다.

나는 내담자에게 불임의 다양한 원인을 살펴본 후 어느 것이 자신의 원인인지 머리로 찾으려 하지 말고 모든 원인을 포괄적으로 치유할 수 있는 행동을 함으로써 무의식이 알아서 자신에게 맞는 치유의 길을 찾아갈 수 있게끔 하라고 조언한다.

쿠션을 활용해 임신 9개월 차 여성으로 변장하라. 이때 매춘부처럼 도발적인 옷을 입고 머리에는 신부가 쓰는 면사포를, 팔에는 인형을 들고 있어야 한다. 행위자는 남편이나 연인의 가슴께에 아버지의 얼굴 사진이 담긴 로켓 목걸이를 건 다음 그와 동행한다. 친구들에게 그들의 아이(어떤 나이든 괜찮다)들을 잠시 빌려도 되겠냐고 미리 허락을 구하라. 아이들로 둘러싸인 두 사람은 큰길을 따라 걷다가 카페에 들러 아이스크림과 케이크를 주문한다. 남성은 아이스크림이나 케이크를 전부 그녀에게 먹여준다. 적절한 거리를 두고 커플을 따라온 부모들은 아이들을 데려간다. 커플은 택시를 잡아 집으로 돌아가는 택시 안에서 여권 크기만 한 사진을 차창 밖으로 던지는데, 여자는 자기 어머니의 얼굴, 남자는 자기 아버지의 얼굴 사진을 던진다. 각각 150장씩 던져야 한다. 다음 날 행위자는 면사포와 인형을 선물 포장하여 아버지에게 보낸다. 그런 다음 행위자와 그녀의 파트너는 도발적인 옷과 가짜 배로 활용했던 쿠션을 땅에 묻고 그 위에 과일나무를 심는다.

전통적으로 미혼 여성이 많은 가정에서는 여성이 노처녀

가 되는 것에 대한 두려움을 느끼며 자라지만, 무의식적으로
는 가족에 속하고 싶다는 욕망으로 인해 결혼을 원치 않을 수
도 있다. 이런 여성들은 결혼을 하더라도 아이를 가질 수 없
다는 무능함을 느끼며 버림받을 것만 같은 불안감에 시달린
다. 이들은 자신의 가계를 저주로 여기며 살아간다. 이를 치
유하기 위해 나는 다음의 행위를 권장한다.

20년 이상 결혼 생활을 한 여성들을 찾아 이마에 손을 얹고 자
신을 축복해달라고 요청하라. 총 스무 명에게 축복을 받아야 한
다. 이러한 행위를 성공적으로 수행한다면 아이를 낳을 수 있는
것은 물론, 결혼 생활을 20년 이상 이어나갈 수 있다.

난소를 잃은 여성이 엄마가 되고 싶다는 열망 때문에 계
속해서 고통받고 있다면 다음의 행위를 권장한다.

유정란을 구해 병아리가 태어날 때까지 질에 넣고 있으라.[*] (작
가 기 드 모파상Guy de Maupassant은 다음의 이야기를 썼다. 몸이 마비
되어 침대에만 누워 있던 여성이 있었다. 남편은 그녀의 몸 주변으로 달
걀을 놓아두었고, 그녀의 체온으로 인해 알에서 병아리가 부화했다. 여
성은 이를 보고 자존감을 회복할 수 있었다.)

---

[*] 달걀이 질 안에서 깨지면 위험할 수 있으니 따라 하지 않는 것을 권한다.

나는 스페인 발렌시아^{Valencia}에서 온, 다음과 같은 내용의
편지를 받았다.

저는 당신에게 타로를 보려고 파리에 갔었습니다. 제가
임신에 어려움을 겪고 있다고 말하자 당신은 사이코매직
을 추천해주셨지요. 저는 어머니의 얼굴 사진으로 만든
가면을 쓰고 손거울로 제 모습을 보면서 파트너와 사랑
을 나눴습니다. 그리고 파트너가 사정하는 순간, 저는 가
면을 벗고 거울에 비친 제 얼굴을 보았지요. 이렇게 한 지
3개월이 지났을 때, 저는 임신했습니다.

52. 만년 싱글

마법과 주술에 관한 문헌들을 보면 대부분이 사랑에 관한
것들이다. 파리의 아스날^{Arsenal} 도서관에 보존되어 있는 오래
된 익명의 마법서 〈마법의 비서〉(Libro de secretos de la Magia)
에는 다음과 같은 중세 마법이 기록되어 있다.

"당신을 사랑하게 만들고 싶은 그 사람의 신체 일부(침,
피, 머리카락, 손톱) 혹은 신체 일부가 스며들어 있는 물건(옷
조각 등)을 준비하라. 당신의 신체 일부도 마찬가지로 준비
한다. 빨간 끈에 당신의 이름과 상대의 이름을 당신의 피

로 적는다. 이 끈으로 두 사람의 신체 일부를 묶으라. 이 때, 이름이 서로 맞닿도록 묶어야 한다. 이 부적을 박제된 참새의 몸통에 일주일간 넣어두라. 일주일이 지나면 부적을 겨드랑이에 끼고 일주일 더 가지고 다닌다. 그런 다음 불에 모두 태우라. 부적이 불에 타는 동안 사랑하는 사람에게 간다. 당신은 상대가 마법에 걸렸다는 것을, 그가 당신에게 완전히 빠졌다는 것을 알게 될 것이다.”

우리가 이렇게나 복잡한 주술을 행해야 할 상황에 처했다는 것은 곧 상대가 우리를 거부하고 있거나 그와의 사랑이 애초에 불가능하다는 뜻이다. 우리의 갈망을 절대 채워주지 못할 누군가를 향해 집착에 가까운 사랑을 한다는 것은 어머니 또는 아버지를 향한 유아기의 근친상간적 충동이 그에게로 옮겨간 것이다. 우리는 그 사람이 우리와 사랑에 빠지기를 바라면서도, 동시에 그것이 일어나지 않도록 온갖 노력을 다한다.

짝을 찾을 기회가 없다고 호소하는 외로운 싱글들 대부분은 다양한 트라우마와 갈등 때문에 마음 깊은 곳에서 누군가와의 교제를 거부하고 있다. 짝을 찾으려면 거부하기를 멈춰야 하며, 어떤 한 사람에게만 빠져 있을 게 아니라 우주가 엮어주는 사람에게 마음을 열 준비도 되어 있어야 한다. 이런 준비가 되었다면 무의식을 설득해 그것이 우리를 돕게끔 해야 한다. 무의식 작업을 할 때는 느린 방법과 빠른 방법 두 가지가 있다. 느린 방법에는 가계도 분석과 근친상간의 덫에서 벗어나기 위해 고통스러운 기억을 기꺼이 직면할 수 있을 만큼의 용기가 필요하다. 그리고 빠른 방법, 즉 사이코매직에 필요한 것은 오직 믿음뿐이다.

남성 행위자의 경우 녹색 잉크로 "나는 여자가 필요해"라고 쓴 분홍색 끈을 자신의 성기에 묶는다. 여성 행위자의 경우에는 빨간색 잉크로 "나는 남자가 필요해"라고 쓴 하늘색 끈을 허리에 묶는다.

행위자는 아침 6시에 한 번, 저녁 6시에 한 번, 자정에 한 번 거울 앞에서 자신의 눈을 바라보며 "그 남자(또는 그 여자)가 오게 해줘! 그 남자(또는 그 여자)가 오게 해줘! 아무도 그 남자(또는 그 여자)를 막지 못하게 해줘!"라는 말을 크게 외친다. 3일 연속으로 끈을 풀지 않고 이렇게 하라.

인간 영혼에 관한 깊은 이해를 가지고 있는 멕시코 샤먼 파치타[*]는 사이코매직의 일부라고도 할 수 있는 다음의 주술법을 내게 알려준 적이 있었다.

얘야, 호박(amber)을 하나 구하려무나. 가능하면 벌레가 박힌 호박이 좋단다. 호박을 꼭 쥔 왼손을 가슴 위에 올려놓고 눈을 감은 다음 끌어당기고 싶은 사람에게 의식을 집중해야 해. 그

---

[*] Pachita. 멕시코의 전설적인 샤먼. 필리핀의 심령가들과 비슷하게 영의 힘을 빌려 환자들에게 외과적 수술을 해주었다고 알려져 있다.

사람의 키, 몸무게, 눈동자 색깔과 머리 색깔, 관심사, 그 사람과 함께 하고 싶은 것들 등등을 최대한 자세하게 상상해보는 게야. 그 사람과 함께 침대에 누워 있는 자기 자신을 상상해보려무나.

이제 호박에 입을 맞춘 뒤 그것을 분홍색 실크 스카프로 단단히 감싸면 된단다. 앞으로 일주일 동안 항상 휴대하고 다니고 잘 때도 이것을 베개 밑에 두고 잠을 자렴. 매일 아침 호박을 들고 시각화를 하는 이 모든 과정을 반복해야 하는데, 다만 스카프에서 꺼내지는 말아야 한단다. 이렇게 한 지 일주일 정도가 되면 상상했던 그 사람과 매우 비슷한 사람을 발견하게 될 게야.

만약 당신이 어떤 낯선 이를 보고 사랑에 빠졌다면, 그리고 그 사람이 자기 반쪽이라고 믿으며 그와 열렬히 사귀고 싶어하지만 그 사람을 사로잡을 능력이 없다고 느낀다면 그것은 불가능한 사랑을 열망하게 만드는 오이디푸스 콤플렉스의 충동이 반복되고 있는 것이다. 무의식은 당신의 로맨틱한 꿈이 실현되는 것을 막기 위해 할 수 있는 모든 것을 다 할 것이며, 당신이 상대에게 거부당하도록 얼간이처럼 행동하게끔 만들 것이다. 이런 일을 만들지 않으려면 무의식이 나 자신과 나의 성공에 대한 완전한 자신감을 내게 줄 수 있도록 만들어야 한다. 이를 가능하게 하는 고대 마법은 다음과 같다.

나무 테이블 위에 양의 심장을 놓는다. 이 심장 위에 사랑하는 사람의 사진이나 그림을 올려놓으라. 심장 주변으로 장미 꽃잎을 배치하여 남근(여성이라면 타원형) 모양을 만든다. 바늘로 오른쪽 약지를 찔러 사진에 피 일곱 방울을 떨어뜨리라. 사랑받고 싶은 사람의 이름을 백 번 반복해서 말하면서 손가락을 찔렀던 것과 같은 바늘로 사진과 심장을 뚫는다. 이 행위가 끝나면 자정에 야외에서 모닥불을 피워 마법에 썼던 모든 것들을 태우라.

53. 사마귀

사마귀는 환자의 심리적 상태와 밀접하게 연관되어 있는, 매우 성가신 문젯거리다. 파리에서 일하는 한 칠레 출신 정신분석가가 왼쪽 발바닥에 큰 사마귀가 자라 걷기가 힘들어질 지경이 되자 나에게 상담을 받으러 온 적이 있었다. 의사는 그에게 사마귀를 없애려면 1년 이상 산(acid)을 발라야 한다고 말했다. 나는 인체 상징주의자들의 말에 따르면 왼발은 어머니, 오른발은 아버지의 상징이라는 설명을 해주었다. 그는 아버지에게 버림받은 어머니가 그를 홀로 키웠고, 그렇기에 모자 사이에 강한 애정이 있다는 것을 고백했다. "어머니를 마지막으로 뵌 지 얼마나 되었습니까?" "4년이요!" "발걸음을 내디딜 때마다 신경이 쓰이게 만드는 그 사마귀는 아마 아버지가 그랬던 것처럼 당신도 어머니를 버렸다는 죄책감 때문에 생긴 것 같습니다. 가서 어머니를 만나보시죠." "저도 정말 그러고 싶어요. 하지만 도저히 업무들을 미룰 수가 없어서 그럴 수 없는 상황입니다." 그래서 나는 다음과 같이 행동할 것을 제안했다.

어머니의 사진을 여러 장 복사하라. 복사한 사진으로 깔창을 몇 장 만들라. 그리고 이렇게 만든 깔창 중 하나를 왼쪽 신발에 끼워 넣는다(어머니의 얼굴이 발의 발바닥을 향하게). 깔창이 헤질 때까지 계속 쓴 다음 새것으로 교체하라.

정신분석가는 이 지침을 따랐고, 사마귀는 2주도 채 안 되어 사라졌다.

이것과 다른 종류의 심리적 문제가 있는 사람들에게는 다음의 행위를 권장한다.

생 스테이크 조각으로 사마귀를 문지른 다음 지나가는 개에게 던져주라. 무의식에게 있어 개는 보호의 동물이다. 이 행동을 할 때 행위자는 "내게서 가져가라" 하고 중얼거려야 한다.

프랑스 만화가 프랑수아 부크François Boucq의 할머니는 9일 동안 하루에 한 번씩 사마귀를 양파로 문지른 다음 양파를 땅에 묻었는데, 양파가 썩으면 사마귀가 사라졌다고 한다. 이 민간요법과 나의 사이코매직에는 유사한 면이 있다. 사마귀를 유기물(생고기/양파)로 문지르면 사마귀의 본질이 그것 안으로 흡수된다. (만약 이런 것들을 믿지 않는다면 우리의 무의식이 모든 상징적 행위를 실제라고 생각한다는 것만 인정해도 된다.) 이렇게 본질을 흡수한 유기물은 그것을 먹은 개(또는 양파를 소화시킨 땅)에게 전달되고, 사마귀는 사라진다.

문지르는 행위는 방어적이거나 공격적이지 않게, 마치 애무하는 것처럼 부드럽고 다정하게 행해야 한다. 무의식은 마치 사절을 보내듯 질병을 일으킨다. 기본적인 충동이 나타나지 못하게끔 막고 있는 도덕적 장벽을 우회하여 우리의 이성적인 부분으로 귀중한 정보를 전달하기 위해서다. 질병을 재앙과도 같은 적으로 생각하면서 맞서 싸우는 것보다는 존중받을 만한 가치가 있는 하나의 존재로 여기면서 그것을 받아들이고 꾀어내는 편이 더 낫다. 질병 덕분에 내 몸을 더 잘 돌보게 되었다는 점에 감사한다면 우리는 트라우마와 갈등을 용감하게 직면할 수 없도록 스스로를 가둬두었던 정신적 환영들에서 벗어날 수 있다.

54. 도벽

물질적 필요 때문이 아니라 참을 수 없는 충동 때문에 도둑질을 하는 사람이 가족이나 치료사에게 자신의 이러한 면을 고백하기로 결정했다면 이미 치유를 향한 첫걸음을 내디딘 것이나 다름없다. 도벽은 어린 시절의 트라우마에서 비롯

된다. 동생이 태어나 어머니의 관심을 빼앗긴 것에 불만을 느낀 아이는 이러한 기분을 표현하게 되는데, 만약 이런 자연스러운 질투를 표현했다가 가혹한 처벌을 받았다면 그는 동생이 받는 애정을 빼앗고 싶은 마음 때문에 다른 사람의 물건을 훔치고 싶다는 욕구를 느낄 수 있다. 나는 이런 사람에게 다음의 행위를 권장한다.

진흙으로 손을 더럽힌 다음 부모님(불가하다면 여자와 남자로 이루어진 두 명의 친구)에게 손을 씻어달라고 부탁하여 비누칠을 하고 성수로 그것을 헹궈내는 과정을 몇 번 반복한다. 이 과정이 끝나면 마지막으로 손에 향수를 뿌리라. 그런 다음 행위자는 미리 써둔 여러 장의 엽서를 주머니에 챙겨 대형마트나 마음이 끌리는 상점을 간다. 거기서 훔치고 싶은 물건을 고른 후 아무도 눈치채지 못하게 엽서 하나를 그 물건 옆에 놓는다. 엽서에는 이런 글이 써 있다. "나는 어린이 도둑 ○○○(어릴 때 불렸던 이름이나 별명)이에요. 이걸 훔칠 수도 있었지만 그러지 않았어요. 나는 성공했어요. 나를 사랑해주세요."

55. 죄책감의 엄습

어떤 사람들은 때때로 뚜렷한 이유도 없이 죄책감을 느끼기도 한다. 이것은 분명 어린 시절에 억압된 충동 때문이다.

우리에게는 무의식의 어둠 속에 남겨두고 싶은 것들이 많다. 고대 그리스 신전에 새겨진 "너 자신을 알라"는 말을 모든 이들이 철저히 따르고 싶어하지는 않는다는 말이다. 우리는 자신에게 심각한 문제가 없다고 느끼며, 깊은 슬픔에서 오는 고통을 찾아내겠다고 오래된 상처를 후벼 파서 괜히 마음만 복잡하게 만들고 싶어하지 않는다. 비합리적인 죄책감이 엄습해올 때, 이런 기분을 쉽게 없애기 위해 나는 다음의 행위를 권장한다.

스파나 온천장에 가서 머드 목욕을 하라. 목욕하는 동안 아래와 같이 불평을 하면서 좋지 않은 기분을 풀어보라. "나는 아무 죄가 없어. 내 것도 아닌 이 진흙이 내 영혼을 더럽히고 있잖아. 이제 그만하자. 깨끗이 씻어야겠어. 일단 나부터 씻고 나서 우리 가문 전체도 깨끗이 씻겨지지." 샤워를 하고, 몸을 말리고, 향수를 뿌리고, 깨끗한 옷을 입은 후 집으로 돌아와 스포트라이트 조명 앞에 선다. 이 조명으로 인해 바닥에 미리 펼쳐둔 큰 비닐에 그림자가 드리워진다. 애인이나 친한 친구(그것도 안 되면 테라피스트)는 비누, 물, 청소 솔로 행위자가 움직이지 않고 서 있는 동안 조심스럽게 그의 그림자를 씻은 다음 말리고, 거기에 향수도 뿌려야 한다. 이때 썼던 큰 비닐 시트는 죄책감이 다시 엄습해올 때를 대비하여 다시 사용할 수 있도록 검은색 가방에 보관해야 한다. 이제 기분이 한결 나아진 행위자는 물바가지, 비누, 청소 솔, 향수병을 가지고 묘지로 가서 남성 묘지 일곱 기와 여성 묘지 일곱 기, 총 열네 기를 청소하고 향수를 뿌려야 한다. 이때 행위자는 각각의 묘지 앞에서 "아버지", "어머니", "친할머니", "친할아버지", "외할머니", "외할아버지"라는 단어를 말하고 "증조할머니"와 "증조할아버지"는 각각 네 번 말한다.

때때로 우리는 의도치 않은 실수를 저질러 우리가 입힌 피해를 원상복구 할 수 없다고 느끼기도 하고, 도덕적인 빚을 졌다고 느끼기도 한다. 이런 경우 나는 내담자에게 우선 자신이 진 빚을 인정하고, 빚의 액수를 산정한 다음 갚을 것을 권한다.

내게는 끊임없는 죄책감으로 괴로워하던 알제리인 여성 내담자가 있었다. 그녀는 멀리서 폭발을 목격한 적이 있었고, 그녀의 부모님은 그 폭발로 인해 사망하게 되었다. 하지만 그녀는 비탄에 빠지는 대신 웃음을 터뜨렸고, 이에 죄책감을 느꼈다. 나는 그녀에게 최대한 큰돈을 모아 보석을 산 뒤, 그것을 가지고 부모님이 돌아가신 도시로 가라고 했다. 그러고 나서 폭발이 있었던 지점과 최대한 가까운 곳에 보석을 묻으라고 조언했다.

56. 겁이 많은 남성

일반적으로 겁이라는 것은 엄격한 아버지로부터 기원한다. 너를 짓뭉개버리겠다고 으름장을 놓거나 벌을 주는 식으로 아이를 훈육하는 아버지 말이다. 하지만 우리가 어린 시절에 경험할 수 있는 가장 큰 공포와 가장 큰 사랑은 어머니로부터 온다. 우리 생명의 근원인 어머니는 언제든지 우리를 거세해버릴 수 있는 전능한 여신의 이미지로 나타난다. 두려움을 경험하는 남성은 부끄러움을 느낀다. 어머니라는 용을 물리치기 위해 무의식적으로 아버지보다 강해지기를 갈망하는 "어린애"가 된 느낌을 받기 때문이다. 나는 이런 남성에게 다음과 같은 행위를 권장한다.

1년 동안 매 음력 28일이 되면 슈퍼마켓에 가서 비프 스테이크를 훔치라. 고기를 팬티 안에 숨겨서 고환을 감싸라(이는 암소의 살에 있는 힘을 흡수하기 위함이다). 집에 도착하면 가져온 고기를 구워서 절반은 먹고 나머지 절반은 수컷 동물(고양이 또는 개)에게 준다.

고기를 훔쳤다는 죄책감을 덜기 위해 도둑질을 할 때마다 슈퍼마켓 주인에게 스테이크 값과 함께 익명의 편지를 보내라.

57. 발기 부전

발기에 문제가 있는 일부 남성들은 여성과 잠자리를 할 때 어머니를 향한 유아기적 분노를 억누른다. 이들의 어머니는 아들의 욕구를 적절히 채워주지 않았고, 아들은 그런 어머니를 처벌하고 싶어한다. 하지만 증오심을 표현하면 어머니에게 거세당할 것이라는 공포가 일어나므로, 이 증오심은 그와 잠자리를 가지는 모든 여성들을 향하게 된다. 사랑받지 못한 어린 시절에 느꼈던 실망감을 잔인하게 복수하고자 하는 욕망은 그들의 리비도에도 영향을 주어 발기 부전으로 이어진다. 원활한 성생활을 원하는 사람에게 나는 그의 가학성을 은유적으로 실현할 수 있는 다음의 행위를 권장한다.

말 채찍(riding crop), 단단한 쿠션, 가짜 피(구할 수 없다면 빨간색 물감)가 가득 들어 있는 유리병, 2센티미터 너비의 붓을 준비하라. 미리 이 행위에 동의한 그의 마음씨 좋은 연인은 행위자의 어머니 사진을 돌돌 말아 질에 삽입한다. 그런 뒤 행위자에게 등을 보인 채로 무릎을 꿇고 손을 바닥에 대고 있는다. 그녀 오른쪽에는 쿠션을 두라. 행위자는 분노에 찬 비명을 지르며 오른손으로 쿠션에 맹렬하게 채찍질을 한다. 왼손으로는 가짜 피를 묻힌 붓을 들고 여성의 등에 길고 붉은 선을 그리라. 행위자는 채찍질을 통해 분노를 표출하면서 여성의 몸이 붉은 선으로 뒤덮일 때까지 계속해서 선을 그린다. 그런 다음 일어서서 방의 네 모퉁이 중 한 곳으로 가라. 그녀는 네발로 기어서 반대편 모퉁이에 자리를 잡는다. 행위자는 말 채찍으로 그녀를 거칠게 위협하면서 이렇게 소리친다. "이리 와서 내 자지나 빨아, 이년 아!" 그녀는 동물처럼 혀를 내밀면서 앞으로 기어가고, 그는 구 강성교가 이루어질 때까지 이런 모욕을 계속한다.

58. 말더듬증

말더듬증은 참된 애정을 갖고 아이에게 필요한 도덕적, 영적 교육을 시켜줄 수 있는 의식적인 아버지를 경험하지 못함으로써 발생한다. 유치하거나, 나르시시즘이 있거나, 폭군 같은 아버지 밑에서 자란 아이는 자신의 에너지를 억누를 수밖에 없고, 그렇게 억눌린 에너지는 계속 축적된다. ― 아이는 자격 미달인 아버지에게 복종해야만 하므로 있는 그대로의 자신으로 존재할 수가 없다. 억압된 에너지는 성인이 된 그의 자존감에 큰 영향을 미친다. 그는 말더듬증 때문에 자신감을 잃고, 어린 시절에 영영 갇혀버린 기분을 느낀다. 나는 말더듬증이 있는 사람에게 다음의 행위를 권장한다.

아버지뻘 나이의 이성애자 남성(스승, 구루 또는 테라피스트) 중 자녀를 낳아 길러봤던 사람을 찾으라. 그에게 당신 앞에 서서 당신의 고환과 음경을 손으로 잡아달라고 부탁한다. 이 부위를 통해 그의 남성적 힘을 에너지로 전달받으라. 일이 이렇게 진행되는 동안 행위자는 시(아무거나)를 큰 소리로 암송한다.

언제 한번 나는 이런 이메일을 받은 적이 있다.

저는 언어치료를 공부하고 있으며 사이코매직 그리고 언어치료사의 역할에 관한 학위 논문을 작성하고 있습니다. 지금 쓰고 있는 제 논문은 생물심리사회적인(biopsychosocial) 복잡성을 통해 개인을 설명하는 데 주요 기반을 두고 있습니다. 상황이 이러한데, 저는 언어치료사에게 은유가 지닌 힘과 그 상징성을 어떻게 설명해야 할지 잘 모르겠습니다. 듣기로는 당신께서 수많은 남성 말더듬증 환자들을 치료했다고 하던데요. 자폐가 있는 사람이나 여성 말더듬증 환자, 무언증이 있는 어린이에게도 사이코매직 기법을 적용할 수 있습니까?

나는 그의 질문에 이렇게 답했다.

아직 나에게는 여성 말더듬증 환자가 찾아온 적이 없습니다. 하지만 만약 그런 사람이 찾아온다면 내 심장과 그녀의 심장이 맞닿은 상태로 온 힘을 다해 그녀를 껴안을 것입니다. 그러면 두 심장은 어느 순간 같은 리듬으로 뛰게 됩니다. 이렇게 한 뒤에 나는 그녀에게 큰 소리로 시를 암송하라고 할 것입니다.

나는 앉아서 움직이지도 않고 항상 바닥만 내려다보는 자폐증 환자를 만난 적이 있었습니다. 그래서 나는 등을 대고 바닥에 누워 그의 시야 안으로 들어갔습니다. 내가 자신의 세계 안으로 들어오자 그는 나와 소통했습니다.

또 한번은 여성 자폐증 환자가 정서적 위기 상황에 처해 욕조에 알몸으로 누워 있었던 적이 있었습니다. 나는 옷이나 신발을 벗지 않은 채로 물속에 그대로 들어가 그녀 앞에 앉아서 대화를 나누었습니다.

무언증에 걸린 아이의 경우, 나는 아이 엄마에게 꿀(액체 상태인 아카시아꿀이나 밤꿀)로 아이의 온몸을 문지르라고 시켰습니다. 그런 뒤 자장가를 흥얼거리면서 아이의 온몸에 묻은 꿀을 완전히 핥아 먹으라는 조언을 했습니다. 은유와 상징은 반드시 행동으로 구체화되어야 합니다.

59. 침대에서 일어나기 힘듦

"게으름은 모든 악덕의 어머니"라는 속담이 있다. 이 속담은 이렇게도 축약할 수 있다. "게으름은 어머니다." 만약 아무리 해도 아침 일찍 일어날 수가 없고, 하루를 시작하는 것 자체가 너무 어렵게 느껴진다면 당신은 무의식적으로 다정한 어머니를 갈망하면서 여전히 훈련이 덜 된 유아기적 상태에 고착되어 있는 것이다. 하루를 시작한다는 것은 성장했다는 것이며, 곧 성인이 되었음을 의미한다. 침대는 당신을 밖으로 내보내지 않고 계속해서 뱃속에 품어주기만 하는 어머니의 자궁으로 여겨진다. 훈련이 덜 된 당신의 일면은 당신이 정신 분석을 받게끔 가만 놔두지 않을 것이므로, 나는 순전히 실용적인 해결법만을 행하라고 조언하고 싶다.

잠들기 전에 물을 2리터 정도 마시라. 그러면 소변이 마려워서 일찍 일어날 수밖에 없을 것이다. 소변이 마려운데도 게으름을 피우고 싶다면 침대에 그대로 소변을 보라. 이로 인한 불편함과 찝찝함 때문에 다음 날 아침이 되면 화장실에서 소변을 보게 될 것이다.

60. 자기 신뢰 회복하기

자신의 모든 결정이 잘못되었다고 느껴지고, 자신의 판단을 믿을 수 없어서 두려운 이들에게 나는 다음의 행위를 권장한다.

한 달 동안 매일 아침에 안경알이 유리가 아닌, 금속으로 만들어진 안경을 쓰고 거리로 나가라. 이렇게 하면 앞이 보이지 않는다. 행위자는 하얀 지팡이 하나에 의존하여 자신이 사는 블록 주변을 세 번 돌아야 한다.

61. 지적인 고통

자기 생각에만 갇혀 있는 기분이 드는 사람에게, 즉 언어 자체가 진실과는 거리가 멀다고 느껴지며 그 어떤 말로도 자신의 감정을 표현할 수 없다는 생각이 드는 사람에게 나는 다음의 행위를 권장한다.

거울 앞에서 머리를 완전히 삭발한 다음 두피에 빨간색 에나멜 물감으로 "NO"를 크게 적으라.

'머릿속에서 벗어나고 싶다'고 도움을 요청한 어느 스페인인 내담자에게 나는 이런 답을 해준 적도 있다.

코트만 입은 알몸 상태로 마드리드에 있는 프낙^{Fnac} 매장[*]에 가세요. 매장 3층에서는 당신의 여성 친구가 코트 한 벌을 가지고 당신을 기다리고 있어야 합니다. 매장 1층에서 재빨리 코트를 벗어 던지고 알몸으로 계단을 오르면서 "나는 지식인이다! 나는 죽음을 배우고 있다!"라고 외치세요. 3층에 도착하면 당신

---

* 대형 체인 상점. 서적, 음반, 전자제품, 가전제품, 게임기, 문구류 등을 판매한다. 마드리드의 프낙은 4층 건물로, 규모가 매우 크다.

을 기다리고 있던 친구가 건넨 코트로 몸을 가리고 그 친구에게 프렌치키스를 합니다. (만일 당신이 동성애자라면 친구는 남성이어야 하며, 만약 이렇게 해줄 만한 남성 친구가 없다면 이 행위를 70세 이상의 여성에게 도와달라고 부탁해야 합니다.

62. 성적 학대

딸을 성적으로 학대하는 아버지는 딸을 공범으로 만들기 위해 폭력적인 학대를 저지르기보다는 유혹하는 경향이 있다. 어린 소녀는 이런 행위를 아버지가 자신에게 애정 표현을 하는 방법이라고 느낀다. 따라서 자신도 그에 응해야 아버지에게 애정을 표현할 수 있다고 생각하기 때문에 이에 저항하지 않는다. 이런 상황은 성적 속박으로 이어지고, 여성에게 큰 고통과 깊은 죄책감을 남긴다. 성인이 된 그녀는 정서적인 면과 성적인 면 모두에서 남성의 욕망에 종속되어버린다. 그녀의 파트너는 서로가 속궁합이 잘 맞는다고 생각하겠지만 정작 그녀는 진짜 오르가슴을 느낀 적이 다섯 손가락 안에 꼽을 정도다. 그녀는 즐거운 척 연기하면서 상대의 욕망을 채워주는 식으로 그를 기쁘게 해준다. 그렇게 해야만 상대에게 버림받지 않는다고 생각하기 때문이다. 이러한 생각으로 인해 그녀는 어린 시절의 상황을 재현하게 된다. 아직 성적 쾌락을 느낄 줄도 모르는 어린 소녀가 쾌락의 대상이 되어버린 그 상황을 말이다.

경제적인 면을 보더라도 그녀는 불안정하고 불확실한 삶을 살게 마련인데, 이는 어린 시절의 의존성이 아직 해결되지 않았기 때문이다. 요컨대, 그녀는 많은 세월이 흘러도 여전히 아버지에게 소유당하는 삶을 산다. (학대는 피해자의 리비도에 각인되어 피해자가 의식적으로는 이를 혐오하더라도 무의식적으로는 그것을 반복하고 싶어하게끔 만든다. 학대받은 사실이 비밀로 유지되면 여러 세대에 걸쳐 그것이 반복될 수도 있다. 나는 할머니, 어머니, 딸이 모두 강간을 경험한 집안을 본 적이 있다). 아버지의 유혹을 받은 딸은 성인이 되어 아버지를 대신할 연인을 찾아다닌다. 그녀가 어렸을 때 느꼈던 쾌락은 성적인 것이 아닌, 감각적인 것이었다. 딸의 마음속에는 아버지를 위해 오르가슴을 느껴야 하는 학대 당시 상황에서 경험하지 못했던 만족감을 얻고 싶다는 마음이 남아 있다. 그녀는 육체적으로뿐만 아니라 정신적으로도 아버지에게 소유당한 채 살아간다. 만약 이런 상황에서 벗어나고 싶다면 나는 다음의 행위를 권장한다.

성당에 가서 신부에게 고해성사를 하라. 그에게 아버지와의 성행위에 대한 모든 세부 사항을 필터링 없이 상세히 고백한다. 이때 자신의 경험을 최대한 과장하고 날조하면서 "아버지가 자기 성기를 만지라고 시켰어요", "구강성교를 시켰어요", "제 질과 항문에 성기를 넣었어요", "제 입에 소변을 봤어요", "제 얼굴에 사정을 했어요", "제 배에 똥을 쌌어요" 등의 이야기를 말하라. 신부가 충격을 받으면 악마 같은 표정을 짓고 쉰 목소리로 그와 함께 그 경험을 반복할 의향이 있다고 말해야 한다. 성당을 나와서는 빵집에 가서 파스텔* 여섯 개를 먹으라. 그런 다음 머리부터 발끝까지 모두 새 옷으로 갈아입고 이름을 바꾼다.

만일 후안무치한 남자 형제나 친척이 어린 당신을 학대한 적이 있으며 지금까지도 그런 자신의 행동을 인정하지 않고 당신의 기억이 잘못되었다고 말한다면, 피가 묻은 소 고환(모조품을 사용해도 됨) 몇 개를 비닐봉지에 싸서 그에게 우편으로 보내라. 이렇게 하면 피해자로서의 분노를 해방시킬 수 있다.

한 내담자는 나에게 이런 질문을 해왔다. "저를 학대했던 아버지가 이미 사망하셨다면 어떻게 해야 하나요?" 나는 그녀에게 이렇게 대답했다. "1미터 길이의 두꺼운 사슬을 가지고 부엌으로 가서 그걸로 접시, 컵, 주전자, 쟁반 등 모든 것을 다 부숴버리세요." 여자는 깜짝 놀라며 나에게 이렇게 말했다. "정말 놀랍네요. 제가 사용하는 그릇들이 아버지가 제게 남긴 유일한 유산이었거든요!" "그것들을 모두 부숴버리세요. 부서진 조각들은 땅에 묻으시고요. 묻은 자리 위에는 나무 한 그루와 함께 덩굴식물을 심으세요. 이 두 식물의 결

---

* 스페인어권 및 포르투갈어권에서는 여러 가지 페이스트리나 파이, 타르트 케이크, 덤플링, 캐서롤casserole, 파테pâté 등을 파스텔이라는 단어로 일컫는다. 한국에서는 에그타르트 가게나 튀긴 만두를 파는 가게를 찾는 편이 간편할 것 같다.

합을 통해 아버지와의 건강한 관계가 이루어질 겁니다."

아버지로부터 성적인 학대를 당한 남자아이는 성인이 되어 치질에 걸릴 수 있다. 이외에도 남성으로서의 자신감이 부족하거나, 자위할 때 동성애적 이미지를 떠올리며 흥분하거나, 무언가에 집중하기가 힘들거나, 계속해서 겁나는 기분이 들거나, 철이 들지 않거나, 여성 앞에만 서면 소심해질 수 있다. 이 모든 것들에서 벗어나고 싶다면 다음의 행위를 하라.

최대한 큰 소시지를 구입한다. 소시지 가운데에 세로로 길게 구멍을 뚫고 그 안을 연유로 채우라. 행위자는 평평한 바위 위에서 아버지의 사진을 자신의 대변에 붙인다. 그리고 준비해온 소시지를 그 위에 올려놓으라. 행위자는 소리를 지르면서 모든 고통과 분노를 쏟아내야 하며, 그와 동시에 손도끼로 소시지를 내리치면서 그것을 산산조각 낸다. 행위 후에 남은 찌꺼기들은 아버지에게 우편으로 보내라. (이미 사망했다면 무덤에 놓아둔다). 사용한 도끼는 땅에 묻고 그 위에 올리브 나무를 심는다.

63. 상사병

상사병은 조언으로 치료할 수 없다. 사랑하는 사람으로부터 버림받거나 거부당하여 깊은 슬픔에 빠져 있는 사람은 이성을 따를 수 없으며 그를 위로할 방법 또한 없다. 그의 가슴은 이미 갈가리 찢어져버렸다. 그에게 "당신은 사실 그 사람 때문에 괴로운 게 아닙니다. 어린 시절에 버림받았던 경험과 어머니의 사랑을 잃어버렸다고 느꼈던 그때의 슬픔을 그 사람에게 투사하고 있을 뿐입니다"라고 말하는 것은 부질없는 짓이다. 아직 개체성이 발달되지 않은 아이는 자신이 어머니의 일부라고 생각하며, 어머니가 자신의 본질적인 '나(I)'라고 느낀다. 따라서 어머니를 잃은 아이는 자신의 일부를 잃었다고 느낀다. 이러한 의존적인 애정은 그가 성인이 된 후 사랑하는 여성에게 투영된다. 실연을 극복하고 새 인연을 찾으려면 상사병 환자는 "고통받는 것은 내가 아니라 내면아이"라는 것을 계속 상기하려 노력해야 한다. 실연의 경우에, 우리를 어린 시절에 묶어두는 가장 큰 요인은 우리의 식습관이다. 우리가 먹는 음식 대부분이 우리를 과거에 묶어둔다는 말이다. 따라서 나는 상사병 환자에게 다음의 행위를 권장한다.

식습관을 완전히 바꾸라. 육식주의자라면 채식주의자가 되어야 하고 채식주의자라면 육식주의자가 되어야 한다. 만약 바닷가에 살지 않는다면 바다가 있는 곳으로 가서 사흘을 지내라. 그동안 해변에서 조깅을 하고, 바닷물에 발을 담근 다음 "고통, 너는 내 것이 아니다"라는 말을 반복한다. 사흘 동안 비닐봉지에 넣은 송아지 심장과 사랑하는 사람의 사진 그리고 자신의 어머니 사진을 항상 등에 메고 다니라. 사흘이 지나면 심장을 땅에 묻고 그 위에 사과나무를 심는다. (이 사이코매직 행위는 여성에게도 유효하다. 그러나 여성은 사랑하는 남성의 사진과 아버지의 사진을 사용해야 한다).

만약 이렇게 했는데도 불구하고 여전히 고통스럽다면 의지를 끌어모아 (은유적으로) 자신의 마음을 바꾸겠다고 결심해야 한다.

침실 창문을 두꺼운 커튼으로 가린 뒤 자정이 되면 알몸으로 침실 바닥에 눕는다. 이때 원 모양으로 배치된 열두 개의 촛불 안쪽에 누워 있어야 한다. 행위자는 사랑하는 이의 사진을 꿀을 사용해 가슴 위에 붙이고 사진 위에 찻잔 받침용 접시 일곱 장을 놓는다. 15분 동안 마치 접시들을 가슴에 깊이 새기려는 듯이 그것들을 가슴에 대고 꾹 누른다. 그런 다음 작은 망치로 접시를 하나씩 하나씩 차례로 깨뜨리라. 접시를 깰 때는 한 번에 깨뜨리는 것이 아니라 톡톡톡 여러 번 치면서 깬다. 이렇게 일곱 장을 모두 깨라. 접시를 깨는 동안 그는 최대한 격한 비명을 지르고 통곡을 하며 자신의 고통을 표출한다. 마침내 접시가 다 깨져서 사진이 드러나면 행위자는 사진 위에 가짜 피(따뜻한 러브젤에 붉은 식용색소를 첨가한 것을 미리 준비하라)를 붓는다. 사진이 자신의 가슴에 잘 달라붙어 있음을 느끼면서, 그는 가슴에서 사진을 아주 힘겹게 떼어내는 척을 하다가 결국 사진이 떨어지면 성공의 탄성을 지른다. 떼어낸 사진은 구겨서 공 모양으로 만들라. 몸에 묻은 가짜 피는 성모 마리아의 이미지가 프린트되어 있는 천으로 닦아내고, 레몬 반 개로 가슴 부근을 문지른다. 행위자는 구겨진 사진, 망치, 깨진 접시 조각들, 가슴에 문질렀던 레몬, 가짜 피를 담은 병, 다 타서 꺼져버린 양초를 가방에 넣는다. 피를 닦아낸 천은 매트리스 아래에 보관하라. 얼굴과 손을 은색으로 칠하라. 그리고 거리로 나가서 맨 처음 눈에 띈 쓰레기통에 가방을 던져 넣는다. 그런 다음 행위자는 은색 칠을 유지한 채 축하의 의미로 술집에 가서 취할 때까지 술을 마신다.

64. 경제적 두려움

잘못 해석된 성경 구절("가난한 자는 복이 있나니…", "부자가 하느님 나라에 들어가는 것보다 낙타가 바늘귀를 빠져나가는 것이 더 쉬울 것이다" 등)들은 권력자들이 지닌 힘을 강화하고 가난한 사람들이 순종적인 위치에 머무르게끔 한다. 돈 문제(만년 빚쟁이, 쇼핑 중독자, 무의식적으로 자신의 성공을 막는 사람)를 가진 사람들은 어린 시절에 학습한 가족 신념("너희를 위하여 가난하게 되신 우리 주 예수 그리스도의 은혜를 알기에…")에 사로잡혀 있는 경우가 많다. 이러한 신념은 자기 방해("나에게는 아무 권리가 없어", "나는 이걸 받을 자격이 없어", "왜 하필 나야?", "나는 무가치해", "내 탓이야" 또는 "돈은 역겨운 거야")로 이어진다.

오늘날의 사회는 사람들에게 끊임없이 경제적 두려움의

메시지를 퍼뜨리는 식으로 운영되고 있다. 먹을 것이 없고, 살 곳이 없다는 두려움에서부터 병에 걸리고, 늙고, 공격당하는 것에 대한 두려움 그리고 사랑받지 못하고, 외롭고, 사람들의 기억 속에서 사라지는 것에 대한 두려움까지. 모든 것이 부족하다는 이러한 불안은 소비에 대한 갈증을 불러일으켜 신용 대출을 받아서라도 무언가를 소비하게끔 만든다. 먹고, 마시고, 구매하는 것을 포함한 모든 소비는 똥오줌과 쓰레기만을 만들어내고, 무의식은 쓰레기와 부의 개념을 연관 짓는다. 나는 경제적 두려움에 시달리는 이들에게 다음의 행위를 권장한다.

최대한 귀티 나게 옷을 입고 (넥타이핀, 브랜드 안경, 번쩍번쩍한 시계, 보석 등을 활용하라) 길거리에 나가서 운전자나 지나가는 사람들에게 구걸을 하라. 이때 한 손에는 "'구하라 그리하면 너희에게 주실 것이니. — 성 마태오' 나는 모든 것이 부족할까 두렵다"라고 써진 판지를 들고 있어야 한다. 그런 다음 금화 네 개를 사서 항문에 삽입하라. 그것을 나흘 동안 안에 그대로 둬야 한다. 나흘이 지나면 요강에 변을 보고 금화 네 개를 건져낸다. 변이 묻어 있는 금화들은 그 상태 그대로 꽃 화분에 묻고 매일 물을 주라. 이에 더해, 행위자는 40일 동안 잠자리에 들기 전에 부모 중 한 명에게서 빌린 500유로 지폐로 전신을 마사지한다. 만약 부모님이 두 분 다 돌아가셨거나 부재하는 경우 자신의 지폐를 반 접어 그 사이에 부모의 사진을 끼워 넣고 마사지하면 된다.

65. 늙는 것에 대한 두려움

점점 더 미성숙해지는 우리 사회는 젊음을 칭송하는 동시에 노인에 대한 경멸심을 사람들에게 심어준다. 사람들은 60세 전후로 은퇴를 하면서 사회 활동에서 배제되기 시작한다. 과거에는 나이 든 남성을 떠올릴 때 지혜를 떠올렸지만 오늘날에는 쇠퇴를 떠올리는 사람들이 많아졌다. 여성의 경우에는 문제가 더 심각하다. 그들은 지혜와는 아무 관련 없는 이들로 치부될 뿐 아니라(전설이나 전래 동화에서 노파는 거의 항상 마녀로 등장한다) 애정 생활(love life)에서도 배제된다. 이것은 원초적 두려움, 즉 부족과 삶, 더 나아가 세상 모든 사람에게 배척당하는 것에 대한 두려움을 불러일으킨다. 나는 "밤에 하려고 하는 일을 아침에 하라"는 페르시아 속담에 따라 이러한 두려움에 시달리는 사람에게 다음의 행위를 권장한다.

전문 메이크업 아티스트를 고용하라. 실제 90세처럼 보이게끔 분장을 하여 노인이 된 자신의 모습을 마주하라. 이 분장을 한 채로 아침부터 저녁까지 하루 종일 걸어 다녀야 한다. 카페나 광장에 앉아 젊은이들과 이야기를 나누는 등의 행동을 한다. 이를 통해 행위자는 다른 관점에서 자신의 인생을 바라볼 수 있게 되고, 나이가 들어도 여전히 자신이 설 자리가 있다는 것을 깨닫게 된다.

66. 실신에 대한 두려움

만약 의사가 당신의 어지럼증이 심인성 질환이라는 진단을 내렸다면, 하지만 정신분석을 받고 싶지는 않다면 일본 무술에서 쓰이는 낙법을 연습하라고 권장하고 싶다. 아이들은 넘어지는 것을 즐거워하지만 어른들은 넘어지는 것을 창피하다고 여긴다. 그러나 무술인은 언제나 잘 넘어지는 방법을 연구해야 하는데, 이것은 넘어진 상태로 계속 바닥에 누워 있기 위함이 아니라 최대한 빨리 몸을 구른 뒤 다시 일어나서 싸움을 이어가기 위함이다. "넘어짐"은 언제나 "일어남"과 짝을 이룬다. 일어난다는 것은 곧 바닥에 대한 애정이 사라졌다는 것이다. 이러한 신경증을 극복하기 위해 나는 환자에게 다음의 행위를 권장한다.

행위자는 모든 거짓된 위엄 따위를 버릴 수 있어야 한다. 그는 중력에 몸을 맡기고 넘어진 다음 땅바닥에서 즐겁게 뒹굴어야 한다. 집, 가족이나 친구의 집, 파티, 직장 회의실 등 어디서든 이 동작을 할 수 있다. 충분히 이렇게 한 다음, 행위자는 애인과 함께 껴안은 채 넘어진다. 그다음으로 친구, 자녀, 부모님

등을 껴안고 넘어져도 좋다. 온 가족이 함께 넘어지는 것을 허용함으로써 치유의 기쁨을 느낄 수 있을 것이다. 신나게 넘어지다 지쳐서 사람들이 바닥에 누워 차분해져 있을 때, 이들은 서로 평화로운 대화를 나눌 수 있을 것이다.

언젠가 나는 이런 도움 요청을 받은 적도 있었다.

10년 전에 불안발작과 공황발작을 겪어 호흡이 매우 힘들었던 적이 있습니다. 이후로는 그런 증상이 없긴 했지만 그 끔찍했던 일이 다시 일어나면 어쩌나 하는 두려움에서 벗어날 수가 없습니다. 이럴 때는 어떤 사이코매직 행위를 해야 할까요?

사람이 많은 시간에 슈퍼마켓에 가서 불안/공황 발작을 겪는 척하며 바닥에 드러누우세요. 주변에서 당신을 도와주러 달려오면 이 상태를 진정시킬 수 있는 건 우유밖에 없다고 말하면서 우유 한 잔을 요청합니다. 누군가가 우유를 가져다주면 그걸 마시자마자 웃으면서 도망치세요. 그다음, 서점이나 성인용품점에 가서 성인 잡지를 산 다음 카페 테라스에 앉아 대놓고 야한 사진을 쳐다봅니다.

67. 어둠에 대한 두려움

어둠을 무서워하는 어떤 사람들은 혼자 잘 때 꼭 불을 켜고 자야 한다. 어둠에 대한 이러한 공포는 어린 시절에서 온 것이다. 아이를 재운 부모가 밤에 외출을 한다. 그런데 잠에서 깬 아이가 일어나 보니 자기 혼자 남겨진 데다 주변이 온통 어둑한 그림자뿐이라면 아이는 버려진 기분, 무방비 상태에 놓인 기분, 알 수 없는 무언가가 확 덮칠 것만 같은 기분을 느낀다. 그는 평생 동안 이런 두려움 속에서 살아가게 될 것이다. 나는 이런 사람들에게 "당신이 무서워하는 그림자는 발현되기를 원하는, 억압된 당신 성격의 한 부분"이라고 설명해 준다. 그런 뒤 다음의 행위를 할 것을 권한다.

행위자는 자신이 무서워하는 그림자가 길고 두꺼운 털실처럼 생겼으며, 이 그림자들이 서로 얽혀서 하나의 직물이 된다고 상상하면서 검은 털실과 뜨개바늘로 조끼를 짜야 한다. (뜨개질하는 법을 모른다면 배우라. '그런 건 여자들이나 하는 것'이라던가 '뜨개질은 나랑은 안 맞아'라는 생각은 한쪽에다 치워두라. 배를 타는 선원들도 뜨개질을 한다.) 조끼가 완성되면 다른 검은색 옷과 함께 조끼를 입고 얼굴과 손도 검은색으로 칠한다. 행위자는 이렇게 하여 어둠의 일부가 된다. 그는 불을 켜지 않은 어두운 집안을 돌아다니면서 밤이 자신과 한편이 되었음을 느낀다. 행위자는 이러한 행동을 통해 무의식이 자신과 한편이라는 것을 이해하게 되고,

억압되었던 자기 성격의 한 부분이 스스로 표출될 수 있게끔 허용하게 된다.

68. 광기에 대한 두려움

광기에 대한 두려움이 있는 사람은 그 두려움 때문에 온전히 현실을 살기가 힘들다. 따라서 나는 이런 사람에게 다음의 행위를 권장한다.

납 판으로 안감을 댄 모자를 만들고 밑창이 납으로 만들어져 있는 신발을 신으라. 모자와 신발의 무게 때문에 행위자는 한 걸음 한 걸음 걸을 때마다, 그리고 머릿속에 떠오르는 생각마다 그것을 또렷이 의식하게 될 것이다. 모자 아래에 미친 사람처럼 익살맞은 표정을 짓고 있는 자신의 사진을 넣고 돌아다니라. 3일 후, 그는 신발과 모자를 땅에 묻고 그 위에 라벤더를 심는다. 그런 다음 돌돌 말은 사진을 헬륨 풍선 세 개에 묶어 하늘로 날려 보내라.

69. 두려움을 위한 마법

우리는 가족이라는 연결망 속에 포함되어 있기에 부모, 삼촌, 이모, 고모, 조부모 및 증조부모의 심리적 유산을 물려받는다. 그리하여 과거의 사건들로부터 부정적인 영향을 받게 된 개인은 친척이나 조상과 똑같은 트라우마를 겪고, 그들과 똑같은 미친 생각을 하고, 그들이 느꼈던 불만을 똑같이 느끼고, 같은 질병에 걸리고, 그들처럼 이혼하게 되고, 똑같은 죽음을 겪고, 그들이 경험했던 경제적 두려움이나 실패를 반복한다.

가족들이 반복해왔던 이러한 굴레에서 벗어나고 싶다면 현재 당신의 삶을 위태롭게 만들고 있는 것, 또는 과거 당신의 삶에서 큰 고통과 두려움을 안겨주었던 그것이 가족 내에서 어떻게 반복되어왔는지를 관찰해야 한다. 우리는 내면의 평화를 찾는 과정에서 자신이 당한 학대나 고통스러운 사건에 관한 기억을 깊이 탐구하게 될 것이며, 여기서 느껴지는 정서적, 도덕적 고통을 받아들이게 될 것이다. 이 중대한 성찰을 해나가는 동안 올라오는 다양한 두려움은 우리의 평정을 무너뜨릴 것이며, 성찰을 방해할 것이다. 또, 우리를 가족의 집단의식에 속해 있는 제한된 자아 속에 가둬두려 할 것이다. 따라서 우리는 가족, 사회, 문화에 의해 인위적으로 만들어진 자아와의 동일시를 던져버리고 끊임없이 진화하고 있는 자신의 본질적인 자아에 모든 것을 내맡겨야 한다. 본질적 자아를 향한 이러한 내맡김을 통해 우리는 무의식을 적이 아닌 내 편으로 느끼고 신뢰하게 된다. 또한 자신의 어둠 깊숙한 곳에 우주적 에너지와 신성 의식에 연결되어 있는 밝고 전지전능한 지점이 있다는 사실을, 그리고 이것이 바로 우리 내면의 '신'이라는 사실을 받아들이게 된다.

누가복음을 보면 천사 가브리엘이 성모 앞에 나타나 인사한 후 가장 먼저 이런 말을 한다. "두려워하지 마라, 마리아. 너는 하느님의 은총을 받았다." 사이코매직의 관점에서 보자면 이는 가브리엘(본질적 존재)이 마리아(일체와 결합을 이룬, 은총을 받은 상태의 자아)에게 그녀 내면의 신(모든 두려움을 극복할 수 있는 유일한 정신의 차원)이 행하는 변성적인 행위에 모든 것을 내맡기라고 말하는 것이다.

고대 마법에서는 항상 말에 큰 중요성을 부여했다. 그래서 마법사는 질병과 싸울 때 주문을 외웠으며 종교에서도 기도, 염불, 언약, 만트라 등을 사용한다. 특정 신성한 단어들을 반복해서 말하다 보면 마음이 하나로 모아지고, 머릿속에서 스스로에 대한 부정적인 말이 끊임없이 올라오는 악순환에서 벗어날 수도 있다. 믿음과 의지를 갖고 새로운 생각을 반복하면 정신적 감옥의 문이 열리면서 당사자에게 필요했던, 자유를 향한 변화가 일어난다. 두려움에 시달릴 때마다 소리 내어 반복하면 좋은 사이코매직 주문은 다음과 같다.

변화에 대한 두려움: 의식의 길을 나아가기 위해, 나는 나에 대

한 개념들의 죽음을 받아들이겠다.

성욕에 대한 두려움: 성적인 에너지는 신성한 것이다. 나는 더 이상 나를 부정하고 숨기지 않겠다.

병에 대한 두려움: 육체의 질병은 영혼의 질병을 치유할 수 있는 길잡이가 되어준다.

나이 드는 것에 대한 두려움: 시간은 나의 협력자이며 내게 지혜를 가져다준다.

실패에 대한 두려움: 영원한 것은 없으므로 모든 것이 실패한다. 참된 성공은 나의 의식을 실현하는 것뿐이다.

굴욕에 대한 두려움: 내가 나의 자존심을 극복하면 아무도 나를 모욕할 수 없다.

어둠에 대한 두려움: 밤은 언제나 낮과 한 쌍이다.

가난에 대한 두려움: 내 본질적 존재가 지닌 창의성이 곧 나의 부다.

외로움에 대한 두려움: 세상에 나 자신을 활짝 열면 모든 것이 나와 함께다.

폭력에 대한 두려움: 나는 나 자신의 공격성을 극복할 것이다. 나는 나의 분노를 세상에 투사하는 일을 멈출 것이다.

죽음에 대한 두려움: 죽음은 에고의 환상이다. 내가 속해 있는 이 우주는 영원하고 무한하다. 나는 이런 형상에서 저런 형상으로 변화하며 언제나 존재할 것이다.

소통이 불가능한 상황에 대한 두려움: 내 내면의 신은 모든 언어를 알고 있다.

저항할 수 없는 진리에 대한 두려움: 진리가 내 안에서 파괴하는 것은 쓰레기뿐이다. 이러한 쓰레기는 나 아닌 것, 즉 과거가 만들어낸 한계에 의해 만들어진다. 나는 나의 에고를 주장하기를 멈추고 그것을 본질적인 자아에 내맡기겠다.

정체되어 있는 것에 대한 두려움: 나를 우주와 동일시한다면 나는 우주의 끊임없는 확장과 하나가 된다.

아무도 원치 않는 사람이 되는 것에 대한 두려움: 우주는 나에게 태어날 힘을 주었다. 신성 의식이 나를 원한다.

논리적이지 못한 것에 대한 두려움: 우주는 논리적 법칙을 따르지 않는다. 인간의 뇌가 만들어낸 '논리'는 우주에게 '광기'와 같다.

자신을 잃어버리는 것에 대한 두려움: 모든 것의 합이 나다. 무어라 정의되지 않은 상태조차 나의 일부다.

정체성을 잃는 것에 대한 두려움: 내 에고가 나라고 생각하는 것들은 한동안만 유용할 뿐이므로 그것이 내 정체성이라고 믿고 집착해서는 안 된다. 나의 청사진에 따라 내 마음은 있는 그대로의 모습인 우주 의식에 이를 때까지 확장을 위해 계속 노력할 것이다.

성적 매력을 잃는 것에 대한 두려움: 내가 내 욕망에서 해방된다면 성적 매력은 쓸모없어질 것이다.

능력을 잃는 것에 대한 두려움: 내 내면의 신은 사라질 수 없다.

패배에 대한 두려움: 싸움에서 지는 것이 곧 나 자신을 잃는 것은 아니다.

침묵을 강요당하는 것에 대한 두려움: 내게 할 말이 있으면 나는 그것을 세상에 말할 것이다. 세상에 말할 수 없으면 내 나라에서 말할 것이다. 내 나라에서 말할 수 없으면 마을에서 말할 것이다. 마을에서 말할 수 없으면 내 집에서 말할 것이다. 내 집에서 말할 수 없으면 나 자신에게 말할 것이다. 인류는 하나다. 그러니 내가 나 자신에게 말하는 것은 집단 무의식 안에서 공명할 것이다.

도둑맞는 것에 대한 두려움: 남에게 도둑맞을 수 있는 것은 한 번도 내 것이었던 적 없는 것이다. 본질적 자아는 영원하다.

사랑의 아픔에 대한 두려움: 나는 상대방에게 사랑받기를 바라지 않더라도 진심으로 사랑할 수 있다는 것을 확신한다.

외모가 망가지는 것에 대한 두려움: 나는 내 얼굴과 나를 동일시하지 않는다. 나는 불멸하는 본질적 자아의 비개인성에 나를 통합시킨다.

감금당하는 것에 대한 두려움: 그들은 오직 내 몸만을 가둬둘 수 있다. 내 영은 본질적으로 자유롭다.

불임에 대한 두려움: 매 순간 무한이 나에게 씨를 뿌려준다. 영혼은 내 최고의 산물이다.

부상, 신체 절단, 육체적 장애에 대한 두려움: 나는 육체를 가진 영이지 영을 가진 육체가 아니다. 만일 내가 몸 전부를 잃게 되더라도 나는 다른 차원에서 존재하게 될 것이다.

침략당하는 것에 대한 두려움: 나는 무한한 존재이며, 우주는 나의 몸이다.

강간에 대한 두려움: 내 몸을 유린당하는 것이 곧 나의 영혼까지 더럽혀지는 것은 아니다.

공空에 대한 두려움: 에고(내가 공허 속으로 떨어질까 봐 두려워하는 상태)와의 동일시를 멈추면 나의 본질적인 존재가 내 안에 깃든다.

70. 직장에서의 문제

사이코매직은 다른 사람의 마음을 조종해서 그들이 하기 싫어하는 어떤 행동을 하게끔 강요하는 작업이 아니다. 그런 작업은 백마법이든 흑마법이든 간에 마법의 영역이라고 할 수 있다. 자기 자신을 치유하는 것과 스스로도 변하려 하지 않으면서 다른 사람을 변화시키려는 것은 다른 문제다. 예를 들어보겠다.

1. 시샘하는 직장 동료로부터 스스로를 보호하는 법

마법에서는 아프리카의 불의 신 창고Changó의 이미지를 가지고 다니면서 동료가 뿜어내는 시기심의 힘을 흡수하여 그 시기심을 우리를 향한 호의로 변성시키라고 조언한다. 반면 사이코매직에서는 내담자(동료의 시기심이 느껴져서 평화롭게 업무를 볼 수 없는)에게 세상을 있는 그대로 받아들이라고 조언한다. 즉, 세상이 그가 바라는 것과는 다른 곳이라는 것을 알려준다는 말이다. 내담자가 타인에게서 받는 시기심은 실제로는 절반은 외부에서, 나머지 절반은 그의 내면에서 비롯된다. 이를 변성시키는 유일한 방법은 시기심에 자동적으로 반응하는 것이 아닌, 그것에 사랑으로 반응하는 것이다. 이를 위해 나는 다음의 행위를 권장한다.

가슴 부분과 뒷면 모두에 큰 하트가 프린트되어 있는 속셔츠를 셔츠(또는 블라우스) 안에 입으라. 이렇게 하면 앞뒤로 프린팅되어 있는 하트 사이에 껴 있는 셈이 되므로 모든 나쁜 기운에 면역이 될 것이다. 함께 작업하는 사람이 있다면 그들에게도 이런 종류의 내의를 입히라. 그리고 이를 비밀로 유지하라. 당신과 그들은 가는 곳마다 사랑을 뿌리고 다닐 것이다.

2. 직장의 적들로부터 스스로를 보호하는 법

마법에서는 상대방이 항상 책상에 올려두는, 자주 사용하는 물건을 훔쳐서 그 물건에 다음과 같은 주문을 걸라고 제안한다. "○○○(적의 이름)은 이 ○○(물건의 이름)만큼이나 나를 필요로 하고, 나에게 묶여 있어야 한다." 그런 다음 물건을 다시 그의 책상에 되돌려놓는다…. 하지만 사이코매직을 활용하는 경우, 나는 어떤 행위를 알려주기 이전에 먼저 내담자의 과거를 조사한다.

가장 오래된 적부터 가장 최근의 적까지 모든 적들의 목록을 적으라. (학교에서 사이가 안 좋았던 사람이나 형제자매, 친척, 계부/계모처럼 가족이 적인 경우도 있다.) 그러면 결국 그는 외부의 적들이 사실 자신의 기억 속에 있는 적들의 투영이라는 것을 이해하게 된다. 이러한 적대감을 해결하려면 '적'을 기분 좋게 만들어주려는 노력을 해야 한다. 행위자는 정체를 밝히지 않은 채 15일 연속으로 흰 장미 한 송이를 상대방의 책상 위에 놓아둔다.

3. 승진하는 법

마법에서는 새의 혀를 구해서 거기에다 이렇게 암송하라고 제안한다. "너의 은빛 노래를 불러 나의 미래를 보장해주렴." 그런 다음 은색 양초에다 혀를 태우고 자신의 승진을 결정하는 인사 담당자의 의자 아래에 그 재를 뿌린다. 미신을 믿는 이라면 상사가 우리의 자질을 설명하며 승진에 대해 논의하는 동안 유령이 된 불쌍한 새(우리가 죽여야 했던)의 혀가 인사 담당자의 귀에 대고 지지배배 노래를 부르리라 믿을 것이다.

사이코매직의 관점에서 볼 때, 승진에는 정치적 측면이 있다. 일반적으로는 우리의 승진을 밀어주는 상사가 하나 있고 그에 반대하여 다른 사람의 승진을 밀어주는 다른 상사가 있다. 회사에서의 각 라인은 자신의 편을 만들어 서로 싸운다. 우리에게 패배란 사회적 실패와 같고, 사회적 실패는 자존감을 갉아먹는다. 승진보다 더 중요한 것은 지나친 자만에 빠지지 않고 승리할 수 있는 능력, 열등감 없이 패배할 수 있는 능력을 키우는 것이다.

여성의 경우: 승진 발표날, 붉은 잉크에 자신의 피 한 방울을 섞어 양피지처럼 생긴 작은 종이에 "나는 자격이 있다! 나는 할 수 있다!"라고 적고 그것을 돌돌 말아 질 안에 넣으라. 결과가 발표되면 승진 여부에 상관없이 이 종이를 식물이 자라고 있는 화분 흙에 묻고 화분을 책상 위에 올려놓는다.

남성의 경우: 승진 발표날, 자신의 성기를 황금색 끈으로 감싸라. 그리고 붉은 잉크에 자신의 피 한 방울을 섞어 끈에 "나는 자격이 있다! 나는 할 수 있다!"라는 문구를 적으라. 결과가 발표되면 승진 여부에 상관없이 식물이 자라고 있는 화분 흙에 끈을 묻고 화분을 책상 위에 올려놓는다.

4. 직장 내 갈등을 해결하는 법

마법에서는 "당신이 행하는 악을 보라, 그 악이 당신에게 되돌아갈 것이다"라고 외친 후 죽은 파리를 핀에 꽂아 그것을 당신과 갈등 관계에 있는 상사에게 보낼 것을 권장한다. 사이코매직의 관점에서 보면 이것은 공격적인 행동으로, 미움에 미움을 더할 뿐이다. 직장 내의 갈등은 불편한 일이며, 이러한 갈등은 우리의 경력에 심각한 해가 될 수도 있다. 갈등 상황이 끝난 후에도 상사가 우리를 용서하려 하지 않는다면 직장 생활이 불가능할 것이다. 가장 좋은 것은 갈등을 피하는 것이지만, 이미 갈등이 일어나버렸다면 다음의 행위를 권장한다.

상대방에게 흰 장미 꽃다발과 함께 샴페인 한 병을 보내라. 여기에 다음과 같이 쓴 편지도 동봉하라. "당신에게도 이유가 있으셨을 겁니다. 저도 이해합니다. 저에게도 나름의 이유가 있었습니다. 부디 당신도 이런 저의 이유를 이해해주시길 바랍니다. 이 갈등이 어떤 결과로 끝나든 간에 당신의 인품과 직업적 재능에 대한 저의 존경은 변하지 않을 것입니다."

5. 새 직장에서 좋은 인상을 남기는 법

우리는 적절한 거리감을 두면서도 친절한 태도를 유지해야 한다. 마법에서는 처음 며칠 동안은 주머니에 터키석을 가지고 다니면서 누군가가 까다로운 문제에 대한 당신의 의견을 물으면 터키석을 만지며 아직 뭐라고 말해야 할지 확신이 잘 안 선다고 대답하라고 조언한다. 이 경우, 사이코매직 역시 마법과 의견을 같이한다. 하지만 사이코매직은 미신이 아니므로, 돌에 힘을 부여하면 자만심이 생겨 자신에게 초능력이 있다고 믿게 만들 수도 있다고 본다. 따라서 나는 다음과 같이 할 것을 권한다.

터키석 대신 "나는 자만하지 않는다"라는 라벨을 붙인 작은 플라스틱 통에 개똥을 담으라. 처음 며칠 동안 주머니에 이것을 가지고 다닌다. 누군가가 까다로운 문제에 대한 당신의 의견을 물으면 통을 만지며 아직 뭐라고 말해야 할지 확신이 잘 안 선다고 대답하라.

6. 상사의 비난 멈추는 법

마법에서는 죽은 거미를 가져다가 상사의 책상 어딘가(청소부가 찾을 수 없는 곳)에 올려놓은 다음 거미에 대고 이렇게 말하라고 제안한다. "○○○(상사의 이름)의 몰이해가 너의 거미줄에 걸리게 될 것이다. 따라서 그는 나의 관점을 이해하게 될 것이며 나를 더 이상 괴롭히지 않게 될 것이다." 이런 행위는 행위자를 자신을 변화시키려는 노력은 하지 않고 상대의 마음만 바꾸려는 비겁한 사람으로 만들어버린다. 하지만 사이코매직에서는 어린 시절에 부모님 또는 교사와 관계가 어땠는지 되짚어볼 것을 제안한다. 아마 당신은 어린 시절에 심한 비난을 받았을 확률이 높다. 또, 자신의 실수가 이목을 끈다는 사실을 깨닫고 일부러 그 실수를 반복하면서 원한의 마음을 곱씹었을 수도 있다. 당신을 비난하는 사람은 당신이 품고 있는 이러한 원한을 무의식적으로 감지하게 되어 당신을 더더욱 비난하게 된다. 나는 이런 사람에게 다음의 행위를 권장한다.

상사에게 비난받을 때마다 오천 원 또는 만 원짜리 지폐를 책상 위에 있는 저금통에 넣으라. 한 달에 한 번씩 이렇게 쌓인 돈을 가지고 상사가 좋아할 만한 물건을 사서 익명으로 그의 책상 위에 놔둔다. 이렇게 하면 원한의 마음을 곱씹지 않게 되어 상사에게 좋은 마음으로 다가가게 되고 상사 역시 당신을 비난하고 싶지 않게 될 것이다.

7. 나만의 사업을 하는 법

마법에서는 행운을 가져다주는 부적을 쓰라고 제안한다. 예를 들어, 말편자를 구해서 그것에다 대고 "나에게 행운을 다오! 번영을 허락해다오!" 하고 말한다. 그런 다음 일할 장소의 문 안쪽에 말편자를 거꾸로 걸어둔다.[*] 사이코매직 상담에서는 다른 사람의 일정에 얽매이지 않고 서두를 필요도 없으며, 자신이 원할 때 먹거나 쉬고 싶어서 자영업자가 되려 하는 사람을 상담해줄 때, 고정 수입이 없는 상황에 대한 그의 경제적 불안감이 어느 정도인지를 분석한다. 우리의 무의식 깊은 곳에는 어린 시절에 형성된 성격이 그대로 남아 있다. 대부분의 가정에서는 자녀에게 돈을 관리하는 법을 가르쳐주지 않으며, 은행 계좌를 만들어주거나 경제적인 보상을 해주지 않는다. 이런 환경에서 의존적인 성격을 갖게 된 아이가 성인이 되면 안정적인 수입을 얻기 위해 만족스럽지 못한 일자리를 전전하게 된다. 이들은 투자하는 법을 배우지 못했으며 위험을 감수하는 것을 두려워한다. 초현실주의의 주요 모토 중 하나는 이것이다. "안정된 것을 버리고 불확실한 것을 택하라."

사업가가 되는 가장 좋은 방법은 돈을 벌 수 있는 능력을 계발하는 것이다. 먼저, 당신의 사업 밑천을 새롭고, 절대적으로 불

---

[*] 동서양 모두, 말편자는 액운을 막고 복을 가져다주는 행운의 상징물로 여겨진다. 말편자를 아래(∩)로 걸면 액운을 내쫓고 위(∪)로 걸면 복을 가져온다고 한다.

확실하고, 독창적이고, 완전히 과장된 소규모 사업에 먼저 투자하라. 100원도 벌기 힘들어 보이는 이 일로 생계를 유지하라.

만약 이렇게 하는 데 성공했다면 당신은 훨씬 더 성장하여 굳이 문에 말편자를 걸어두지 않아도 이보다 더 큰 사업에 도전할 수 있을 것이다. 당신은 행운이 하늘에서 떨어진 만나[*]처럼 주어지는 것이 아니라 용기 있는 투자를 통해 만들어가는 것임을 알게 될 것이다. 새로운 소규모 사업의 예는 다음과 같다.

1. 아이들이 인형이나 자동차 모형을 만든 다음 색칠하는 것처럼, 불상이나 기타 신들의 조각상을 색칠함으로써 명상을 하는 워크숍.
2. 수의사와 협력하여 고양이를 마사지하는 서비스.
3. 정신분석가의 소파와 안락의자에 남아 있는 환자들의 에너지를 허브와 성수로 정화하는 서비스.
4. 신체가 절단된 사람들이 느끼는 환상통을 경감시켜주는 재활치료 서비스.
5. 뇌가 받아들이는 플라시보 효과를 설명한 뒤 환자의 그림자에 침을 놓는 침술 치료 서비스.
6. 반려동물에게도 영혼이 있다고 주장하며 프란치스코

---

[*] manna. 옛날 이스라엘 사람들이 광야를 헤맬 때 신이 내려준 음식.

회 수도사 복장을 하고 기독교 의식에 따라 개, 고양이, 앵무새, 흰쥐 등에게 세례를 주어 동물들이 천국에 들어갈 수 있도록 하는 서비스.

7. 대머리인 모든 사람들이 빠진 머리카락을 기억 속에 간직하고 있다는 점을 활용하여, 그들의 보이지 않는 머리카락을 감기고 빗겨주는 이발 서비스.

이와 같은 기이한 직업으로 약간의 돈을 벌 수 있다면, 당신은 진지하고 독립적인 사업을 성공적으로 조직할 준비가 된 것이다.

71. 불감증

신화는 집단 무의식 속에서 여전히 활성화되어 있으며 미묘한 방식으로 우리의 현실에 영향을 미칠 수 있다. 우리가 상징의 언어를 잊었다 하더라도 상징은 우리의 행동에 영향을 미친다. 공작새의 꼬리 깃털은 겨울이 되면 빠졌다가 봄에 다시 자란다. 이런 특성 때문에 고대 기독교인들은 공작새를 부활의 상징으로 여겼다. '눈(eye)' 무늬의 깃털을 가진 공작새는 암컷 주위를 돌며 암컷을 매혹한다. 이 깃털들에는 성적인 매력이 있다.

불감증이 있는 여성들은 마치 자기 안의 무언가가 죽은

것 같다고 느낀다. 불감증이 시체의 차가움에 비유되는 이유가 바로 이것이다.[*] 나는 불감증이 있는 여성들에게 다음의 행위를 권장한다.

여성은 성관계 전에 상대에게 자신의 성기를 공작 깃털로 30분 동안 애무해달라고 요청해야 한다. 그러면 성적인 감각이 되살아나는 것을 느낄 수 있을 것이다. 남성이 삽입 후 허리를 흔드는 동안 여성은 그의 머리에 날달걀을 하나씩 깨뜨리며 "받아라!" 하고 외쳐야 한다. 달걀 열 알을 깨뜨린 후에도 오르가슴을 느끼지 못했다면 최대한 과장되게 오르가슴을 느끼는 연기를 해야 한다. 그런 다음 일주일 동안 아침에 일어났을 때와 밤에 잠들기 전에 이 과장된 연기를 반복해야 한다.

72. 부정적인 예언

이 책의 서문에서 언급했듯이 부모는 자녀의 머릿속에 위협적인 말을 각인시킨다. 뇌는 예언을 실현시키려는 경향이 있기 때문에 무언가를 하지 말라는 부모의 명령은 나중에 그것을 하고 싶은 욕구가 된다. 모든 예언은 저주로 작용한다. 성기를 가지고 놀던 여자아이에게 "그만둬, 그렇지 않으면 커

---

[*] '불감증의'라는 뜻의 frigid에는 '몹시 찬', '냉랭한', '딱딱한' 등의 뜻이 함께 있다.

서 매춘부가 될 거야"라고 말하면 아이는 성인이 되었을 때 매춘에 대한 충동에 시달리게 된다. 이러한 예언에서 자유로워질 수 있는 유일한 방법은 그것을 은유적으로 실현시키는 것이다. 다음은 이와 관련한 몇 가지 예시다.

한 사람이 타로를 봤다. 그런데 타로 리더가 그에게 이런 말을 했다고 한다. "가까운 이가 죽을 것이며 그것 때문에 많은 돈이 나갈 것입니다." 강박에 사로잡힌 그는 내게 와서 어떻게 하면 좋을지 물었다. 나는 이렇게 조언했다.

창문을 닫고 살충제를 뿌린 다음 벌레가 죽을 때까지 기다리세요. 그러면 '가까운 이가 죽을 것'이라는 예언이 실현된 것입니다. 오천 원짜리 지폐를 가져다가 0을 여섯 개 그려서 50억으로 만든 다음 그 지폐에 파리를 싸서 묻으면 '많은 돈이 나갈 것이다'라는 예언이 실현된 것이지요. 이렇게 하면 당신은 불안에서 벗어날 수 있을 것입니다.

어렸을 때는 발레리나가 되고 싶었지만 조금 크고 나서는 정신분석가였던 아버지와 할아버지의 가업을 이으려 정신분석가가 된 한 여성이 나를 찾아왔다. 그녀는 환자가 많은데도 경제적인 불안에 계속해서 시달리고 있었다. 그녀의 어머니는 이런 말을 많이 했다고 한다. "딸아, 인생은 그리 호락호락한 게 아니란다. 아버지와 할아버지처럼 전문의가 되지 못하면 술 취한 거지들처럼 길거리에서 잠을 자게 될 거야." 어머니의 예언으로부터 자유로워지길 원하는 여성에게 나는 이렇게 조언했다.

열흘 동안 남루한 거지로 변장한 채 환자를 받으세요. 코를 빨갛게 칠하고, 옆에 와인 한 병과 치즈 한 조각도 둬야 합니다.

여성은 환자들이 자신을 미쳤다고 생각할까 봐 두려워했다. 하지만 나는 사이코매직을 하고 있다고 말하는 것으로 충분한 설명이 될 거라고 대답했다. 그녀는 내 조언에 따랐고, 열흘 후 불안은 사라졌다.

73. 자기 외모에 대한 불만족

많은 사람들이 성형 수술을 받는다. 그들은 자신이 미적인 이유로 수술을 한다고 생각한다. 그러나 변화에 대한 이러한 욕구에는 단순한 미적 추구가 아닌, 더 깊은 문제가 숨겨져 있다. 자기 얼굴에 만족하지 못하는 사람은 어머니나 아버지(또는 둘 다)가 아이의 얼굴을 마음에 들어 하지 않았을 공산이 크다.

부모가 둘 다 나르시시스트인 경우, 각 부모는 아이가 자신을 닮기를 바란다. 또, 어쩌면 어머니가 사랑하지 않았던 남자, 경멸하던 남자, 혐오하던 남자와 아이를 낳았을 수도 있다. 이런 경우 아이가 어머니를 닮은 모습으로 태어나면 어머니는 아이를 사랑할 것이지만 아버지를 닮은 모습으로 태어나면 냉담하거나 무관심한 어머니가 될 것이며, 아이를 향한 공격성을 숨기지 못할 것이다.

부모가 자신의 근친상간적인 충동을 해결하지 못한 경우, 이들은 아이가 친할머니 또는 외할아버지를 닮기를 원한다. 그러나 아이가 그런 외모가 아니라면 이들은 아이에게 애정을 줄 수 없을 것이다. 부모는 어떤 추상적인 미의 기준에 따라 아이의 외모를 평가하지 않는다. 아이가 가족들의 외모와 닮았다면 예쁘고 잘생긴 아이가 된다. 모든 가족들이 코가 큰데 아이만 코가 작다면 그는 못생겼다고 여겨진다. 말하자면 그들에게는 작은 코가 이방인 같은 외모인 것이다. 이렇게 가족 내에서 배척당하는 고통을 겪은 사람들은 자존감이 부족하고, 내적 공허함을 느끼는 성인이 된다. 이들은 타인이라는 거울을 통해 자신의 정체성을 찾고자 하고, 그 과정에서 자신의 나쁜 이미지를 발견하면 그것을 가리고 숨길 필요가 있다고 느낀다. 그의 신경증적 성격은 발달 초기단계 때 그가 겪은 부당함, 학대, 상처로부터 온 것이며 남성에게 예속당한 어머니가 자신의 분노, 고통, 설움, 두려움을 아이에게 전달한 데서 기인한 것이다.

어떤 독자는 내게 이런 이메일을 보내왔다.

저는 제 얼굴이 지금 어떻게 보일지 신경이 너무 쓰여서 정말 고통스럽습니다. 거울을 볼 때마다 심한 긴장을 느낍니다. 제 못난 이미지가 마치 사진처럼 마음속에 고정되어 있는 것 같습니다. 얼굴에 대한 이런 불안감이 너무 심하니 사회생활을 하기도 힘듭니다. 또, 나이가 마흔일곱이나 되었는데도 어른처럼 살아가는 게 힘들다고 느껴집니다. 세월이 흐르는 것이 너무 싫고, 몸에서 분리된 것 같은 기분도 듭니다. 온갖 치료법을 다 시도해보았지만 이렇다 할 변화가 없습니다. 저를 도와주세요.

앞에서 설명한 원인들에 더해, 이 경우에는 (프로이트 학파의 관점에서 볼 때) 어린 시절에 사례자의 발달이 특정 단계에서 멈췄거나 고착된 것을 또 다른 원인 중 하나로 볼 수 있다.

어머니가 남성을 혐오하면 그 영향을 받은 아들은 성인이 되어서도 여전히 어린아이로 남은 채 성숙하지 않으려 한다. 따라서 그는 성인으로서 삶을 살아가며 마주하게 되는 문제와 실패들을 견디고 직면할 능력이 없다. 나는 사례자에게 다음과 같은 행위를 권했다.

고급스러운 금색 프레임의 거울을 준비하세요. 특수분장사를 고용해서 당신 얼굴의 본을 뜬 다음 실제 얼굴 같은 가면 열 개를 만들어달라고 하세요. 이때, 가면은 페이퍼 마쉐*로 만든 종

---

* paper mache. 얇은 종이를 물체 위에 여러 겹 붙여 말린 후 물체에서 분리하여 물체와 같은 모양의 종이 모형을 만드는 공예 방법. 우리나라로 치면 닥종이 공예.

이 마스크여야 합니다. 당신은 얼굴에 황금색 칠을 한 다음 가면을 쓰고 아침부터 밤까지 생활해야 합니다. 밥을 먹을 때나 씻을 때만 가면을 벗으세요. 잠자리에 들기 전에는 거울 앞에서 숭고한 분위기의 음악을 들으며 가면을 벗고 연보라색 라벤더 맛 사탕을 입에 넣습니다. 거울에 비친 자신의 모습을 보면서 가면을 대야에 넣고 불을 붙이세요. 타고 남은 재는 금속 상자에 조심스럽게 보관하면 됩니다. 이 행위를 열흘 연속으로 반복하세요. 열한 번째 날, 얼굴을 황금색으로 칠한 채 일하고, 쇼핑하고, 지인을 만나는 등의 활동을 하면서 바깥 활동을 합니다. 재로 가득 찬 상자는 어머니에게 보내세요.

여성에게 이런 문제가 있는 경우 그 문제가 아버지로부터 시작된 건지 아니면 어머니로부터 시작된 건지를 생각해본 다음, 그에 따라 행동해야 한다.

74. 부부의 권태기

결혼 생활을 오래 한 어떤 여성들은 다른 남성과 육체적 관계를 맺고 싶다는 욕구를 느끼면서도 간통하면 안 된다는 도덕적 관념 때문에 이러한 충동을 억압하곤 한다. 남편 역시 똑같을 수 있다. 나는 이런 부부에게 다음과 같은 행위를 권장한다.

호텔 방을 예약하고 남편에게 "치과 예약이 있어서 밖에 좀 나갔다 올게"라고 말하고 나가라. 예약한 방으로 가서 미리 챙겨온, 매춘부 스타일의 야한 옷을 입고 기다리라. 그러면 곧 모르는 남자가 방에 들어온다. 그는 건설현장 노동자, 록 뮤지션, 군인 등 다양한 사람이 될 수 있는데, 실제로는 변장한 남편이다. 아무 말도 하지 말고 사랑을 나누라. 그런 뒤 남편은 아내에게 돈을 주고 떠난다. 아내는 잠시 기다렸다가 (남편이 집에 돌아와 변장한 복장을 벗을 시간을 주라) 평소 복장으로 다시 갈아입고 집으로 간다. 아내가 집에 도착하면 남편은 "어디 갔다 왔어?" 하고 물으라. 아내는 이렇게 대답한다. "아까 말했잖아, 치과 간다고!" 둘은 매번 다른 변장을 하면서 이런 행동을 반복한다.

75. 과거의 애인을 잊지 못하는 여자

어떤 여성들은 애인과 헤어지고 나서 새로운 누군가를 만나기 힘들어한다. 자신을 차버린 그를 사랑하는 그녀의 마음은 차치하더라도, 거기에는 여성을 남성에게 묶어두는 어떤 미스터리한 힘이 존재하는 듯하다. 나는 이런 여성들에게 다음의 행위를 권장한다.

6일 연속으로 매일 한 시간 동안 집 열쇠를 질 안에 넣어두라.

이 행위를 여섯 번 반복한 후 열쇠를 전 애인에게 우편으로 보낸다. 그리고 집 자물쇠를 새로 바꾸라.

76. 사랑과 우정 유지하기

사랑에 빠진 사람 또는 충실하고 이타적인 친구를 둔 복 많은 사람이라면 어떤 이유로든 상대와의 정서적 유대가 끊어지는 것을 두려워하기 마련이다. 사랑과 우정의 즐거움 속에는 언제나 '더 이상 사랑받지 못하면 어쩌지?', '상대가 더 이상 나를 원하지 않으면 어쩌지?' 하는 불안감이 뒤따른다. 이런 불안은 어린 시절에서 비롯된 것이다. 어머니는 아기의 필요를 충족시켜주기 위해 열심히 노력하지만, 가끔은 그 시간이 지체될 때가 있다. 대부분의 경우 아기는 배고픔 때문이 아니라 버려졌다는 슬픈 느낌 때문에 운다. 어른에게는 몇 분이 고작 몇 분에 불과하지만, 아기는 1분도 몇 시간처럼 느껴진다. 내담자는 이성적으로는 애인 또는 친구와의 관계가 안정적이라는 사실을 잘 알고 있지만, 무의식적으로는 불안을 느낀다. 이런 불안감을 진정시키기 위해서는 유명한 마법사들이 추천하는 다음의 행위 중 하나 또는 둘 모두를 실행하여 그들과의 유대가 견고하다는 것을 확신해야 한다. (여기 나오는 모든 세부 사항은 그 의례적인 성질 때문에 터무니없어 보일 수도 있으나, 이들과의 유대가 견고하다는 것을 무의식에 확신시켜줄 것이다.)

핀으로 검지를 찔러 작은 거울에 핏방울을 약간 떨어뜨리라. 양피지 같은 종이에 좋은 관계를 유지하고 싶은 사람의 성과 이름을 검은 암탉의 깃털로 적는다. 아까 떨어뜨린 몇 방울의 피를 잉크로 사용하라. 이 종이를 빨간색 양초에 단단히 감고 녹색 실로 묶는다. 금요일 자정에서 새벽 2시 사이에 촛불을 켜라. 허브 한 움큼을 입술 사이로 물어서 한쪽 끝이 바깥으로 튀어나오도록 한다. 동쪽을 향해 무릎을 꿇고 앉는다. 잠시 연인 또는 친구를 떠올리라. 이제 입에 물고 있던 허브를 왼손으로 잡고 높이 든 다음 "새벽에 함께"라고 말한다. 다시 허브를 입에 문다. 이번에는 서쪽을 향해 무릎을 꿇고 앉는다. 연인 또는 친구를 생각하며 오른손으로 허브를 잡고 높이 든 다음 "해 질 녘에 함께"라고 말한다. 허브를 보관해 두었다가 두 사람이 함께 먹을 음식을 만드는 데 쓰라.

77. 커플의 갈등

대대로 내려오는 가족 패턴에 빠진 사람들은 어린 시절에 겪었던 고통을 무의식적으로 재현하면서 부모처럼 되는 경향이 있다. 예를 들어, 집에 아버지가 없을 때가 잦았던 딸은 먼 지역에 사는 남자와 사랑에 빠지고, 무관심한 어머니의 아들은 사랑을 할 줄 모르는 여성만 만나고 다닌다. 이런 이들은 자신의 신경증적 투영에 상응하지 않는 사람들에게는 관심을 보이지 않는다. 반대로, 자신의 그것과 상응하는 사람을 만나면 즉각적인 끌림을 느낀다. 두 '연인'은 호감을 얻기 위해 마치 자신이 상대방이 원하는 그런 사람인 척 연기를 한다. 하지만 어느 순간 그들은 서로의 차이를 인식하게 되고, 그 차이를 용인하지 않음으로써 갈등을 겪게 된다. 무슨 일이 일어난 걸까? 둘은 자신에게 부족한 부분을 상대방에게서 찾고자 했다. 예를 들어, 남자는 지적으로 기민하고 정력이 강하지만 감정 표현이 미숙하고 생활력이 약하다. 반면 그녀는 생활력이 강하며 자신의 감정을 잘 표현할 수 있지만 불감증이 있고 지적 기민함이 부족하다. 각자의 장점, 즉 남자의 지적인 부분과 성적인 부분 그리고 여자의 물질적인 부분과 감정적인 부분을 합하면 서로 균형이 맞춰진다. 그러나 서로의 콤플렉스, 즉 물질적이고 감정적인 부분에 대한 그의 열등감에 성적이고 지적인 부분에 대한 그녀의 열등감이 합쳐지면 각자가 상대방의 어떤 부분을 채워줘야만 하는 동시에 상대가 자신의 특정 부분을 채워주기를 기대하는 심각한 상황에 빠지게 된다. 이들은 결코 온전한 만족을 얻지 못할 것이다. 두 사람 모두가 아닌 단 한 사람만이 승자가 될 수 있는 싸움을 하고 있기 때문이다. 이들은 본질적으로 네 가지 종류의 갈등을 겪게 될 것이다. 존재를 위한 투쟁, 성 정체성을 위한 투쟁, 만족을 위한 투쟁, 권력을 위한 투쟁이 그것이다.

멕시코에는 "두꺼비에 따라 던지는 돌도 달라진다"는 속담이 있다. 즉, 큰 문제에는 그만큼 큰 해결책이 필요하다는 뜻이다. 네 가지 투쟁 중 하나라도 속해 있는 커플이 자기 자신을 용감하게 직면할 수 있고, 그들을 한데 묶고 있는 신경증이 무엇인지 인지할 수 있으며, 완벽한 파트너 관계란 가만히 있어도 저절로 이뤄지는 것이 아니라 예술 작품을 창작할 때 쓰는 에너지와 같은 에너지를 써서 만들어가는 것임을 이해한다면, 나는 그들에게 일련의 사이코매직 행위를 6일 연속으로 하라고 권장한다.

1. 존재를 위한 투쟁

"부모님이 내게 충분한 관심을 주지 않았고, 나를 소중히 여기지 않으셨기 때문에 나는 자아를 제대로 형성할 수 없었다. 내가 누구인지, 어떤 사람인지도 모르겠다. 공허함이 느껴진다. 인생에 어떤 의미가 있는지 모르겠다. 나는 무가치한 사람이다. 나는 스스로를 인정할 자격조차 없기 때문에 상대에게 전적으로 의지할 것이다. 그 사람은 내 세상 속에 존재하는 유일한 사람이다. 나의 행복은 그 사람 손에 달려 있다."

이런 사람은 몸은 어른이지만 마음속으로는 버림받은 아기의 불안을 느끼며 파트너가 "너는 존재해!"라고 말해주기를 기다리는, 살아 있는 올무와도 같은 사람이다. 공허함을 느끼는 이 유형의 사람은 똑같이 공허함을 느끼는 다른 사람을 만나게 된다. 하지만 전자가 "나는 당신에게 전적으로 의지한다. 당신은 또 다른 '나'가 될 것이다"라고 말하는 수동적인 사람이라면 후자는 "나는 받아들인다. 당신 덕에 이제 내가 누구라도 된 것 같은 기분이 든다. 나는 당신의 이상형에 나를 맞출 것이다"라고 말하는 능동적인 사람이다.

처음에는 한 사람이 다른 사람을 숭배하고, 숭배받는 쪽은 상대가 자신을 숭배하게끔 놔둔다. 그렇게 시간이 좀 지나면 낮은 자세를 취하던 사람이 자만하는 상대를 조종하여 결국 그를 쥐락펴락하게 된다. 그리고 어느 날이 되면 자신이 필요로 했던 안정감을 되찾은 그(숭배하던 쪽)는 자신의 우상을 끌어내리고 무너뜨린 뒤 이렇게 말할 것이다. "이제 내가 너고 너는 나야. 그래서 나는 네가 싫어졌어. 내 존경을 받을 만한 자격이 있는 다른 사람을 찾으러 가야겠어." 이런 패턴에 묶여 있는 사람일 경우, 나는 다음의 행위를 권장한다.

월요일: 남성은 7세 이하의 어린 소년처럼 옷을 입고 그 나이대의 어린이처럼 말하고 행동한다. 그의 연인은 남성의 어머니 사진이 들어 있는 로켓 목걸이를 목에 걸고 성인 여성의 역할을 할 것이다. 하루 종일 그녀는 다정한 어머니가 아들을 다루듯 그를 다룬다. 쓰다듬어주고, 그가 먹고 싶어하는 것을 먹여주고, 그가 얼마나 멋지고 잘생겼는지를 칭찬해주고, 화장실에 같이 가주고, 함께 산책을 가고(이때도 옷차림을 유지해야 한다), 그와 놀아주고, 마지막에는 섹스 없이 몸을 아주 가깝게 붙인 상태로 함께 잠을 잔다. 물론 여성은 자기 직전까지 어머니의 역할을 연기해야 한다.

화요일: 여성은 7세 이하의 어린 소녀처럼 옷을 입고 그 나이대

의 어린이처럼 말하고 행동한다. 그녀의 연인은 여성의 아버지 사진이 들어 있는 로켓 목걸이를 목에 걸고 성인 남성의 역할을 할 것이다. 하루 종일 그는 다정한 아버지가 딸을 다루듯 그녀를 다룬다. 쓰다듬어주고, 그녀가 먹고 싶어하는 것을 먹여주고, 그녀가 얼마나 대단하고 예쁜지를 칭찬해주고, 화장실에 같이 가주고, 함께 산책을 가고(이때도 옷차림을 유지해야 한다), 그녀와 놀아주고, 마지막에는 섹스 없이 몸을 아주 가깝게 붙인 상태로 함께 잠을 잔다. 물론 남성은 자기 직전까지 아버지의 역할을 연기해야 한다.

수요일: 둘 다 어린이 같은 옷을 입고 하루 종일 함께 논다. 장난을 치고, 손을 맞잡고 영화관에 가서 어린이 영화를 보고, 하루 동안 디저트류만 먹고, 잠들기 전까지 어린이 역할을 연기하며 섹스 없이 몸을 아주 가깝게 붙인 상태로 다정하게 잠을 잔다.

목요일: 둘 다 성인 역할을 연기한다. 남자는 자신의 어머니처럼 옷을 입고 여성은 자신의 아버지처럼 옷을 입는다. 둘은 하루 종일 자기 어머니 혹은 아버지의 모든 실수와 한계를 모방하며 그들을 연기한다. 밤에는 따로 잠을 잔다.

금요일: 더 이상 변장을 하지 않는다. 하루 종일 서로 말도 하지 않는다. 그들은 침묵한 채 같은 공간에서 하루를 보내고, 식사를 함께한다. 저녁이 되면 옷을 벗고 서로를 애무한다. 남성은 앉은 자세를 취하고 여성은 앞에서 그를 포옹하는 자세를 취한다. 남성의 성기가 여성의 질 안에 삽입되어야 한다. 그렇게 성적 결합을 이룬 채로 움직이지 않는다. 둘은 목소리를 합

쳐 다음과 같은 말을 암송한다. "나를 믿어줘. 나를 판단하지 말고, 비교하지 말고, 내가 독특한 존재라는 것을 알아줘. 나의 존재 깊은 곳에는 그 누구도 따라 할 수 없는, 오직 당신만이 볼 수 있는 무언가가 있어. 왜냐하면 나는 당신이 항상 바라왔던 바로 그것이거든. 나는 당신에게 아무것도 숨기지 않을 거야. 그러니 당신도 내게 모든 비밀을 알려줘. 나는 죽은 사람이었지만 당신이 나를 부활시켜주었어. 당신은 나를 인정해줌으로써 나 자신에게 나를 보여주었어. 나는 다른 사람들 때문에 진짜 내 모습이라고 착각했던 과거의 내 모습으로 다시는 돌아가지 않을 거야. 한 송이 꽃이 피어나듯, 우리는 함께 의식을 확장해나갈 거야."

토요일: 가족과 친구들을 결혼식에 초대하라(이미 결혼한 커플이라면 리마인드 웨딩을 하라). 둘은 수갑으로 서로의 손목을 묶고 나체 상태로 친지들을 맞이한다. 마치 옷을 입고 있다는 듯이 자연스럽게 행동하라. 커플은 결혼 서약식을 하게 되는데, 먼저 두 사람이 상호 합의하에 선택한 한 사람이 결혼 서약서를 읽는다. 서약서를 읽는 사람은 두 사람 모두 각자 약지에서 나온 한 방울의 피로 서약서에 사인하라고 안내한다(서약서 형식은 '권력을 위한 투쟁'의 마지막 부분에 나와 있다).

2. 성적 정체성을 위한 투쟁

이런 커플의 경우 여성은 남성성을 정복하려는 강한 욕구를 느끼고 남성은 자신의 여성성을 표현하고 싶어한다. 여성은 여성성을 흉내 내보려 하지만 사실 자신의 어머니가 상당히 남성적인 사람이었으므로 진정한 여성성이 무엇인지 잘 알지 못한다. 반면, 남성은 남성성을 흉내 내보려 하지만 아버지가 나약했거나 부재했기 때문에 진정한 남성성이 무엇인지 잘 알지 못한다. 그는 어머니, 할머니 또는 다른 여성 친척의 손에서 자랐다. 커플은 서로 편해지기 시작하면서 각자의 가면을 벗게 되고 여자는 남자처럼, 남자는 여자처럼 행동하기 시작한다. 여자가 마음 가는 대로 행동하면 남자는 수동적으로 물러난다. 여자는 시간이 갈수록 성적인 쾌감을 느끼지 못하게 되고 남자는 발기가 점점 더 힘들어진다. 이렇게 둘은 서로를 향한 욕망을 잃는다. 두 사람이 잘 지낼 수 있으려면 여성은 남성을 존중하지 않아야 한다. 하지만 여성에게 존중받지 못하는 남성은 발기 부전을 고칠 수 없다. 이런 상황에 처한 커플의 경우, 나는 다음의 행위를 권장한다.

월요일: 여성은 7세 이하의 어린 소녀처럼 옷을 입고 그 나이대의 어린이처럼 말하고 행동한다. 남성은 그녀 어머니의 사진이 달린 로켓 목걸이를 목에 걸고 성인 여성의 역할을 할 것이다. 하루 종일 그는 남성적인 어머니가 딸을 대하듯 그녀를 대할 것이다. 즉, 다정하게 쓰다듬어주는 일이 없어야 하며, 패스트푸드로 끼니를 때우고, 딸의 여성스러움을 폄하하고 비하해야 한다. 남성은 여성이 화장실을 갈 때 같이 가주고, 볼링장에 데리고 가고, 마지막으로는 변장한 그 상태 그대로 따로 잠을 잔다.

화요일: 남성은 7세 이하의 어린 소년처럼 옷을 입고 그 나이대의 어린이처럼 말하고 행동한다. 그의 연인은 남성의 아버지 사진이 들어 있는 로켓 목걸이를 목에 걸고 성인 남성의 역할을 할 것이다. 하루 종일 그녀는 나약하고 여성스러운 남자가 아들을 대하는 것처럼 그를 대할 것이다. 그녀는 그의 머리를 예쁘게 빗겨주고, 집 청소와 요리를 하고, 앉아서 소변보는 법을 가르치고, 아이쇼핑을 하러 함께 큰길로 나가고(이때도 옷차림을 유지해야 한다), 같이 인형을 가지고 논다. 마지막으로 그들은 섹스 없이 몸을 아주 가깝게 붙인 상태로 함께 잠을 잔다.

수요일: 둘 다 어린이 같은 옷을 입고 하루 종일 함께 논다. 장난을 치고, 손을 맞잡고 영화관에 가서 어린이 영화를 보고, 하루 동안 디저트류만 먹고, 잠들기 전까지 어린이 역할을 연기하며 섹스 없이 몸을 아주 가깝게 붙인 상태로 다정하게 잠을 잔다.

목요일: 둘 다 성인 역할을 연기한다. 남자는 애인의 옷을 입음으로써 여장을 하고 여성도 애인의 옷을 입음으로써 남장을 한다. 둘은 하루 종일 서로의 모든 실수와 한계를 모방하며 서로를 연기한다. 밤에는 따로 잠을 잔다.

금요일: 더 이상 변장을 하지 않는다. 하루 종일 서로 말도 하지 않는다. 그들은 침묵한 채 같은 공간에서 하루를 보내고, 식사를 함께한다. 저녁이 되면 옷을 벗고 서로를 애무한다. 쪼그리고 앉은 여성의 뒤쪽으로 남성이 가까이 달라붙은 다음 성기를 삽입한다. 그렇게 성적 결합을 이룬 채로 움직이지 않는다. 둘은 목소리를 합쳐 다음과 같은 말을 암송한다. "나는 당신의

존재에 감사해. 내 몸과 영혼은 당신 거야. 공동의 목적, 즉 동시 오르가슴을 느끼며 함께 녹아내리고 싶으니 당신도 당신 자신을 내게 내어주길 바라. 당신이 당신의 신성하고 원초적인 본능을 내게 전달해주길, 나를 그 본능의 유일한 목적으로 여겨주길 바라. 우리의 난소와 고환에는 완벽한 인간의 청사진이 들어있어. 그러니 당신이 나의 불완전함을 통해 신성한 완전성이 얼마나 아름다운 것인지를 느낄 수 있었으면 좋겠어. 우리 결합에서 오는 기쁨이 응축되면 미래의 주축인 아이들이 될 거야. 서로에게 자신을 바치면 수많은 우리의 후손들이 은하계를 가득 채울 수 있을 거야. 내 지식과 신비의 총체인 당신. 내 기쁨의 빛나는 정점인 당신."

토요일: 가족과 친구들을 결혼식에 초대하라(이미 결혼한 커플이라면 리마인드 웨딩을 하라). 둘은 수갑으로 서로의 손목을 묶고 나체 상태로 친지들을 맞이한다. 마치 옷을 입고 있다는 듯이 자연스럽게 행동하라. 커플은 결혼 서약식을 하게 되는데, 먼저 두 사람이 상호 합의하에 선택한 한 사람이 결혼 서약서를 읽는다. 서약서를 읽는 사람은 두 사람 모두 각자 약지에서 나온 한 방울의 피로 서약서에 사인하라고 안내한다(서약서 형식은 '권력을 위한 투쟁'의 마지막 부분에 나와 있다).

3. 만족을 위한 투쟁

이 커플은 남성과 여성 모두 결합 없이는 사랑도 없다고 믿는다. 말하자면 "나는 우리 둘이 한 존재가 되기를 원한다"

는 것이다. 둘의 어머니는 충분한 기간 동안 모유 수유를 하지 않았다. 따라서 이들 안에는 마음껏 젖을 빨고 싶은 욕망이 가득하다. 이들은 물질적, 정서적으로 돌봄을 받고 싶어하는 유사 성인이다. "저를 돌봐주세요. 고통과 괴로움에서 저를 구해주세요. 제 건강과 안녕을 신경 써주세요." 사실 이들은 여성이나 남성과 짝을 이루고 싶어하는 것이 아니라 어머니 또는 아버지와 짝을 이루기를 원하고 있다. 그 결과 좌절에 빠진 또 다른 아기가 나타난다. 온전한 성인인 척 연기함으로써 자신의 약점을 감추고 싶어하는 아기 말이다. 이 아기는 이렇게 말한다. "나는 젖을 빨 필요가 없어. 이걸 증명하기 위해 나는 널 위해 나 자신을 희생할 거야. 너의 이상적인 어머니-아버지가 될 거라고. 네가 자라지만 않는다면 네가 원하는 모든 것을 줄게. 나는 너를 보호하고 돌볼 거야. 하지만 네가 다 큰 성인이 되는 순간 나는 내 역할을 잃어버릴 거고, 그러면 깊은 우울증에 빠져버릴 거야. 나는 너를 돌볼 때만 내가 존재한다고 느껴. 그러니 변하지 마." 자녀의 역할을 맡은 사람이 어머니-아버지의 역할을 하기 시작하면 커플 사이에 갈등이 발생한다. 부모 역할이라는 권좌에서 쫓겨난 사람은 점점 약해지거나, 병에 걸리거나, 심각한 사고를 당하거나 파산에 이르게 된다. 한 사람이 커지면 다른 한 사람은 점점 작아진다.

이런 사람들은 밑 빠진 독과 같아서 요구사항이 끝도 없다. 이들은 점점 더 많은 것을 요구함으로써 상대방이 자신을 만족시킬 수 없다는 것을 보여준다. 따라서 상대를 만족시켜 주려 하는 사람은 그럴 수 없는 것에 고통을 느낀다. 마음 깊은 곳에서, 그는 사랑을 받으려는 것이 아니라 감사를 받으려 한다. 그러나 만족할 줄을 모르기 때문에 쉬지 않고 무언가를 요구하는 사람은 결코 상대에게 감사하지 않는다. 이런 커플의 경우, 나는 다음의 행위를 권장한다.

월요일: 여성은 오른쪽 눈에 안대를 하고, 오른쪽 귀에 귀마개를 꽂고, 오른팔이 움직일 수 없게 붕대를 감아 고정시키고, 오른쪽 다리를 파트너의 왼쪽 다리에 단단히 묶는다. 남성은 왼쪽 눈에 안대를 하고, 왼쪽 귀에 귀마개를 꽂고, 왼팔이 움직일 수 없게 붕대를 감아 고정시키고, 왼쪽 다리를 파트너의 오른쪽 다리에 단단히 묶는다. 둘은 이런 상태로 하루 종일 씻고, 요리하고, 먹고, 화장실을 가고, 일해야 한다. 이렇게 서로 묶인 채로 잠을 자라.

화요일: 안대와 귀마개를 그대로 하고 있으라. 여성은 집에 있으나 밖에 있으나 그의 등에 업혀서만 다른 곳으로 갈 수 있다. 밤이 되면 둘은 사랑을 나눈다. 이때 체위는 남성 상위 자세여야 하며 여성은 죽은 듯이 움직이지 않아야 한다.

수요일: 안대와 귀마개를 그대로 하고 있으라. 남성은 집에 있으나 밖에 있으나 그녀의 등에 업혀서만 다른 곳으로 갈 수 있다. 밤이 되면 둘은 사랑을 나눈다. 이때 체위는 여성 상위 자세여야 하며 남성은 죽은 듯이 움직이지 않아야 한다.

목요일: 둘이 함께 세 번의 목욕을 한다. 첫 번째 목욕은 아침 6시, 두 번째 목욕은 저녁 6시, 마지막 목욕은 밤 12시에 한다. 둘은 욕조 안에 서서 서로의 머리에 우유 5리터를 부어야 한다. 이것을 세 번 반복하라. 그들은 서른 개의 빈 우유병을 자루에 넣고 동이 트기 전에 아기 옷을 입고 교외로 나가 그것을 땅에 묻는다. 그리고 그 위에 백합 서른 송이를 심는다.

금요일: 하루 종일 서로 아무 말도 하지 않는다. 그들은 침묵한 채 같은 공간에서 하루를 보내고, 식사를 함께한다. 저녁이 되면 옷을 벗고 서로를 애무한다. 둘 다 침대에 옆으로 누워 있는 상태로 남성이 성기를 삽입한다. 그렇게 성적 결합을 이룬 채로 움직이지 않는다. 둘은 목소리를 합쳐 다음과 같은 말을 암송한다. "나는 있는 그대로의 당신을 받아들이겠어. 당신의 말은 나의 말이고, 당신의 사랑은 나의 사랑이며, 당신의 욕망은 나의 욕망이고, 당신의 삶은 나의 삶이야. 당신이 내 안에 없다면 나는 걸어 다니는 돌에 불과해. 나의 모든 것은 당신이라는 무한한 바다를 향해 흐르는 강과 같아. 세상에 태어날 때부터 나는 당신을 찾고 있었어. 당신은 내 영혼 깊은 곳에 잠들어 있던 미래였어. 이제 나는 당신을 찾음으로써 나 자신을 찾았어. 나는 내가 당신을 생각할 때 당신도 나를 생각한다는 것을, 내가 무언가를 느낄 때 당신이 그 느낌이라는 것을, 나의 어떤 욕망이 곧 당신의 욕망이라는 것을 알아. 나는 당신이 내 안에 살 때만 살아 있어."

토요일: 가족과 친구들을 결혼식에 초대하라(이미 결혼한 커플이

라면 리마인드 웨딩을 하라). 둘은 수갑으로 서로의 손목을 묶고 나체 상태로 친지들을 맞이한다. 마치 옷을 입고 있다는 듯이 자연스럽게 행동하라. 커플은 결혼 서약식을 하게 되는데, 먼저 두 사람이 상호 합의하에 선택한 한 사람이 결혼 서약서를 읽는다. 서약서를 읽는 사람은 두 사람 모두 각자 약지에서 나온 한 방울의 피로 서약서에 사인하라고 안내한다(서약서 형식은 '권력을 위한 투쟁'의 마지막 부분에 나와 있다).

4. 권력을 위한 투쟁

이 커플은 둘 중 상대를 지배하는 쪽이 관계의 90퍼센트를 장악한다. 두 사람 모두 어렸을 때 있는 그대로의 자신으로 살아갈 수 없었으며, 지배적인 부모에게서 어떠어떠한 사람이 되어야 한다는 강요를 받은 경험이 있다. 이들은 상대방 위에 군림하고 싶다는, 어마어마하게 큰 욕망을 품은 채 자란다. 그러나 막상 이런 목표를 달성하고 나면 이들은 상대방에 대한 관심을 잃고 관계를 떠나간다. 복종을 요구받은 사람의 깊은 속마음은 이렇다. "나는 당신이 나를 이끌도록 놔두면서 아무런 저항 없이 그냥 굴복하고 싶어. 우리 부모님이 그랬던 것처럼 당신이 명령을 내리고 당신이 다 결정하는 거지. 하지만 그러면 안 돼. 그러고 싶지도 않고. 왜냐하면 당신이 그런 나를 무시할 게 분명하거든. 그러니 당신의 화를 돋우는 한이 있더라도 나는 나의 독립성을 요구할 거야. 가끔은 나를 자유롭게 풀어줘야 한다는 것을 이해시키기 위해 자살하겠다는 협박도 할 거야. 하지만 당신의 그 모든 모욕에도 불구하고, 나는 당신 곁에서 떨어질 수가 없어. 나는 잔인한 게임에 빠져 스스로를 사슬로 묶어두고 있어."

상대를 제압하고 통제하는 쪽의 깊은 속마음은 이렇다. "둘 중 한 사람이 이끄는 역할을 해야 하니까 내가 그 역할을 맡을게. 어린 시절에는 부모님께 바짝 엎드려야 했어. 나는 부모님께 내 의견을 말할 수도, 내가 하고 싶은 것을 마음대로 할 수도 없었어. 그렇다고 반항할 수도 없었지. 하지만 이제 약하고 비굴한 너를 만났으니까 부모님이 내게 그랬던 것처럼 나도 너를 똑같이 대할 거야."

관계 내의 약자는 언젠가 자신이 상대 위에 군림하고 말겠다는 엄청난 욕망에 사로잡혀 있다. 반면, 강자는 불안해하면서 상대를 지배하는 것만이 자신이 힘이 있다는 것을 스스로에게 증명할 방법이라고 믿는다. 지배당하는 사람이 점차 자유로워지면 지배자는 이별에 대한 두려움 때문에 상대에게 양보하기 시작하고, 그렇게 역할이 뒤바뀌게 된다. 이런 커플의 경우, 나는 다음의 행위를 권장한다.

월요일: 남성은 하루 종일 '주인'이라고 적힌 팻말을 목에 걸고 파트너에게 내리고 싶은 모든 명령을 다 내린다. 그 명령이 합리적이든, 터무니없든, 불쾌한 것이든 상관없다. 여성은 '노예'라고 적힌 팻말을 목에 걸고 군말 없이 명령에 복종한다. 저녁이 되면 그는 자신이 원하는 방식으로 성행위를 한다.

화요일: 여성은 하루 종일 '주인'이라고 적힌 팻말을 목에 걸고 파트너에게 내리고 싶은 모든 명령을 다 내린다. 그 명령이 합리적이든, 터무니없든, 불쾌한 것이든 상관없다. 남성은 '노예'라고 적힌 팻말을 목에 걸고 군말 없이 명령에 복종한다. 저녁이 되면 그녀는 자신이 원하는 방식으로 성행위를 한다.

수요일: 둘은 사람들이 많은 길을 골라 산책을 나간다. 남성은 여성이 밀어주는 휠체어를 타고 다닌다. 그는 업신여기는 태도로 그녀를 모욕하면서 큰 소리로 명령을 내린다. 그녀는 불평 없이 명령을 따른다.

목요일: 또다시 사람들이 많은 길을 골라 산책을 나간다. 여성은 남성이 밀어주는 휠체어를 타고 다닌다. 그녀는 업신여기는 태도로 그를 모욕하면서 큰 소리로 명령을 내린다. 그는 불평 없이 명령을 따른다.

금요일: 하루 종일 서로 아무 말도 하지 않는다. 그들은 침묵한 채 같은 공간에서 하루를 보내고, 식사를 함께한다. 저녁이 되면 옷을 벗고 서로를 애무한다. 전신 거울 앞에 서서 남성이 여성의 질 안에 성기를 삽입한다. 그렇게 성적 결합을 이룬 채로 움직이지 않는다. 둘은 목소리를 합쳐 다음과 같은 말을 암송한다. "모든 것이 태어나고, 죽고, 변화한다. 우리는 결코 같은 장소에 있던 적이 없으며 같은 사람도 아니다. 우리는 행복을 위해 욕망을 조절하면서 덧없는 것들 속에서 영구적인 결합을 찾을 것이다. 덧없고 가치 없는 것들을 버림으로써 우리는 자유를 얻게 된다. 우리 자신을 한 인간과 동일시하기를 멈춤으로써 창

조적 에너지와 하나가 되면 우리는 결합을 이룰 것이다. 우리는 우리 안에서 죽고, 다시 태어나고, 변모할 것이다. 우리에게는 신성과 인간 사이를 가르는 장벽이 없을 것이며, 우리 자신의 모습인 것과 그렇지 않은 것 모두가 될 것이다."

토요일: 가족과 친구들을 결혼식에 초대하라(이미 결혼한 커플이라면 리마인드 웨딩을 하라). 둘은 수갑으로 서로의 손목을 묶고 나체 상태로 친지들을 맞이한다. 마치 옷을 입고 있다는 듯이 자연스럽게 행동하라. 커플은 결혼 서약식을 하게 되는데, 먼저 두 사람이 상호 합의하에 선택한 한 사람이 결혼 서약서를 읽는다. 서약서를 읽는 사람은 두 사람 모두 각자 약지에서 나온 한 방울의 피로 서약서에 사인하라고 안내한다.

혼인 서약서

우리는 성숙하고 균형 잡힌 관계를 맺는 부부가 되겠습니다. 앞으로 서로 반대되는 생각과 신념을 주장하게 되겠지만, 우리는 존중의 가치를 깨달아 아무 말을 하지 않아도 될 만큼 서로를 가슴 깊이 이해하겠습니다. 사랑이라는 말로 상대를 구속하고 통제하려 하지 않을 것이며, 그것으로 존재적 공허감을 채우려 하지 않겠습니다. 우리는 결합에 대한 유아기적인 욕망을 버림으로써 나 자신, 가족, 친구, 인류, 지구, 우주, 물질 안에 들어 있는 신성한 에너지를 향한 사랑 등 여러 형태의 사랑을 발전시키는 상대방의 여정을 방해하지 않겠습니다. 우리는 욕망을 억압하지도, 욕망에 빠져 살지도 않을 것입니다. 우리는 소유의 개념을 벗어난 기쁨을 경험할 것입니다. 우리는 더 이상 서로를 부당하게 이용하지 않을 것이며 동맹하고 협력할 것입니다. 경제적으로 독립한 개인으로서, 우리는 한집에 살며 가사를 분담하는 동시에 사적인 공간과 시간을 가질 것입니다. 필요할 경우 서로를 도우며 충실함의 가치를 배우겠습니다.

78. 알 수 없는 슬픔

세속적인 관점에서 봤을 때, 우리 주변에는 종종 아무런 부족함 없이 살아가는 사람들이 있다. 그들은 사랑, 건강, 재정적인 면 모두에서 잘 풀리는 삶을 살아가고 있지만 가끔 이유 모를 슬픔이 찾아오면 눈물을 흘리곤 한다. 아주 어린 시절 우리의 뇌는 감정을 비춰주는 거울처럼 기능한다. 이 시기의 뇌는 어머니의 감정을 모방하고, 조금 더 있으면 아버지, 조부모 또는 다른 가족의 감정을 모방하게 된다. 이때의 감정은 기억 깊숙한 곳에 묻혀 있다가 때때로 다시 떠오르기도 한다. 이런 불가해한 슬픔은 우리의 것이 아니다. 우리는 상징적인 방법으로 그 슬픔을 다시 원래의 주인에게 돌려줄 수 있다.

어떤 물건이든 준비하라. 물건에 집중하면서 그것을 눈물로(눈물이 안 나오면 침으로) 적신다. "이것은 당신의 것이지 제 것이 아닙니다"라고 쓴 편지와 함께 물건을 선물 포장해서 감정의 원래 주인에게 보내라. 만약 당신이 느끼는 슬픔이 누구의 것인지 알 수 없는 경우, 눈물이 나거나 우울감을 느낄 때 설탕이 첨가된 우유로 가득 찬 병을 빨아먹으면 마음이 편안해질 수 있다.

79. 이유 없는 우울증과 지속적인 슬픔 그리고 출생 마사지

정자와 난자가 수정될 때는 새 생명이 환희의 폭발처럼 찾아온다. 하지만 부모가 높은 수준의 의식을 발달시키지 못했다면 그들의 영적 한계와 육체적 불완전함이 이 숭고한 기쁨에 어두운 고통을 뒤섞어버린다. 배아는 수정된 후 몇 시간 동안 주변 환경(물질적인 요소뿐만 아니라 정신적인 요소까지)을 흡수하며 부모의 트라우마를 자기 것으로 만든다.

여러 가지 이유로 임산부가 이 시기에 엄마가 되고 싶지 않으며 자신의 몸에 태아가 침입했다는 느낌을 받으면 애가 떨어지게 하려다 실패하기도 하고, 유산이나 사산을 바라기도 한다. 이런 경우 여성은 임신 기간 내내 출산에 대한 거부감을 느끼며 고통스러워한다. 한편, 태아는 존재하지 말고, 태어나지 말고, 죽어서 사라지라는 명령을 세포에 새겨 넣는다. 대부분의 경우 이런 아기는 분만 과정이 매우 어렵다(미숙아, 출산 예정일보다 늦게 태어남, 분만 중 질식, 배 속에서 자리를 잘못

잡음, 탯줄에 목이 졸리는 등). 이렇게 태어난 아이는 자신을 손꼽아 기다리고 있는 누군가가 있다는 것, 행복하게 태어난다는 것이 어떤 느낌인지 알지 못한 채로 자란다. 어머니가 느꼈던, 배 속의 아기가 없어졌으면 좋겠다는 바람은 하나의 명령이 되어 아이의 무의식이 끊임없이 이렇게 말하게끔 만든다. "너에게는 존재할 권리가 없어. 넌 사라져야 해." 아이가 임신, 출산, 모유 수유와 관련해 겪었던 괴로운 경험들은 일상 속의 불가해한 고통으로 투영된다.

겸자˚의 도움을 받아 태어난 사람은 엄청난 장애물에 맞서 고군분투하며 살아간다. 그는 각각의 성과를 이룰 때마다 엄청난 에너지를 소비해야 하며, 무언가를 스스로 할 수 없기에 끊임없이 도움을 구걸할 것이다. 하지만 도움을 받더라도 굉장히 불편한 느낌을 받는다.

제왕절개에 의한 출산은 아이에게는 실망스러운 일이다. 어머니의 질을 통과하며 느낄 수 있는 마지막 사랑의 손길을 받지도 못하고, 태어나려는 욕망과 낳으려는 어머니의 욕망이 만난 탄생이 이루어지지도 못한다. 그저 종양 덩어리처럼 엄마 몸에서 제거될 뿐이다. 제왕절개로 나온 아이는 나중에 자신감이 부족하여 자신이 바라는 그런 애정을 찾지 못한 채로 살아간다. 그는 만족스러운 결과를 얻기 위해 열심히 노력하겠지만, 그런 노력 끝에는 자신의 권리를 박탈당한 기분과

˚ 집게와 비슷하게 생겼다. 태아의 머리에 딱 맞는, 가장자리가 둥근 외과 수술 기구.

지속적인 실망감이 있을 뿐이다. 그는 무언가가 미완성된 채로 남아 있는 느낌이 들기 때문에 다시 출발점으로 돌아가야만 한다.

아기를 자궁 속에만 영원히 가둬두고 싶어하는 어머니 때문에 바깥세상으로 나가기에 좋지 못한 자세를 취한 태아(엉덩이부터 나오거나 발부터 나오는 경우)는 나중에 성인이 되어서도 갈피를 잡지 못하는 삶을 살게 된다. 그는 계속 뒤로 가고 있는 듯한 느낌을 받고, 앞으로의 목표를 과거에 두며, 가족 패턴에 점점 더 깊숙이 빠져든다. 그는 자신에게 결핍되어 있는 삶의 방향성을 제공해줄 강한 성격을 가진 사람들을 필사적으로 찾아 자신이 원하는 것을 이루려 할 것이다.

아직 자궁 밖으로 나올 준비가 다 되지 않았는데도 태어나버린 **미숙아**는 쫓겨난 듯한 느낌을 받는다. 부모의 갈등으로 인해 아기의 몸은 전쟁터가 되어버렸다. 그의 출생은 불건전한 가족 관계를 드러내 보여준다. 어머니는 애초에 임신을 원하지 않았고, 자신이 임신했다는 사실을 싫어하기 때문에 아이가 유산되기를 바란다. 그러나 아이가 유산되지 않자 그녀는 가능한 한 빨리 아이를 자신과 떨어뜨려 놓는다. 아이는 감정적 결핍 상태에 빠져 슬프게 자란다.

출산 예정일보다 늦게 태어나는 것(10개월 차에 태어날 수도 있다)은 신체적, 정서적 트라우마의 원인이 된다. 출산이 늦어지면 양수가 줄어든다. 그러면 자궁 안이 건조하고 더워지면서 아기의 피부가 건조해진다. 또, 임신 기간이 몇 주 더 늘어나면 머리가 커져서 분만이 훨씬 어려워진다. 아기는 마치 벽에 부딪히는 것 같은 느낌을 받게 된다. 이렇게 태어난 사람은 성인이 되어서도 계속해서 위협받는 느낌, 답이 없는 관계에 매여 사는 느낌을 받는다. 그는 스스로에게 기쁨을 허용하지 않는 힘든 삶을 살아가기도 한다. 연애 관계에서 그는 파트너가 자신을 도와주지 않으며 도리어 자신의 성취를 방해한다고 비난할 것이다.

분만 과정이 어려워질 수 있는 경우의 수는 많다. "네가 탯줄을 목에 감았다", "네가 배 속에서 너무 크게 자랐다", "네가 거꾸로 된 자세로 있었다", "네가 나오려 하지 않았다", "네가 너무 일찍 나와버렸다"와 같이, 아이는 대개 분만 과정에서의 어려움이 자신의 탓이라는 말을 듣는다. 하지만 어머니가 출생 때부터 가족 문제로 인한 트라우마를 겪었다면 아이를 동요시키고 아이의 수동성을 유발하는 사람 역시 실제로는 어머니라고 할 수 있다. 사실 그녀는 이렇게 말해야 한다. **"네가 탯줄을 목에 감게 만든 건 바로 나야.** 실은 널 없애버리고 싶었거든", "나는 엄마가 되기가 무서워서 네 몸집을 크게 키웠어. 그러면 배 속에 갇혀서 태어날 수 없을 테니까", "네가 거꾸로 된 자세로 있게끔 만든 건 바로 나야. 그렇게 있으면 너는 언제나 내 것일 테고, 세상이 아니라 나를 향해 올 거니까", "나는 너를 어떻게 키워야 할지 몰라서 9개월 넘도록 배 속에만 뒀어", "나는 내가 너에게 적합한 엄마인지, 올바른 남자를 선택했는지 확신할 수 없어서 너를 너무 일찍 배 속에서 쫓아냈어."

출생 때 이러한 어려움을 겪었거나, 진정제에 취해 정신이 몽롱한 상태로 태어났거나, 몇 시간의 노력 끝에 반쯤 질식한 채로 태어났거나, 고통 속에서 태어난 사람들은 어머니의 사랑이 부족하다고 느낄 것이며 거의 평생 동안 어머니의 사랑을 찾아 헤매게 된다. 태어나는 동안 미래가 고통으로 느껴졌기에 이들의 눈에는 미래가 위험으로 가득해 보인다. 이들은 성취에 대한 희망을 다른 사람의 손에 맡기고 은근슬쩍 피해자 역할을 맡으려 한다. 자신이 손쓸 수 없는 어떤 이유로 인한 온갖 사건이 그들에게 일어난다. 산도를 빠져나오기 위해 격렬하게 몸부림쳤던 이들은 삶의 모든 것을 투쟁으로 만들어버리며, 어려움을 자초한다. 이런 사람들 중 많은 이들이 작은 공간, 즉 몇 제곱미터 남짓한 방에 집착하며 거기서 나오려 하지 않는다. 그 비좁은 방이 삶의 고난으로부터 자신을 지켜준다고 느끼기 때문이다. 이들을 만족시킬 수 있는 것은 거의 없다. 이들은 자신이 못생기고, 나쁘고, 쓸모없고, 무능하고, 사랑받지 못한다고 느끼면서 좌절한다. 내가 살든 죽든 세상은 아무 신경도 쓰지 않을 것이라고 느낀다. 갑자기 이들은 끓어오르는 어떤 충동으로 (자궁에서 나오기 위해 했던 것과 같은) 필사적인 시도를 한다. 하지만 어떤 활동에 계속 몰두하거나 죽을 정도로 일만 해도 극심한 외로움에서 벗어날 수가 없다. 잔혹하게 버림당했다고 느끼는 이들은 자기가 자기를 도울 수 있다는 생각은 하지 못한 채 무의미한 도움만

청하며 자신을 도와줄 사람을 찾아다닌다. 요구사항은 많으면서도 감사할 줄 모르는 이들은 무언가를 신뢰하는 능력을 잃게 된다. 이들은 아무것도 믿지 않을 것이며 심지어 자기 자신도 믿지 않을 것이다.

위에서 언급한 분만 과정을 겪은 내담자는 아무리 "행복은 당신 안에 있다"는 말을 들어도 자기 안에서 행복을 찾을 수 없다. 왜냐하면 행복에 필수적인 정보, 즉 비언어적 행동과 경험의 총합이 부족하기 때문이다. 내담자가 해방에 꼭 필요한 이러한 정보를 얻기 위해서는 **출생 마사지**(일련의 몸짓과 함께 주문처럼 사용되는 단어들이 내담자에게 '자연이 계획했던 그의 정상적인 임신, 출산, 모유 수유 과정'에 대한 정보를 제공하는 사이코매직 의식)를 받아야 한다. 이 의식은 테라피스트 두 명(남성과 여성)의 안내하에 진행되어야 한다. '테라피스트'라는 단어는 그리스 어원에 따르면 '무언가 또는 누군가를 돌보는 하인'이라고 한다. 문화권과는 상관없이, 다른 사람을 치유하는 것이 곧 자기 자신을 치유하는 것임을 알고 인류를 위해 봉사하는 자애로운 사람들을 테라피스트라고 하는 것이다.

부모 역할을 하는 사람들은 출생 마사지를 하기 전에 내담자와 개인적인 만남을 가져야 한다. 미리 샤워를 하여 체취나 향수 냄새가 나지 않도록 하라. 또, 구취가 나는 음식을 먹지 않도록 주의하라. 강한 냄새는 내담자의 주의를 산만하게 만들어 테라피스트들과의 만족스러운 접촉을 방해할 수 있다. 감각 기관은 잠재의식의 정보를 뇌로 전달하기 때문에 우리는 우리가 봤다고 생각하는 것보다 더 많은 것을 보고, 맡았다고 생각하는 것보다 더 많은 냄새를 맡고, 들었다고 생각하는 것보다 더 많은 소리를 듣는다. 색상, 냄새, 모양, 소리는 우리 마음속에서 기억을 일깨우고, 메시지를 전달하며, 중요한 사건들과의 연관성을 불러일으킬 수 있다. 같은 이유로 테라피스트들은 장신구(반지, 팔찌, 귀걸이, 브로치, 시계 등)를 착용해서는 안 된다. 또한 '어떠어떠한 스타일'이라고 식별할 수 있는 복장은 지양해야 한다. 예를 들어 특정 시기나 경제적 지위를 떠올리게 하는 패션이라거나, 옷을 잘 입는다든지 못 입는다고 생각할 수 있는 패션 말이다. 남성은 흰색 셔츠와 흰색 바지를, 여성은 심플한 루즈핏 블랙 원피스를 입는 것이 좋다. 이 옷들은 의식 전에 세탁하여 아무 냄새도 나지 않게 해야 한다.

남성과 여성은 오랫동안 가슴을 맞댄 채 껴안고 있어야 한다. 그렇게 서로의 심장 박동을 느끼며 박동이 같아질 때까지 호흡을 조절한다. 이제 한 명은 '아(a)'를 발음하고 다른 한 명은 '모르(mor)'를 발음함으로써[*] 콧소리나 목으로 쥐어짜는 소리 없이 발성할 수 있도록 목소리를 조절한다. 이렇게 하면 둘은 어린아이를 달래는 데 쓰는 것과 같은, 가슴 기반의 차분하고 기분 좋은 음색을 내게 된다.

출생 마사지가 이루어지는 공간(맨발로 들어가야 함)에는 최소한

---

[*] amor는 스페인어로 사랑을 뜻한다. 한국에서는 '사'와 '랑'으로 나누어 발성해도 될 듯하다.

의 가구만 있어야 하며 벽에 장식품이나 그림이 걸려 있지 않은 깨끗한 방이어야 한다. 다시 말해, 내담자의 주의를 끌 만한 것이 없어야 한다. 테라피스트들이 준비되면 내담자를 불러온다. 남성 테라피스트는 내담자가 겁을 먹지 않도록 아이에게 말하는 듯한 억양으로 자신의 손을 잡고 다음과 같이 말하라고 시킨다. "이 의식이 진행되는 동안 저는 당신을 아버지 ○○○의 대변인으로 받아들입니다." 그런 뒤 남성 테라피스트가 이렇게 말한다. "이 의식이 진행되는 동안 저는 당신의 아버지가 되겠습니다." 이제 내담자는 여성 치료사의 손을 잡고 이렇게 말한다. "이 의식이 진행되는 동안 저는 당신을 어머니 ○○○의 대변인으로 받아들입니다." 여성 테라피스트는 이렇게 대답한다. "이 의식이 진행되는 동안 저는 당신의 어머니가 되겠습니다." 테라피스트들은 내담자 앞에 서서 각자 자신의 발치에 쿠션을 하나씩 놓는다. 내담자는 억눌러두었던 분노를 분출할 때 이 쿠션을 때린다. 테라피스트들은 내담자에게 분노, 슬픔, 혐오, 증오, 사랑받고 싶은 욕구 등을 표현하면서 부모에게 가졌던 모든 불만을 말하라고 시킨다. 어느 순간, 내담자는 이렇게 불만을 쏟아내는 것만으로는 자신이 입었던 감정적 피해를 회복할 수 없다는 것을 깨닫게 되는데, 이때 그는 부모에게 죽음을 선고한다. 여기서 중요한 것은 부모를 총으로 쏘거나 칼로 찔러 죽이는 흉내를 내는 것이 아니라, 내담자가 절대적인 권위를 가지고 이렇게 명령해야 한다는 것이다. "당신들은 그런 사람이었어. 그러니 당신들은 내 기억 속에 살아 있을 자격이 없어! 죽어!"

이 말과 함께 테라피스트들은 바닥에 쓰러져 눕는다. 이때 눈은 감고, 바닥에 등을 대고 누워 있어야 한다. 내담자는 그들 앞에 무릎을 꿇고 앉아 자신이 느끼는 감정을 표현한다. 내담자가 충분히 자신을 표현했다고 생각되면 테라피스트들은 낮고, 느리고, 부드러운 목소리로 이렇게 말한다.

"우리가 네게 저지른 악행은 무의식적인 것이었어. 우리도 그런 짓을 당했었거든. 네가 우리를 없애버릴 수 있었던 것은 자기 자신이 되는 데 방해가 되는 장애물을 극복할 힘이 네 안에 있었기 때문이란다. 우리를 죽임으로써 우리가 네게 강요했던 기형적인 모습, 즉 너의 오래된 거짓 자아도 죽기 시작했어. 너는 네가 너라고 생각했던 그 모습이 아닌, 진정한 네 모습으로 살아가게 될 거야. 우리가 네게 줄 수 있는 것은 거의 없었지만 그래도 네게 최선을 다했단다. 우리의 잘못에도 불구하고 너는 우리 덕분에 태어났어. 우리가 네게 준 고통 덕분에 너는 강해질 수 있었고, 그 덕분에 이렇게 해방의 순간도 맛보게 되었지. 낼 수 있는 최대한의 용기를 내어 우리를 용서하렴. 우리를 용서하지 않으면 어린아이 같은 불평을 결코 멈출 수 없단다. 가슴 안으로 들어가서 너의 광대한 사랑을 느껴봐. 네가 우리에게 가졌던 증오심은 사실 네가 우리에게 준 애정을 보답받지 못했다고 느꼈기 때문이야. 하지만 우리도 우리 부모님 때문에 감정적 갑옷을 두르게 되었고, 깨어 있는 의식과 사랑을 너에게 전해주지 못했어. 그래서 모든 고통이 생겨났지. 이 고통은 몇 세대를 거쳐 대대손손 우리를 괴롭혀왔단다. 지금 우리가 너에게 하는 것과 같이, 우리를 불쌍히 여겨주렴. 우리를 용서하는 것과는 별개로 말이야. 자녀의 사랑을 잃는다는 것은 부모에게 대단한 아픔이란다. 또, 우리 가족이 겪고 있는 고통을 이해해주렴. 물론 네가 절대적으로 맞긴 하지만, 너는 우리가 바라던 모습과는 다른 모습을 보여줌으로써 우리의 한계와 우리가 미처 이루지 못했던 것들을 드러내주었어. 우리는 우리 자신 안에 억압된 생각, 감정, 욕망, 욕구가 압력솥처럼 가득 차 있다는 사실을 깨닫지 못한 채 고통과 분노와 실망으로만 반응했었지. 이렇게 보면 너도 우리에게 고통을 안겨주었단다. 그러니 우리의 이런 불만족스러운 인생을 불쌍히 여긴다면 너 역시 우리에게 용서해달라고 말해주렴." 내담자가 "당신들을 용서합니다"라고 말한 후 "나를 용서해주세요"라고 말하면 테라피스트들은 이렇게 제안한다. "우리를 네가 원했던 모습대로 새로 태어나게 해주렴."

내담자는 둘 중 한 명을 먼저 일으켜 세운 다음 나머지 한 명도 일으켜 세운다. 그런 뒤 아버지와 어머니에게 바라는 긍정적인 모습을 각각 얘기한다. 이는 내담자마다 다르게 표현될 수 있는데, 아래는 그 예시들이다.

"아버지, 저의 어린 시절 내내 함께 있어주세요. 제게 안정감을 주시고, 제가 잘 크고 있는지 신경 써주시고, 제가 좋아하는 것들과 제 꿈을 지지해주시고, 인생에는 고귀한 목적이 있다는 희망을 전해주세요. 아버지가 자기 자신과 잘 지내셨으면 좋겠어요. 열린 마음으로 새로운 지식을 받아들이고, 용기 있게 문제를 극복하고, 제가 목표를 이뤄나가는 모습을 격려해주세요. 제가 무너질 때 저를 붙잡아주시고, 제가 혼자 할 힘이 있을 때는 자유롭게 행동할 수 있도록 풀어놓아주세요. 발전하는 저의 모습을 주의 깊게 지켜보면서 자랑스럽게 여겨주시고, 지킬 수 없는 약속은 하지 말아주세요. 두려움을 극복할 수 있게 도와주세요. 공정하지만 권위적이지는 않았으면 좋겠어요. 부드럽게 저를 안아주시고, 당신께서 알고 있는 것을 차근차근 제게 가르쳐주세요. 맹목적인 복종을 요구하면서 무언가를 강요하지 않고, 애정을 가지고 저를 설득해주시면 좋겠어요. 지식이나 경험을 전수할 때, 자신이 무언가를 빼앗겼다고 느끼지 않으셨으면 좋겠어요. 아버지의 긍정적인 면모를 제가 배우고 닮아갈 수 있도록 해주세요. 당신의 의식 수준을 제게 전해주시되 제가 아버지보다 더 나아갈 수 있도록 해주세요. 제가 아버지보다 뛰어난 업적을 이룰 수 있도록 기쁜 마음으로 응원해주세요. 그러나 무엇보다도, 제가 저 자신을 사랑할 수 있도록 아버지도 자기 자신을 사랑하시기를 바랍니다."

"어머니, 온 마음으로 저를 사랑해주시는 것 외에도, 무엇보다 스스로를 가정부나 희생자로 여기며 집안일을 하지 말아주세요. 어머니의 친절이 기쁨으로 가득 차 있기를, 저를 돌보는 것이 고된 의무가 아닌 기쁨이 되기를 바라요. 어머니의 다정한 손길이 소유욕에 기인한 것이 아니면 좋겠어요. 인생에 관한 이야기를 해주실 때는 말뿐인 공허한 이야기가 아닌, 당신 경험에서 우러나온 이야기를 해주세요. 제 인생의 모든 중요한 순간에 함께해주시고, 무조건적인 지원을 해주세요. 저를 부정적으로 비난하지 말아주시고, 제가 뭘 잘못했는지 가르쳐주신 다음 어머니께서 걸어온 올바른 길을 알려주세요. 저를 당신의 장기나 내장으로 여기는 무의식적인 마음 없이 그냥 저를 사랑해주세요. 자기 생각에만 갇혀 있지 마시고, 저를 어머니의 도구로 보지 말아주세요. 제 말을 주의 깊게 들어주시고, 제가 언제나 어머니와 똑같은 생각을 하지 않더라도 그런 저의 생각을 허용해주세요. 어머니께서 생각하는 세상이 제가 생각하는 세상과 다를 수 있다는 것을 알아주세요. 저의 동반자가 되어주시고, 제가 잘못하고 있다는 생각이 들어도 그냥 저를 지지해주세요. 설령 그것이 정말 실수가 맞았다 하더라도 제가 세상을 경험할 수 있도록 저를 풀어놓아주세요. 저를 믿어주시고, 저를 향한 사랑과는 별개로 저와 우정을 쌓아주세요. 당신을 힘들게 하는 것이 무엇인지 비밀로 하지 말아주세요. 저는 태어나는 순간부터 어머니의 소유가 아니었어요. 물론 저는 물질적으로나 영적으로나 항상 어머니와 함께하겠지만 저는 저 자신의 것이라는 점을 이해해주세요."

이제 테라피스트들은 내담자와 마주 본 상태에서 그들이 어떤 방식으로 결합되기를 바라는지 말해달라고 한다. 내담자는 다음과 같은 여러 가지 답을 할 수 있다. "저는 두 분의 몸이 즐겁고 부드럽게 하나가 되는 것을 보고 싶어요. 두 분이 영혼을 다해 키스하면 좋겠어요. 역경을 맞았을 때는 기꺼이 서로를 돕고, 좋은 일이 생기면 함께 축하하는 것을 느껴보고 싶어요. 관용적인 두 분의 모습을 보고 싶어요. 상대방이 다른 생각이나 믿음을 갖고 있다고 해서 싸우는 게 아니라, 자유롭게 자기만의 생각과 믿음을 갖는 모습이요. 그렇게 서로 보완함으로써 더욱더 온전해졌으면 좋겠어요. 언쟁하는 모습은 보고 싶지 않아요. 그것보다는 대화를 통해 합의점을 찾을 수 있기를 바라요. 차이를 용납하게 만드는, 서로를 향한 사랑이라는 공통의 목표에 합의하는 거죠. 서로의 존재를 환영하고 기뻐하는 두 분의 가슴이 떨렸으면 좋겠어요. 아무것도 따지지 않고 주고 싶어하며, 상대방이 자유의지로 선물해준 그것을 기쁘게 받아들이면 좋겠어요. 마음의 끌림을 억누르지도, 강요하지 않은 채 자연스럽게 서로를 욕망하면서 그 욕망을 신성한 선물로 받아들이기를 바라요. 나는 아버지가 어머니에게 연인이자 아버지, 친구, 아들, 스승이 되어주시기를 바라요. 어머니는 아버지에게 연인이자 어머니, 친구, 딸, 스승이 되어주시기를 바라고요."

내담자가 부모님의 완벽한 결합에 대해 설명하면 테라피스트들은 이렇게 말한다. "이제 우리가 네게 생명을 줄 때가 왔단다. 어떤 체위로 수정되기를 원하니?" 내담자는 원하는 자세(어머니는 아래에 누워 있고 아버지가 위에 있거나 그 반대, 혹은 서 있는 자세 등)를 말한다. 테라피스트들은 외설적이지 않도록 깊은 감수성을 가지고 우아하게 내담자가 요청한 자세를 취한 뒤 기쁨으로 가득한 동시 오르가슴을 연기한다. 테라피스트들은 내담자에게 다음과 같이 말한다. "너는 방금 너의 수태 과정을 보았단다. 너는 기쁨으로 만들어졌어." 그리고 다음과 같이 덧붙인다. "이제 그 기쁨과 함께 너는 어머니의 자궁에 붙어 있게 될 거야."

내담자는 옷을 완전히 벗는다. 테라피스트들은 내담자의 몸을 격렬하게 마사지하여 그에게 자기 몸이 무정형의 덩어리라는 느낌을 주도록 한다. 그들이 "네 안에는 자아도 없고, 형태도 없고, 이름도 없고, 성별도 없으니 너 자신을 생명께 바쳐라. 정체성을 포기하고 사라져라. 너는 우주 의식의 결실인 순수한 물질이다"라고 중얼거리는 동안 내담자는 조금씩 태아 자세를 취하기 시작한다. 그런 다음 내담자의 허리에 탯줄을 상징하는 끈을 묶는다. 내담자는 실크 재질 끈, 빨간색 줄, 플라스틱 튜브, 쇠사슬(쇠사슬을 선택하는 경우 이를 절단할 수 있는 도구가 준비되어야 함) 등 다양한 재료 중 하나를 탯줄의 상징물로 선택할 수 있다.

이제 여성 테라피스트도 옷을 벗는다. 남자 테라피스트는 내담자가 여성의 배 위에 위치하도록 자리를 잡아준다. 그다음 탯줄의 다른 쪽 끝을 '어머니'의 허리에 묶고 내담자를 부드럽고 따뜻한 담요로 덮어준다. 이 순간부터 테라피스트들은 내담자에게 애정 가득한 목소리로 느긋하게 태아의 월별 발달 단계를 설명하면서 담요 아래의 내담자로 인해 불뚝 튀어나온 부분을 마치 임신한 여성의 배를 대하듯 다정하게 어루만져준다. 이러한 행위는 내담자가 여러 개념들을 통합하고 그것을 자신의 몸과 마음으로 느낄 수 있도록 도와주는 깊은 명상과도 같다.

첫 번째 달

남성: 첫 번째 달.

여성: 정말 놀라워! 우리가 그렇게 원하던 아이를 갖게 되었어!

(이 말은 간단하지만 꼭 필요한 말이며, 테라피스트는 있는 그대로의 내담자를 수태한 것에 대한 기쁨이 묻어나는 어조로 말해야 한다. 부모가 아들을 기대했는데 딸이 태어났다거나 그 반대인 경우 때문에 자신을 평가절하하며 살아가는 사람들이 정말 많다.)

남성: 지금의 너는 겉보기에는 작은 점에 불과해 보이지만, 마치 거대한 나무의 씨앗처럼 네 안에도 은하계를 만들어낼 만한 큰 힘이 진동하고 있단다.

여성: 너를 살아 움직이게 하는 창조적인 힘을 느껴보렴. 물질의 정수인 기쁨의 황홀경에 너 자신을 내맡기렴. 우주의 의식이 너의 육신으로 변모하는 이 성스러운 순간을 함께하자꾸나. 의식과 육신은 하나이며 같은 것이란다. 너와 우주의 물질 사이에 분리란 없으니까 말이야. 너는 나에게서 영양분을 공급받고, 나는 네 덕분에 더 강해지고 있어. 네 덕에 장기들이 더 튼튼해지고, 피도 더 깨끗해졌으며 내 영혼이 오래된 고통으로부터 벗어나고 있단다. 또, 너는 나를 과거에서 벗어나 현재에 몰입하도록 만들어주었어.

남성: 너는 내가 상실에 대한 두려움에서 벗어날 수 있게 해주었고, 나에게 용기를 불어넣어 주었지. 또, 너는 앞으

로의 일들에 맞설 힘을 내게 불어넣어 주었으며 내가 언제나 너와 네 어머니를 지켜낼 수 있다는 확신을 갖게 해 줬단다. 너는 자라면 자랄수록 우리를 더 굳건히 세워주고 있어.

두 번째 달

남성: 두 번째 달.

여성: 세상을 뒤덮으려는 열망으로 끊임없이 세포를 분열시키는, 너라는 그 물질 안에서 어떻게 하여 심장 박동이 생겨났는지를 느껴보렴. 그 박동은 우주의 아주 깊은 곳으로부터 온 것이란다. 신성한 사랑이 쏟아져 나오는 원천인 너의 심장 주변으로 너의 중심이 나타났어. 네 주변으로는 생명 전체가 맥동하고 있단다. 너는 더 이상 무정형의 덩어리가 아니야. 너는 왕성한 식욕으로 내가 주는 순수한 영양분을 흡수하면서 희망으로 가득 찬 건강한 혈액, 조화로운 신체 기관, 건강한 장기 및 의식 체계를 만들고 있어.

남성: 예쁜 우리 아기, 엄마 아빠를 믿고 아무 걱정 없이 잘 자라기만 하렴. 우리는 우리의 몸과 영혼을 네게 최상의 상태로 주기 위해 스스로를 정화했단다.

세 번째 달

여성: 세 번째 달.

남성: 이제 네게 성별이 생겼단다. 이제 너도 네가 남자인지 여자인지를 알 수 있을 거야. 우리는 네가 태어나겠다고 선택한 성별을 받아들인단다. 너는 우주의 힘에 순종하고 있으며, 그 힘은 스스로가 어떤 일을 하는지 아주 잘 알고 있어. 성별은 네 정체성의 뿌리가 된단다.

여성: 너는 나를 통해 세상과 소통하기 시작한단다. 내가 받아들이는 대로 너도 외부 세계를 받아들이지. 너는 자신의 피, 정맥, 동맥 그리고 탯줄을 타고 올라와 내 마음 안으로 들어올 수 있어.

남성: 너를 품고 먹여주는 몸이 느끼는 것에 너도 영향을 많이 받는다는 사실을 나도 잘 알고 있는데, 바로 그것이 내가 네 어머니를 보호하는 이유란다. 나는 네 어머니가 평온함과 차분함을 느끼고 부정적인 감정은 느끼지 못하도록 돕고 있어. 네가 엄마 마음을 통해 느낀 그 세상 안에 너를 괴롭히는 요소가 없었으면 하거든.

여성: 우리 아기, 네 순수한 영혼이 내 안으로 들어옴으로써 나의 병은 치유되었고 내 신진대사도 균형을 이루었단다. 너를 만나기 전에 내가 겪었던 고통에 너라는 의미가 부여되자 그것은 비옥한 땅이 되었어. 쑥쑥 자라렴! 세상이 어떤 상태에 있든, 너는 태어나서 모두에게 평화와 행복을 가져다주는 존재가 될 거야.

네 번째 달

여성: 네 번째 달.

남성: 이제 네 몸집이 제법 커졌단다. 신성한 에너지가 네 온몸에 스며들면서 머리보다 몸이 더 커지고, 팔다리도 길어졌지. 너는 너 자신과 너의 신성한 형상, 그리고 네가 느끼는 너 자신과 실제 네 모습 사이의 완벽한 균형을 자각하게 되었어.

여성: 뼈가 굳어지고 있어. 네 살 속에서 뼈대가 생성되는 것을 느끼면서 나는 네가 자기 몸을 스스로를 지탱할 수 있으며 자기만의 길을 걸을 준비를 하고 있다는 것을 알게 된단다. 나는 내가 너를 창조하는 사람이 아닌, 너를 받아들이는 사람이라는 것을 너무나 잘 알고 있어. 나는 너를 많이 사랑한단다. 그러니 나는 네 몸의 모든 세포가 수월하게 무럭무럭 자라날 수 있도록 도울 거야.

다섯 번째 달

여성: 다섯 번째 달.

남성: 너의 성장이 점점 느려지고 있어. 너는 대부분의 에너지를 너 자신을 느끼는 데 소비하고 있단다. 너는 뼛속 깊이 스며드는 기쁨을 알고 있으며, 팔다리를 즐겁게 조금씩 움직이면서 네가 살아 있음을, 네가 어머니와 같지 않은 존재라는 것을 어머니에게 알리고 있지.

여성: 너는 내 마음과의 동일시에서 벗어났단다. 이제 자

기만의 감각을 계발하고 있지. 너는 너를 품고 있는 자궁 안으로 들어오는 소리들을 듣고 있어. 세상이 너를 기다리고 있으며 너의 탄생은 놀라운 변화의 시작을 의미한다는 것을 알려주는 소리들이지. 각각 고유의 생명을 가지고 있는 이 리듬과 소리들은 네가 내게서 받는 피만큼이나 네게 자양분이 되어주는 에너지들이란다. 너는 사랑으로 엮여 있는 우리 두 사람의 목소리를 듣고 있어.

여성과 남성: 너는 우리가 다투는 소리나 조화롭지 못한 공격적인 음색으로 말하는 소리를 들을 일이 없을 거야. 기도하는 두 손처럼 합쳐진 우리의 목소리는 지금 이 순간에도, 그리고 앞으로도 영원히 너를 축복한단다.

남성: 비록 무언가를 볼 수는 없겠지만, 너는 눈을 뜨고 있어. 너의 원초적 기억이 네게 빛이 존재한다는 것을 알려주고 있기 때문이지. 너는 네가 떠다니는 이 어둠이 너를 잉태한 신성한 공空임을 알고 있고, 이 공을 동반자 삼아 너를 부르고 있는 외부를 향해, 즉 빛을 향해 나아갈 거란다. 그것이 너의 본질이야. 너는 빛의 존재야.

여성: 이제 너에게는 후각 기관도 생겼어. 너는 코를 통해 벌써 순수한 산소에 대한 갈망을 느끼고 있단다. 네게 몸을 준 것이 나라면, 네게 산소를 주는 것은 아버지란다. 밖에서 숨을 쉬게 되면 지금은 상상할 수도 없는 신의 숨결을 들이마시게 될 거야. 그 신성한 숨결이 우리를 하나로 묶어주고, 너와 우리, 모든 인류와 모든 생명체를 하나

의 폐, 하나의 의식으로 만들어줄 거란다.

남성: 너는 앞으로 코를 통해 우주의 깊이를 느끼게 될 것인데, 그렇게 되면 혀로 짠맛, 단맛, 쓴맛, 신맛 등 이 세상의 모든 맛을 아주 즐겁게 느낄 수 있을 거란다. 하지만 무엇보다도 숭고한 물의 맛을 가장 좋아하게 될 거야. 그 자비로운 액체는 너에게 영혼의 투명함과 셀 수 없이 많은 것들에 대한 네 마음의 적응력, 모든 것을 생명의 황홀경 속에 녹여버리는 사랑의 평화로운 힘을 보여줄 거야.

여성: 네 손은 펴고 쥐는 법, 주고받는 법을 배우게 될 거란다. 손은 무언가를 만짐으로써 네 뇌를 조화롭게 구성한단다. 네가 네 몸과 자기 자신을 인지하고 자각하게 되면 겨울이 지나 봄에 꽃이 피듯 감각이 활짝 열릴 거야.

여섯 번째 달

여성: 여섯 번째 달.

남성: (내담자가 여성인 경우) 너는 사람 꼴을 갖추게 되었단다. 중성적이었던 몸이 진짜 여자가 된 거지. 이제 너에게는 질, 자궁, 난소가 생겼어. 거기에 의식을 집중하면서 너의 성별을 느껴보렴. 그 안에 영원이 깃들어 있단다. 너는 난자가 될 수 있는 세포를 수백만 개나 품고 있어. 너는 너 자신뿐 아니라 앞으로 다가올 인류를 만들어내고 있는 거란다. 딸아, 너의 성기는 성전과도 같단다. 그것은 신성 의식에서 태어난 신성한 사슬의 연결 고리인 거야.

여성: (내담자가 남성인 경우) 너는 사람 꼴을 갖추게 되었단다. 중성적이었던 몸이 진짜 남자가 된 거지. 이제 너에게는 음경과 고환이 생겼어. 거기에 의식을 집중하면서 너의 성별을 느껴보렴. 그 안에 영원이 깃들어 있단다. 너의 생식샘은 앞으로 정자를 만들어낼 거야. 여성의 난자는 한 번 만들어지면 죽을 때까지 몸에 남아 있지만, 정자는 수명이 짧고 끊임없이 새로 만들어지는 것이란다. 삶이란 영원한 것과 덧없는 것의 만남이지. 너는 너 자신뿐 아니라 앞으로 다가올 인류를 만들어내고 있는 거란다. 아들아, 너의 성기는 성전과도 같단다. 그것은 신성 의식에서 태어난 신성한 사슬의 연결 고리인 거야.

남성: 너의 뇌도 역시 성전이라고 할 수 있단다. 너는 집단의 기억을 유산으로 물려받았으며, 너의 뉴런에는 조상 수십억 명의 꿈과 환상이 담겨 있어.

여성: 더 나아가, 너의 뇌에는 미래의 모든 계획이 담겨 있단다. 네가 새로운 뇌를 만들어내 변이를 일으키는 순간, 텔레파시 능력을 계발하는 순간, 정신력으로 공중 부양을 하는 순간, 새로운 은하로 대이주를 하는 순간, 네가 전 우주로 자손을 퍼뜨리는 순간. 내 아들(딸)아, 이미 모든 게 네 안에 있단다.

일곱 번째 달

남성: 일곱 번째 달.

여성: 너의 피부가 층층이 두꺼워지면서 네 존재 전체도 더 단단해졌어. 너는 피부를 통해 일체와 하나가 된단다. 피부는 너를 세상과 분리시키는 면이 아니라 활짝 열려 있는 경계야. 너의 수많은 모공을 느껴보렴. 너는 그것을 통해 주고 또 받고, 신성한 의식을 호흡하고, 그것을 흡수하고, 소화하며 온몸을 통해 숨을 내쉬지. 너는 신성한 존재란다.

남성: 너의 손바닥과 발바닥 그리고 손가락 끝에는 그 누구와도 같지 않은 무늬가 만들어졌어. 이것들은 네가 독특한 존재라는 증거야. 또, 너만이 가진 어떤 것, 즉 너의 소중한 정체성을 이 세상에 가져다주기 위해 네가 여기 왔다는 증거이기도 해. 너 같은 사람은 지금까지 아무도 없었고 앞으로도 없을 거야. 너는 귀중하고 독특한 보석이 되어 영원 속에 새겨질 거란다.

여성: 네 얼굴은 이미 잘 만들어져 있어. 얼굴은 내면과 외면이 소통하고 하나되는 창이란다. 네 얼굴 뒤에는 과거, 네 얼굴 앞에는 미래가 펼쳐져 있고 너의 이목구비에는 네 영혼인 현재가 반영되어 있지.

남성: 다른 사람들이 원하는 모습이 아닌, 있는 그대로의 모습으로 세상에 나오려면 너는 나와 소통해야 한단다. 너를 어머니와 연결해주는 끈이 탯줄이라면, 아버지인 나

와 연결해주는 끈은 내 목소리야. 내가 너의 한 측면이라는 것을 알고 있으렴. 나는 네가 예쁜 모습으로 완전히 자랄 수 있도록 돕고 싶단다. 그러니 내게 듣고 싶은 말이 있다면 그것이 무엇인지 내게 알려줘. 내게 부탁하고, 요구하렴. 나는 내 온 존재로 너의 말을 듣고 있단다.

(내담자는 자신이 태중에 있었을 때 들었으면 좋았으리라 생각하는 말을 '아버지'에게 요청한다. 그러면 남성 테라피스트는 내담자가 요청한 말을 다정하고 깊은 목소리로 한 문장 한 문장 정확하게 반복해서 말한다.)

여덟 번째 달

여성: 여덟 번째 달.

남성: 네가 무럭무럭 자라나고 있는 그 무한한 평화 속에서, 너는 자신이 백일몽을 꾸고 있는 건지 아니면 네 어머니와 함께 잠을 자고 있는 건지, 그것도 아니면 둘 다 같은 꿈속에서 하나가 되어 있는지 모를 거야. 너는 어머니의 무의식을 통해 정확한 기억이 아닌, 강렬한 에너지로 조상에 대한 앎을 얻게 된단다. 너는 새로운 세포를 통해 미래의 계획을 파악할 수 있어. 너는 필멸의 몸으로 하강해 내려온 거룩한 존재, 즉 아바타란다.

여성: 이 하강을 두려워하지 말렴. 너의 신성함과 위대함을 느끼기 위해서는 인체의 작은 기관을 힘겹게 통과해 거대한 우주의 기관으로 나와야 해. 처음에는 이것을 고

통이라 오해할 수도 있지만 사실 그것은 너를 돕는 수축 작용일 뿐이란다. 동물적 한계를 열고 네 의식에 숭고한 확장이 일어나게 하려는 것이지. 너의 심장 박동을 느껴보렴. 그 안에 우주의 중심이 있단다. 너의 뇌는 돌연변이를 일으킬 준비가 되어 있어. 그러한 변이가 너를 우리의 스승으로 만들어줄 거야.

남성: 너의 영혼은 우주의 계획에 따라 육신 안으로 들어왔고, 너는 네 몸을 올바르게 키우고 있어. 그러면서 감각 능력이 예민한 부분들도 나타나고 있지. 성적 에너지가 활성화되고, 젖꼭지를 빨 수 있도록 입 주변의 신경도 발달되었어. 젖을 빨 때 느껴지는 이 숭고한 감정은 "감사합니다"라는 한 단어로 요약될 수 있단다. 이 말이 네 모든 언어의 기초가 될 거야. 감정적 에너지는 삼키는 법을 알려주는데, 이는 영혼의 본질적인 활동인 '받아들이기'를 가능하게 하는 중요한 행위란다. 정신적 에너지는 하품하는 법을 가르쳐줘. 이렇게 너는 과거의 경험과 미래의 가능성을 받아들임으로써 긴장을 풀 수 있단다. 너는 '신뢰'하는 법을 배우고 있어. 물질적 에너지는 물건을 잡는 법을 가르침으로써 네가 신중하면서도 두려움 없이 네 몸을 파악하여 외부, 타인, 세상을 탐구할 수 있도록 준비시켜준단다. 너는 손을 쥐고 펼 때 만지는 모든 것이 잠시 빌린 것일 뿐임을 깨닫게 될 거야. 심지어 지금 자라나고 있는 이 몸도 언젠가는 떠나보내게 될 거란다. 오늘 네가 몸

을 가짐으로써 느낀 행복만큼 기쁘게 말이야. 네 몸은 네 영혼의 탈것이란다. 그러니 네 몸을 사랑하렴.

여성: 이제 귀가 생겼으니 음악을 느껴보렴. 음악을 흡수하고, 음악을 너의 가슴 안으로 들여보내고, 음악이 네 피를 돌게끔 하렴.

(테라피스트들은 내담자에게 부드럽고 차분한 합창곡을 들려준다. 두 사람은 담요에 덮인 내담자의 몸을 몇 분간 다정하게 어루만져준다. 그러다 내담자가 음악의 리듬을 따를 수 있도록 살살 리듬을 타 움직인다.)

아홉 번째 달

여성: 아홉 번째 달.

남성: 네 몸이 계속 커져서 공간이 점점 좁아지고 있단다. 움직일 수 있는 공간이 거의 없고 팔이나 다리를 뻗을 수도 없으며, 몸이 불편하고 아파오지. 그러나 생명의 물결, 따뜻한 에너지가 네게 스며들고 있단다. 건강하게 자란 네 소화기관의 기쁨을 느껴보렴. 또, 발달이 끝난 네 폐의 힘도 느껴보렴. 네 폐는 기적처럼 산소를 받아들일 준비가 다 되었단다. 어둠 속에서 눈을 떠봐. 네 눈에는 간절히 기다리던 빛을 볼 능력이 이미 갖춰져 있어. 고통을 이겨낸 기쁨은 미소라는 네 표정 하나로 요약된단다. 살짝 올라간 입꼬리는 네 영혼이 언제나 가볍다는 것을, 물질의 무게를 벗어난 네 의식이 높이 떠올라 자유롭게 우주

끝까지 여행할 수 있다는 것을 상기시켜주지.

여성: 좁은 공간에도 불구하고 네가 미소 짓는 이유는 적당히 따뜻한 온도에 배고프지도 않고, 큰 소리나 밝은 빛으로부터 보호받고, 내 심장 박동 소리에 편안함을 느끼기 때문이야. 내 심장 소리는 네게 "당신은 당신이고 나는 나"라고 말해주고 있어. 이제 너는 태어날 준비가 다 되었어. 너는 있는 그대로의 너 자신으로 존재할 권리가 있단다. 또, 너에게는 너의 신성한 호기심이 깨닫고, 경험하고 싶어하는 대로 아무 제한 없이 느끼고, 보고, 듣고, 만지고, 맛보고, 냄새 맡을 권리가 있어. 너는 원하는 것을 생각하고, 원하는 사람을 사랑하고, 한계 없이 욕망하고, 우주가 널 위해 어떤 것을 창조했는지 깨달을 권리가 있단다.

남성: "나는 그대의 것입니다. 나는 그대를 믿습니다. 그대는 나의 행복입니다"라는 이 반복적인 기도를 영혼 안에 잘 간직해두렴.

여성: 마음의 준비가 되면 머리가 아래로 가도록 몸을 움직이기 시작하렴. 언제 태어날지는 네가 결정하는 거야. 나는 네 결정에 반대하지 않고 너와 협력할 거란다. 네가 리드하렴. 나는 너를 따라갈게. 우리 둘은 함께 행복한 출산을 할 거야.

(테라피스트들은 인내심을 가지고 내담자가 태어나겠다고 결정을 내릴 때까지 기다린다. 내담자가 9개월간의 메시지를 잘 받아들였다면 얼마 지나지 않아 고개를 아래로 향하게 하고 조금씩 머리를 내밀

것이다. 남성은 여성의 맞은편에서 손을 활용해 질에서 빠져나오는 듯한 감각을 만들어준다. 여성은 출산을 연기할 때 강한 오르가슴을 느끼는 척을 한다.)

여성: 너는 내 질을 꽉 채우면서 늘이고 있단다. 나는 완전한 기쁨으로 너를 낳고 있어. 내 가슴도 한껏 부풀어 오르며 기쁨으로 고동치고 있지.

(내담자가 담요에서 완전히 빠져나오면 남성은 내담자를 부드럽게 안아 그를 여성의 품에 안겨준다. 여성과 남성은 예쁜 아이를 맞이한 것에 대한 큰 행복을 표현한다. 그런 다음 '어머니'가 가위로 탯줄을 자른다.)

여성: 너는 내 아이이기도 하지만 이 세상의 아이이기도 해. 탯줄을 자름으로써 나는 네 인생 일체를 너에게 넘겨주었단다. 그러니 앞으로 네 인생은 너의 것인 거야. 너는 이제 막 태어났어. 사랑 가득한 이 젖의 기억이 너의 기억 속에 새겨지면 좋겠구나.

(여성은 연유를 한쪽 가슴의 젖꼭지에 부어서 내담자가 젖을 빨면서 그것을 먹을 수 있도록 한다. 의식이 모두 끝나면 남성은 "너는 어떤 이름으로 불리고 싶니?" 하고 묻는다. 내담자가 자신의 가계를 분석한 후 자신에게 주어진 이름에 부정적인 의미가 담겨 있다는 것을 알게 되었다면 새로운 이름을 선택해야 한다. 개명이 끝나면 남성과 여성은 내담자를 아기처럼 대하면서 목욕을 시켜야 한다. 비누로 정성껏 몸을 씻기고, 부드럽게 물기를 말려주고, 새 옷을 입을 수 있도록 도와준다. 반지나 시계는 물론, 헌 옷도 보관해서는 안 된다.

내담자가 옷을 다 입으면 여성과 남성은 그의 손을 잡고 함께 밖으로 나간다. 둘은 내담자를 이제 막 걸음마를 배운 어린아이처럼 대하면서 그와 함께 걷는다. 내담자에게 케이크나 과자를 사주는 것도 좋다. 그런 후, 두 사람은 내담자에게 작별 인사를 해야 한다.)

여성과 남성: 두 번째 탄생 의식이 끝났습니다. 부모님 역할은 여기서 그만하겠습니다. 우리를 따라오지 마세요. 이제 당신은 당신 자신의 아버지이자 어머니입니다. 더 이상 아무것도 묻지 마세요. 시간과 노력을 들이고, 씨를 뿌리고, 의식을 발전시키세요.

(내담자는 뒤도 돌아보지 말고 그들을 떠나야 한다.)

80. 염세주의자를 위한 치료법

어떤 병이 치유되려면 우선 치유되기를 원해야 한다. 아픈 사람이 낫기를 원하지 않으면 의사도 병을 고칠 수 없다. 오랫동안, 나는 좋아하는 것이 아무것도 없다고 허풍을 떨면서 세상은 더러운 곳이라고 주장하는 사람들을 도울 방법이 없다고 느꼈다. 그러던 어느 날, 나는 니체가 쓴 〈즐거운 학문〉이라는 책에서 시 하나를 발견하게 되었다. 시 내용은 이렇다. 어떤 염세주의자가 욕하고, 고함치고, 침을 뱉는 모습을 참다 참다 인내심이 바닥난 한 철학자가 있다. 그는 염세주의자에게 이런 처방을 내린다.

매일 아침 살찐 두꺼비를 삼키라.

이 처방에 따르면 염세주의자는 남은 하루 동안 역겨운 것은 쳐다도 보지 않을 것이다. 물론 염세주의자들은 실제로는 이런 처방을 따르지 않을 테지만 적어도 나에게 이것은 훌륭한 사이코매직 조언이었다. 조언이나 도움을 주는 것과 그것을 따르도록 강요하는 것은 다른 문제다.

2부

사회를 위한 사이코매직

사이코매직 행위가 개인을 치유할 수 있다면 집단 전체를 치유하는 행위를 하는 것 역시 가능한 일이며, 꼭 필요한 일이기도 하다. 하지만 사회를 위한 사이코매직 행위는 좀더 어려운 작업이다. 왜냐하면 다양한 사고방식(종종 적대적이기도 한)을 가진 사람들이 그러한 행위를 기꺼이 받아들일 수 있도록 해야 하기 때문이다. 사회를 위한 사이코매직 행위는 비정치적이어야 하며, 신성 모독적이거나 파괴적이어서는 안 된다. 이런 행위는 아름다워야 할 뿐 아니라 의식을 치유하고 확장하는 데에도 도움이 되어야 한다. 또, 사회적인 사이코매직 활동은 정부 당국의 지원을 받아야 한다. 그러나 정부가 정치-경제적 해결책, 식민주의, 혁명, 전쟁만으로는 인류를 점점 더 옭아매고 있는 이런 자기파괴적인 상황을 해결할 수 없다는 사실을 깨닫지 못하는 한, 영적인 변화가 필요하다는 것을 인식하고 사람들을 평화, 형제애, 삶의 기쁨으로 이끄는 집단적 행동을 조직하는 것은 대범한 개인이 되어야 할 것이다.

정치적 실종자

어느 칠레 여성들이 아우구스토 피노체트Augusto Pinochet (1915-2006) 정권 시절인 1970~1980년대 사이에 실종된 가족들의 영혼이 편히 쉴 수 있는 행위를 알려달라고 내게 요청한 적이 있었다. 왜냐하면 정치적인 이유로 실종된 이들은 시신을 찾을 수가 없어 가족들이 애도를 할 수도 없고, 무덤에 찾아가 꽃을 놓을 수도 없었기 때문이다. 나는 그들에게 다음과 같은 행위를 권장했다.

사막(사막을 찾기 힘들다면 휴경지)으로 가서 최대한 깊게 무덤을 파라. 각 구덩이의 바닥에는 비둘기가 들어 있는 새장을 놓는다. 비둘기의 다리에는 '자유'라는 글씨가 적힌, 양피지 같은 작은 종이가 묶여 있다. 행위자들은 구덩이 옆에 무릎을 꿇고 실종된 가족을 떠올리며 최대한 많은 눈물을 흘린다. 일부 행위자는 구덩이 바닥으로 내려가 새장을 열어 비둘기가 빠져나갈 수 있도록 한다. 이들은 새장 안에 수정을 넣어둔 뒤 구덩이에 흙을 채운다.

틀라텔롤코 학살(Tlatelolco massacre)

1968년 멕시코시티의 주거 지역 내의 한 광장에서 군대가 반정부 시위를 하던 수백 명의 학생을 학살한 사건이 있었다. 틀라텔롤코 문화대학(CCUT) 총장은 이를 정화하는 행위를 나에게 요청해왔다. 이러한 대량 학살의 기억은 아파트가 밀집되어 있는 이곳의 거주민들을 괴롭게 한다. 그래서 나는 다음과 같은 행위를 제안했다.

슬픈 역사가 있는 그 광장 주변에서 마리아치 밴드 100팀이 한목소리로 〈라 요로나〉(La Llorona)(요로나는 자신의 아이들을 죽인 뒤 유령으로 변해 그들의 죽음을 슬퍼하는 불쌍한 여인이다)라는 노래를 연주한다. 전주가 연주되는 동안 얼굴에 해골 가면을 쓴, 검은 옷을 입은 많은 남성들이 광장 전체에 빨간색 플라스틱 구슬을 흩뿌린다. 이 구슬들은 광장에 흘려진 피를 상징한다. 광장이 빨갛게 물드는 동안, 교향악단(가능하면 라이브가 좋지만 녹음본도 괜찮다)이 멕시코 작곡가의 숭고하고 장엄한 교향곡을 연주한다. 이 교향곡에 맞춰 7세에서 9세 사이의 수많은 남녀 어린이가 빗자루로 빨간 플라스틱 구슬을 광장의 한쪽 끝에서부터 쓸기 시작하여 다른 쪽 끝까지 쌓아 올린다. 빗자루를 든 아이들이 다다른 그곳에는 십자가 모양으로 팔을 벌리고 있는 사람 모양의 커다란 투명 비닐봉지가 놓여 있다. 이제 광장에 거대한 빨간 사람이 누워 있는 모습이 될 때까지 거기 대기하고 있던 다른 아이들이 봉지에 구슬을 채운다. 여기에 흰색 헬륨풍선을 최소 2,000개 이상 묶어서 '빨간 인형'이 하늘로 올라가게 한다. 시야에서 사라질 만큼 높이 올라가야 한다. 그런 다음 긴 흰색 치마를 입고 상체는 벌거벗은 500명의 어머니들이 벌거벗은 아기를 품에 안고 광장으로 들어온다. 그들은 깨끗해진 광장에 앉아 아이들에게 모유 수유를 한다. 이때 군용 헬기 세 대가 도착해 생명을 찬양하는 콜럼버스 이전 시대 원주민들의 시와 다양한 시대의 멕시코 시인들의 시가 적힌 하얀 책갈피를 비처럼 뿌린다. 책갈피 비가 그치고 헬리콥터가 떠나면 경비행기가 와서 하늘에 연기로 '희망'이라는 단어를 쓰고 지역 주민들은 건물의 모든 창문에 녹색 깃발을 건다.

(안타깝게도 총장은 이렇게 큰 행사를 조직할 만한 자금이 없다고 답했다.)

볼리비아를 위한 항구

볼리비아는 내륙 국가라는 점이 참 아쉬운 나라다.[*] 2006년, 나는 칠레 대통령 미첼 바첼레트^{Michele Bachelet}와의 개인적

---

* 1879년 태평양 전쟁에서 패한 볼리비아는 태평양 해안 영토를 칠레에 빼앗기면서 졸지에 내륙국이 되었다. 그러다 1992년, 페루는 볼리비아 배들이 페루의 일로^{Ilo} 항구를 통해 무역을 할 수 있도록 허가해주었다. 이런저런 역사로 인해 페루와 볼리비아는 대체적으로 사이가 그리 좋지 않은 국가다.

인 면담에서 우리나라 칠레가 볼리비아에 아무런 대가 없이 항구를 제공해주면 어떻겠냐고 제안했다. 칠레의 이 같은 이타적인 행동은 세계 모든 나라에 경쟁이 아닌 협력을 가르치는 훌륭한 본보기가 될 것이다.

로마의 여자 교황들

현재 교회의 권위는 어머니 여신을 배제하고 아버지 신만을 대표하는 한 남자에게 집중되어 있다. 따라서 이에 평화적으로 항의하기 위해서는 교황이 바티칸에 공개적으로 모습을 드러낼 때 여자 교황으로 변장한 천 명 이상의 여성들이 그의 축복을 요청하는 것이 좋다.

평화 시위

미국 어느 도시의 큰길에서 백인과 흑인 엄마들로만 구성된 시위가 열린다. 이들은 아기를 교환한다. 백인 여성은 흑인 아이를, 흑인 여성은 백인 아이를 품에 안는다. 필요한 경우 모유 수유도 한다. 두 개의 긴 평행선으로 서 있는 여성들 사이로 '평화'라는 한 단어가 적힌 플래카드를 든 흑인과 백인 남성들이 행진한다. 절반 정도는 흰색 바탕에 검은색 글자를, 나머지 절반은 검은색 바탕에 흰색 글자를 쓴다.

기아 반대 시위

선진국의 어느 쇼핑 거리에서 매우 뚱뚱한 남성과 여성으로만 조직된 시위대가 무언의 시위를 한다. 각 시위자는 뼈가 다 드러날 정도로 심한 영양실조에 걸린 아이의 사진을 들고 있다.

적대적인 국경 장벽

멕시코와 미국 또는 이스라엘과 팔레스타인을 가르는 긴 장벽의 양쪽에 전 세계에서 온 선의의 예술가들이 거대한 문을 여러 개 그린다. 활짝 열려 있으며, 아름다운 경치와 하늘, 도시가 있는 곳으로 자유롭게 드나들 수 있는 문을 그린다.

집단적 치유

개인은 집단에 속하고자 하는 본능이 있기 때문에 사회의 인정과 사회적 소속감이 꼭 필요한데, 홀로 고립된 생활을 하는 환자는 자신이 속한 공동체의 관심과 애정을 받는 환자보다 치료에 더 오랜 시간이 걸린다. 613개의 유대교 계율 중에서 가장 중요한 것은 아픈 사람을 찾아가 만나는 것이다. 선한 마음을 가진 사람들이 있다면 함께 모여 환자에게 집단 치유를 해주는 것이 좋다. 나는 2007년 12월, 칠레 산티아고에 있는 카우폴리칸Caupolicán 극장에서 사회를 위한 사이코매직 강연을 한 적이 있다. 나는 작은 직사각형 모양 단상에 서 있었으며 강연에 참석한 6,000명의 관객은 모두가 단상을 둘러싼 원 모양으로 앉아 있었다. 나는 관객들에게 환자를 치유한다는 생각에만 집중해달라고 부탁했다. 그리고 갑상선암과 여러 수술로 인해 20년 동안 말을 하지 못하던 40세 여성을 단상 한가운데 세웠다. 그녀의 목소리는 고음의 쇳소리 같아서 거의 알아들을 수가 없을 정도였다. 나는 "우리는 모두 치유자입니다"라고 말했고, 이어서 6,000명의 청중이 그 여성을 향해 손을 뻗으며 그녀에게 치유의 에너지를 보냈다. 감격에 겨워 눈물을 흘리던 그녀는 이때 큰 감동을 받았다. 몇 분 동안 그녀는 세상의 중심이 되었고, 자신의 치유를 기원해주는 수많은 사람들로 둘러싸여 있었다. 우리는 그녀의 가족들이 그녀가 사랑하지 않는 남자와 결혼을 하도록 강요했다는 사실을 알게 되었다. 암은 그녀가 딸을 낳았을 때부터 시작되었다. 이제 20대의 젊은 여성으로 자란 딸은 태어나서 한 번도 어머니의 제대로 된 목소리를 들어본 적이 없었다. 집단의 치유 에너지를 받은 이 여성은 단 몇 분 만에 목구멍에서 무언가가 열리는 것을 느꼈다. 몇 달 후, 그녀는 목소리와 함께 삶의 기쁨을 되찾았다. 그녀는 노래를 배우기 시작했고 딸과의 관계도 극적으로 개선되었다. 나는 집단적 치유를 하려는 이들에게 다음과 같이 하기를 권한다.

최대한 많은 사람들이 모여서 원을 그리고 앉는다. 그리고 손바닥을 중앙에 있는 환자를 향하게 하여 그의 치유를 기원하라. 이렇게 함으로써 당신은 많은 환자들에게 유익한 치유 에너지를 전해줄 수 있다. 5분에서 8분 정도만 애정 어린 관심을 주더라도 환자는 당신이 아낌없이 주는 그 에너지를 소중한 선물로 받아들인다. '치유자'가 '치유 파동'을 보내는 동안 남성은 음절 a를 챈팅하고 여성은 음절 mor를 챈팅한다.

안티 올림픽

올림픽은 마치 전쟁처럼 조직되어(각 국가는 다른 국가를 물리치려 한다) 승자는 자부심과 우월감을 느끼고 패자는 슬픔과 굴욕을 느낀다. 나는 언젠가는 올림픽이 국가의 승리가 아니라 인류의 승리를 목표로 삼아야 한다는 것을 이해하는 정부가 생겨나기를 바란다. 예를 들어 어떤 선수가 신기록을 세워 역사상 가장 빨리 달리는 선수가 된다면, 이는 자국에서만 축하할 일이 아니라 전 지구가 함께 축하해야 할 일인 것이다. 운동선수에게는 국적이 필요하지 않다.

나는 의식이 깨어 있는 나라에 전 세계 모든 선수가 자신의 승리를 인류 전체에 바치려는 의도로 참여하는 반反올림픽 개최를 제안한다. 반올림픽 경기장에는 국기도, 나라별 유니폼도, 국가도 없다. 상으로 수여되는 월계관에는 국적 표시가 없다. 온갖 인종의 어린이들이 이 월계관을 들고 등장해 선수들에게 상을 수여해준다.

세계 연합

인터넷을 통해 최대한 많은 수의 지구촌 사람들이 미리 합의하여 무작위로 선정된 어느 국가 수도의 중심 대로에서부터 지워지지 않는 보라색 합성수지 페인트로 폭 22센티미터의 선을 그리기 시작한다. 이 선은 세계 연합을 염원하는, 선의를 지닌 사람들에 의해 연장되어 전 세계로 뻗어나간다. 각국 정부는 페인트를 무상으로 제공한다. 선이 작은 물가에 다다르면 그 물가 전체를 감싸는 선을 그리고, 만약 강에 다다랐다면 다리 위를 지나는 선을 그리면 된다. 하나의 상징으로서 3미터 크기의 목재에 그려진 이 선은 대양을 건너가 다른 대륙에서 계속 이어진다.

3부

건강한 내담자들을 위한 사이코매직

겉으로 보기에는 우리가 평온하고 안정적인 세상에서 살아온 것처럼 보일지 모르겠지만 우리가 그간 정복해온, 변치 않는다고 여겼던 영토는 사실 끊임없이 변화하고 확장하는 세상에 속한 것이다. 우리는 집, 거리, 도시, 국가에 갇혀 사는 존재가 아닌, 우주적 춤의 일부인 지구라는 행성에서 진화하는 존재들이다. 우리는 초속 30킬로미터로 태양 주위의 우주를 여행하고 있다. 태양은 초속 220킬로미터로 은하 중심을 돌며 지구를 끌어주고 있고, 우리 은하는 초속 90킬로미터로 이웃에 있는 안드로메다 은하를 향해 이동하고 있다. 우리 은하와 안드로메다 은하로 구성된 이 그룹은 처녀자리 은하단과 히드라자리, 켄타우루스자리라는 초은하 집단에 이끌려 초속 60킬로미터의 속도로 움직이고 있다. 이들은 수만 개의 은하로 이루어진 또 다른 초은하 집단을 향해 움직인다. 이와 같은 과정이 계속되다 보면 우리 우주는 훨씬 더 복잡하고 광대한 다른 우주에 끌려가고, 그 우주는 다시 다른 우주를 중심으로 회전하면서 다중우주를 형성한다.

헤아릴 수 없는 이런 우주적 춤 속에서 모든 것이 태어나고, 죽고, 변한다. 그렇다면 우리는 우리 자신을 어떻게 정의할 수 있을까? 개인이 의식을 발달시키면 뇌의 뉴런을 서로 연결해주는 고리도 점점 더 많아진다. 우리가 물질의 일체성을 받아들이고, 모든 것이 서로 연결되어 있으며, 우주가 그 어떤 것도 개별적으로 작용하지 않는 하나의 총체라는 것을 이해한다면 뉴런을 하나로 엮어주는 신비한 에너지가 여러 뇌도 하나로 엮어준다는 것을 생각해볼 수 있다. 이러한 집단적 결합을 사념체(egregore)라고 한다. 프랑스의 마법사, 오컬티스트이자 시인인 엘리파스 레비^{Eliphas Levi}(1810-1875)는 사념체를 "에너지와 행동의 영혼들, 영혼의 왕자들"이라 정의했다. 우리에게는 가족 사념체, 국가 사념체(보통 동물로 상징된다. 러시아의 곰, 미국의 독수리, 프랑스의 수탉, 스페인의 황소, 칠레의 사슴 등) 그리고 인류 전체가 만들어낸 행성 사념체가 있다.

개인의 삶은 덧없지만 인류는 불멸할 수 있다. '나'에서 '우리'로 나아가기 위해, 그리고 진화하는 우주(각 원자가 영이 되는)라는 우주적 계획에 함께하기 위해 우리는 정신적 속박에서 풀려나야 한다. 그러면 그 어떤 주관성도 우리를 창조 에너지로부터 분리시킬 수 없다. 자신을 어딘가에 속해 있다고 생각하거나, 동일시하거나, 무언가로 정의하기를 멈춘다면 우리는 '합일'에 도달할 것이다. 우리는 여러 개념들을 담고 있는 성배지만 우리가 곧 감정이나 욕망은 아니듯이, 우리는 그러한 개념들 또한 아니다. 생각-감정-욕망은 가족, 사회, 문화로부터 주입받은 것으로서 우리는 이를 기본 재료로 삼아 그것을 변성시키는 과정을 거쳐야 한다. 이 과정은 죽었다가 다시 태어나야 하는 과정이며 더 이상 영을 감싸고 있는 육체로 존재하는 것이 아닌, 몸을 계속 바꿔 입으며 창조의 끝까지 항해해나가는 영으로 변모하는 과정이다. 그렇게 되면 우리는 자신을 젊음이나 늙음, 여성이나 남성으로 정의할 필요가 없으며 학위, 유니폼, 이름, 국적이 우리의 비개인성을 제한하지 못할 것이다. 개인이라는 가면을 쓴 우리는 아무도 아닌 상태에서 오는 평화를 누릴 것이다. 인간과 신성 사이에는 아무런 장벽도 없을 것이다. 우리는 온 우주를 알게 될 것이다. 우리는 우주의 수명만큼 오래 살 것이다. 우리는 우주 의식이 될 것이다. 우리는 영원토록 창조할 것이다….

개인의 진정한 자아실현은 인류 전체를 아우르는 목표 없이는 불가능한 일이다. 지금 시대의 의식 수준을 고려해본다면 이러한 목표는 지나치게 이상적으로 느껴질 수도 있다. 그러나 숭고한 목적이 없는 인생을 살아가는 사람은 그에게 필요한 정신적 변화를 이루기가 어렵다. 마키아벨리Machiavelli는 그의 저서 〈군주론〉에서 화살이 과녁을 빗나갈까 두려워하는 궁수에게 과녁보다 더 멀리 조준할 것을 권한다.

개인적 욕망을 절제함으로써 우리는 사회적 책임을 강화한다. 한 개인만의 치유는 있을 수 없는 일이며, 타인의 병은 곧 우리의 병이다. 우리는 덧없고 일시적인 것들을 삶 속에서 배제함으로써 소비 사회의 문제점인 낭비에 대항한다. 그리스 신전에는 "너 자신을 알라"는 심오한 모토와 함께, 그 못지 않게 심오한 "뭐든지 과하지 말라"는 또 다른 모토가 새겨져 있었다. 쓸모없는 물건, 기생적인 관계, 탐욕스러운 활동에서 벗어나는 것은 인류의 생존에 필수적인 일이다. 우리는 정신적 속박에서 벗어나야 한다. 또한 구시대적인 종교들이 전파한 터무니없는 생각들, 어린 시절에 갈등을 겪었던 부모의 감정을 모방하면서 내 안에 살게 된 타인의 감정들, 산업 사회가 심어준 욕망(성적 불만족은 무절제한 소비의 기초가 됨), 실제 자기보다 더 나은 사람으로 보이려는 야망(사회적 신경증에 의해 동기가 부여됨) 등을 내버려야 한다. 아무것도 변하지 않게 하려는 과거의 타성에 젖어 사는 대신, 우리는 끊임없이 확장되는 우주처럼 우리 의식을 확장시키려는 미래의 계획에 모든 것을 내맡길 것이다.

내면 작업을 하고, 감정적 상처를 치유하고, 자비심을 키우고, 다른 사람의 말을 경청하는 법을 배우고, 상업적인 선전과 미디어에 속지 않고, 긍정적인 생각을 하고, 다른 사람들이 바라는 내가 아닌 진정한 나 자신이 되는 법을 배우고, 차별 없이 사랑하고, 수용력을 키움으로써 창조하고, 자기 자신을 파괴하지 않으면서 존재하고, 우주가 내려준 삶의 시간들에 감사하는 사람은 행복하게 살 수 있다. 모든 것이 발전하고 확장되는 세상에서 가만히 서 있기만 하는 것은 퇴보와도 같다. 의식은 무한하고 그것의 발전 또한 영원하며 끝이 없다. 따라서 나는 건강한 사람에게도 가끔 몇몇 사이코매직 행위를 하는 것을 권장한다.

쓸모없는 물건

우리 주변의 모든 사물은 긍정적이거나 부정적인 방식으로 우리 삶에 영향을 미친다. 무의식은 사물에 상징적 의미를 부여하고, 이들은 우리의 마음속에서 생명력을 얻는다. 따라서 사물은 억압된 고통을 해소해주거나 치유력을 뿜어내 오래된 트라우마들을 풀어주는 열쇠 역할을 하기도 한다. 흑마술사들은 이런 원리를 미신적으로 사용하여 사악한 주물이나 부적을 만든다. 집에 있는 모든 물건은 어떤 기억을 동반하고 우리 마음속 공간을 차지하며, 에너지를 빨아먹거나 내어준다. 큰 의미도 없고 쓸모도 없는 물건, 의무감 때문에 보관 중인 선물들, 이미 지나간 과거의 잔재들, 빈 공간을 채우기 위한 장식품, 오래된 문서, 다시는 읽지 않을 책 등은 우리의 생명력과 집중력을 빨아먹으면서 이미 지나온 삶의 시간들에 우리를 묶어둔다. 이것들은 '영적 쓰레기'라고 할 수 있다. 이와 같은 장애물 없이 의식의 발달을 이루려면 다음의 행위를 하라.

스티커를 가져와서 두 그룹으로 나누라. 스티커 한 그룹에는 '예스!'라고 적고 다른 그룹 스티커에는 '노!'라고 적는다. 일요일 밤 자정에 당신이 지내고 있는 방과 그 안에 있는 모든 것(가구, 그림, 책, 음반, 서류, 종이, 옷, 그릇, 자질구레한 장신구, 수집품, 사진, 졸업장, 침대 시트 등)을 꼼꼼히 살펴보라. 밤이 지나고 월요일 아침이 밝아오면 눈에 보이는 모든 물건에 '예스!'(유용한 물건인 경우) 또는 '노!'(쓸모없는 물건인 경우)를 스티커로 표시한다. 어쩌면 우리는 유용하긴 하지만 전 파트너와 함께 살던 시절에 쓰던 물건이라거나 자기도 모르게 죽은 친척으로부터 물려받게 된 물건, 또는 당신을 근친상간적 고리에 묶어두는 선물 등을 발견하게 될 것이다. 이때는 '노!'라고 표시한다.

이 작업이 끝나면 관련 기관에 폐기물과 관련한 신고를 하는 등의 적절한 조치를 취한 뒤 '노!' 스티커가 붙은 모든 물건을 길거리에 쌓아두라. 이 쓸모없는 물건이 얼마의 가치를 지닌 것이든 간에 그것들을 판매하려 해서는 안 된다. 물건을 팔게 되면 그 돈으로 구입한 새 물건이 우리를 그 좋지 않은 과거에 계속해서 묶어둘 것이다.

유용하거나 필수적인 나머지 물건에 붙은 '예스!' 스티커는 "감사합니다!"라고 말하면서 떼어낸다. 이 스티커를 한데 모아 공 모양으로 만든 다음 화분 바닥에 넣으라. 그 화분에 흙을 채운 다음 아름다운 꽃을 심는다.

회의에서의 갈등

중국에는 이런 속담이 있다. "먼저 화를 낸 사람이 말다툼에서 진 것이다." 그런가 하면 힌두교에는 부처님의 내적 평화가 어찌나 크던지 적들이 던진 화살과 돌이 부처님의 몸에 닿자 꽃으로 변했다는 전설이 있다. 세상은 우리가 생각하는 모습이 아닌, 있는 그대로의 모습으로 존재한다. 그저 우리의 믿음 때문에 세상이 다르게 보일 뿐이다. 만약 당신이 분노를 느낄 만한 부정적인 의견을 들어야만 하는 회의에 참여한다면 다음의 행위를 하라.

회의 시작 몇 분 전에 귀에 꿀을 조금 넣고 문지르라. 마찬가지로 잇몸도 꿀로 문지르라. 이렇게 하면 공격적인 말이 살짝 더 달콤한 말로 들리고, 홧김에 내뱉고 싶은 거친 말도 부드럽게 나간다. 이에 더해, 회의에서 언제나 한 걸음 한 걸음을 침착하게 내디뎌야 한다는 것을 상기하기 위해 회의 시작 전에 신발 밑창에 라벤더 에센스를 묻히라.

'신념' 불태우기

데카르트는 이런 글을 쓴 적이 있다. "진리에 도달하기 위해서는 우리가 받아들였던 신념에서 분리되어 지식의 모든 체계를 기초부터 새롭게 재건해야 한다." 우리는 격변하는 세상에서 어느 정도 편안하게 살고 있지만, 자신의 정신을 최대치로 발전시키고 싶다면 가족과 사회가 어린 시절 우리에게 주입한 사상, 신념, 미신, 판단으로부터 자유로워져야 할 필요가 있다. 물론 이러한 것들이 전부 해롭다고 주장하는 것은 아니다. 일부는 진실일 수도 있으니 말이다. 하지만 그것이 아무리 옳다 하더라도 우리 의식에 위협적인 교리로서 강요되어서는 안 된다. 우리 안에 주입된 생각은 행동, 감정, 욕망을 일으키며, 이는 진정한 내 것이 아니기에 우리 의식의 발달을 제한한다.

행위자는 책상 앞에 알몸으로 앉아 세상과 자기 자신에 대해 가지고 있는 모든 생각을 종이에 적는다. 어떤 것에 대한 정의, 종교적 인식, 마땅히 해야 할 일과 하면 안 되는 일, 정치적 의견, 흔히 진리라고 여겨지는 것들을 모두 섞어 적으라. ("나는 반드시 ~해야 한다", "나는 ~하면 절대 안 된다", "나는 생각한다. 고로 존재한다", "착하게 살지 않으면 지옥에 가게 될 것이다", "나는 음악에 소질이 없다", "우리 엄마는 항상 옳다", "사람은 언젠가는 죽는다", "귀신은 존재한다", "동정녀가 신의 아들을 낳았다" 등.)

사상과 신념이 더 이상 떠오르지 않을 때까지 적었다면 그 종이를 태운다. 남은 재는 연유(끈적끈적하고 유아스러운 요소)에 녹여 얼굴을 포함한 머리 전체에 바르라. 행위자는 30분 동안 이 상태로 앉아서 선풍기 바람을 쐰다. 그런 다음 샤워를 하는데, 샴

푸 칠을 하고 헹궈내는 과정을 일곱 번 연속 반복하라. 이제 새 모자를 쓰고 한 시간 동안 거리를 산책한다. 그런 다음 이 모자를 한 아이에게 선물로 주라.

피상적인 친구 관계

삶의 목표를 찾지 못한 사람들은 그저 시간만 때우며 살아간다. 이런 이들은 스스로를 좋은 친구라 여기며 일상의 공허함을 우리와 함께 채우려 한다. 그들은 가십을 말하고, 최근 뉴스에 관해 떠들고, 자기 자랑을 하고, 불평을 하고, 술을 사주면서 우리의 시간을 뺏어가지만 정작 그 자신 혹은 우리 자신의 존재 자체에 관심을 보이거나 마음속 깊은 감정을 느끼지는 못한다. 그들은 우리를 자신의 피상적인 모습을 비추는 거울로 사용한다. 진정한 우정은 함께 시간이나 때우는 것이 아니라 긍정적인 무언가를 함께 만들어가는 것이다. 만약 당신이 이러한 관계에 매어 있다고 느낀다면 다음의 행위를 하라.

'친구'의 사진을 구해 검은색 플라스틱 조각을 입에 붙인다. 사진을 냉장고 안에다 뒤집어 놓으라. 행위자의 무의식은 이 행위가 주는 메시지를 이해할 것이며, 큰 노력을 들이지 않더라도 그 친구와 조금씩 멀어지게 될 것이다.

질이 가진 파워

어머니 여신이 인간의 문화 속에서 사라지고 아버지 신의 통치가 시작되면서 기본적인 상징의 의미가 바뀌게 되었다. 여성적이었던 태양이 남성적 태양이 되었고, 남성적이었던 달이 여성적 달이 된 것이다. 원래 하늘은 여성적인 것이었으며 땅은 남성적인 것이었다. 오늘날 우리의 무의식 깊은 곳에서는 하늘이나 공기를 생각할 때마다 아버지를 떠올리게 된다. 그리고 땅이나 물을 생각할 때는 어머니를 떠올리게 된다.

본질적으로 남성적 가치를 선호하는 이 세상에서 억압받는 듯한 기분을 느끼는 몇몇 민감한 여성들은 가끔 호흡, 그러니까 공기를 들이마시는 것에 어려움을 겪기도 한다. 이들은 무의식적으로 공기가 폐에 들어오는 것을 위험하다고 느낀다. 왜냐하면 공기는 남성 및 아버지의 상징으로서 여성의 몸에 침투해 그녀를 예속할 수 있기 때문이다. 의식적으로 사고하기 시작한 어린 시절부터 이미 확립되어 있던 남성 중심의 권력 구조에 여성이 맞서 싸우기란 쉽지 않다. 나는 이러한 증상으로 고통받는 여성들 또는 그렇지 않은 여성들이 기쁨과 자신감을 느끼며 원활하게 호흡할 수 있도록 다음의 명상을 하기를 권장한다.

등을 대고 누우라. 뒤꿈치가 엉덩이에 가까워지도록 무릎을 접고 가랑이를 최대한 넓게 벌린다. 코와 질에 동시에 집중하면서 깊이 호흡하라. 코와 질을 통해 동시에 숨을 들이쉬고 내쉬는 것을 상상하며 느껴본다. 오로지 질로만 숨을 쉬고 있다고 상상할 수 있을 때까지 감각을 점점 성기 쪽으로 집중한다.

이 명상법은 여성에게 자신감을 심어줄 것이며, 공기가 그녀 자신의 것이라고 느끼게 해준다. 따라서 여성은 침략당하거나 수치당하는 것에 대한 두려움 없이 남성과 마주할 수 있게 된다.

시

사물에 붙은 이름 때문에 그 사물을 혼동해서는 안 된다. 폴란드 출신의 미국 심리학자이자 언어학자이며 비非아리스토텔레스주의 의미론의 창시자인 알프레드 코집스키^{Alfred} ^{Korzybski}(1879-1950)는 이런 말을 했다. "개라는 단어는 물지 않는다", "지도는 실제 영토가 아니다." 현실이 아닌, 현실의 제한된 거울에 불과한 단어를 진리와 혼동해서는 안 된다. 진리는 그 무한한 복잡성 때문에 형언할 수도, 상상할 수도 없는 것이다. 이름, 정의, 지도는 하나의 지표이자 근사치일 뿐이다. 이렇게 분명한 언어가 삶을 정확하게 재현하지 못한다는 무능감은 의식적으로든 무의식적으로든 우리에게 영향을 미치며 의심과 불안을 심어준다. 진실은 상대적인 것이며 실재가 수많은 꼬리표 아래에 숨겨져 있다는 사실은 누구나 어느 정도는 알고 있다. 어떤 의미에서 우리 모두는 개라는 단어에 물려 있으며, 실제 영토가 아닌 지도 속에서 살고 있다. 텔레비전과 기타 미디어는 경제적, 정치적 이해관계에 따라 사건을 왜곡해서 보도한다. 찾는 것이 불가능한 진리(객관적이고 절대적인 것 ― 역주)를 찾는 것과 진정한 것(주관적인 것 ― 역주)을 찾는 것은 다른 문제다. 진정한 것을 찾을 수 있는 유일한 방법은 우리 자신 안에서 본질적인 아름다움을 일깨우는 것이다. 중세의 연금술사들은 아름다움을 '진리의 광휘'라고 불렀다. 우리를 괴롭히는 대부분의 질병은 의식의 결핍에서 비롯된다. 의식과 아름다움 사이에는 아무런 차이가 없다.

사람들을 유아적 수준에 머물러 있게 만들려는 이 세상에서 살아남으려면 아름다움을 언어화할 필요가 있으며, 이러한 언어화는 우리의 감정, 욕망, 일상적인 행동에 영향을 미치게 된다. 이를 위한 가장 좋은 방법은 시를 쓰는 것이다. 시집을 출간하거나 사람들의 박수와 상을 받기 위해 시를 쓰라는 말이 아니다. 이 시는 비밀리에 써야 한다.

1년 동안 행위자는 매일 밤 짧은 시를 쓴다. 시를 쓸 때는 향을 피우고(항상 같은 향이어야 한다), 영감을 주는 음악을 듣고(항상 같은 음악), 항상 같은 노트와 연필을 사용하고, 발바닥과 손바닥에 같은 향의 향수를 뿌리는 습관을 들인다. 사람이나 동물이 없는 방에 알몸으로 자진해서 갇힌 다음 불을 끄고 밀랍 초를 켜서 종이를 밝힌 후 인생의 마지막 순간이 왔다고 상상하며 가장 숭고한 그 느낌을 글로 쓴다.

중국에서는 불교가 전래되기 훨씬 전부터 죽음의 순간을 앞두고 시를 쓰곤 했다. 5세기에 사형 선고를 받은 한 남자는 이런 시를 썼다.

칼로 내 목을 치는 것은 봄바람을 참수하는 것과 같을 것이다.

568년에 죽은 한 승려는 죽기 전에 이런 글을 썼다.

번개의 빛은 오래 빛나지 않는다.

매일 밤 우아하게 죽는 법을 배움으로써, 우리는 다음 날 다시 태어나 삶 속에 아름다움을 들어온다.

위로

우리가 영적 균형을 이루고 고통을 극복하게 되면 다른 사람들의 고통도 인식하게 되며, 그 어느 때보다 더 생생하게 타인의 고통과 인생의 무상함을 느끼게 된다. 우리는 시작이 있으면 끝이 있다는 것을 너무나도 잘 알고 있고, 이런 점 때문에 인류 전체를 위로해주고 싶다는 마음이 들기도 한다. 이는 원대한 꿈이지만 불가능한 이상이기도 하다. 그러나 작은 위로의 행동을 실천하는 것은 가능하다. 선가禪家에는 이런 속담이 있다. "한 송이 꽃이 피면 온 세상에 봄이 온다." 비슷한 맥락으로, 동종요법에서는 다량의 물에 특정 성분 극미량을 녹여 만든 약으로 병을 치료한다. 나는 이타적인 사람에게 다음의 행위를 권장한다.

알고 지내는 사람이든 모르는 사람이든 걱정에 시달리거나 이기적으로 자신의 성공을 뻐기고 다니는 사람을 볼 때마다 "이 또한 지나가리라"라는 문장이 인쇄된 작은 카드를 건네주라.

상상 직업

프로이트에 따르면 행복은 아이의 꿈을 실현하는 데 달려 있다고 한다. 아이들은 종종 "나는 커서 이런저런 사람이 될 거고 이런저런 일을 할 거야"라고 말하곤 한다. 이러한 어린 시절의 꿈은 무의식 속에 기록되어 평생 우리를 쫓아다닌다. 그리고 이 꿈은 비범하고 불가능한 일을 하고자 하는 욕망으로 변모하게 된다. 수없이 많은 사람 중 하나가 된 우리는 남들과 다른 사람이 되기를, 지금과는 다른 어른이 되기를 갈망한다. 나는 이런 상황에 처한 사람에게 다음과 같은 행위를 권장한다.

> 자신의 이름과 함께 어린 시절의 꿈을 실현할 수 있는 가상의 직업을 적은 명함을 인쇄하라. 칠레의 시인 비센테 우이도브로 Vicente Huidobro(1893-1948)는 자신을 '반시인(Anti-poet)이자 마법사'라고 정의했다. 한 정신분석가는 내 조언에 따라 자신을 '그림자 청소부'라고 묘사했다. 다른 내담자들은 자신의 이름 옆에 '투명인간 교수', '돌 최면술사', '사기 진작자', '날개 제작자', '공허 판매원', '꿈 잠수부', '화초 해방자', '높은 곳을 향해 떨어지는 제자' 등과 같은 상상의 직업을 새겼다.

탈동일시

루이 16세의 궁정에서 큰 성공을 거둔 미스터리한 오컬티스트 칼리오스트로Cagliostro(1743-1795)는 자신이 금을 만들 수 있으며, 진주와 다이아몬드를 더 두껍게 만들 수 있고, 생명을 연장해주거나 죽은 자를 살리는 비약을 알고 있다고 자랑했다. 그는 자신이 지구에서 3,400년 이상 살았다고 주장했다. 거짓말쟁이, 사기꾼, 최면술사라는 사람들의 비난으로부터 자신을 방어하기 위해 그는 자신의 높은 의식 수준을 드러내는 몇 문장을 글로 남겼다.

나는 그 어떤 시간이나 장소에서도 오지 않았습니다. 나의 영혼은 시공간 밖에서 영원히 살아갑니다. 내가 생각에 잠겨 세월의 흐름을 거슬러 올라가면, 당신이 인식하는 존재 방식과는 다른 방식으로 내 영혼을 인식하면 나는 내가 원하는 존재가 됩니다. 나의 국적이나 나의 계층이나 나의 종교에 대해서 염려하지 마십시오….

살렘의 대제사장이자 왕이었던 멜기세덱에 대해 성경에서도 비슷한 말이 나온다. 히브리서 7장 2~3절에서 그는 "평화의 왕으로서 아버지도 없고 어머니도 없고 족보도 없으며 생애의 시작도 끝도 없이 하느님의 아들된 자"로 묘사된다. 어떤 의미에서 칼리오스트로와 멜기세덱은 개인적인 자아로부터 탈동일시되는 방법을 보여주고 있는 것이다.

우주에서 가장 복잡한 물체인 우리 뇌에는 수십억 개의 뉴런이 있으며 각 뉴런은 소형 수신기-발신기 역할을 하는 핵을 가지고 있다. 이 세포들은 다른 세포와 결합하여 서로 정보를 전달하는 회로를 형성한다. 같은 방식으로 우리는 가족 및 지인들 그리고 그들이 전달해주는 지식과 접촉하면서 네트워크를 차차 엮어간다. 우리는 경험을 물려받는다. 그러나 이러한 경험들은 제한적이기 때문에 우리의 정신세계도 제한적으로 형성된다. 즉, 우리의 정신이 곧 벗어나기 힘든 감옥이 되어버리는 것이다. 아기는 이 세상의 모든 언어를 구사할 수 있는 능력을 가지고 태어난다. 하지만 아기는 요람에서부터 한 가지 언어만 사용할 수 있는 인간으로 '만들어진다.' 100개 이하의 뉴런으로만 구성된 네트워크에 갇힌 채 말이다. 그러나 나머지 수천억 개의 뉴런을 통해 흐르는 신비한 에너지는 우리의 뇌에 뇌세포 전체로 만들어진 하나의 구조, 즉 미래의 인간이 가지게 될 광대한 마음을 창조하려 한다. 마찬가지로, 이 신비로운 에너지는 지구의 모든 의식도 하나로 묶으려 한다. 이 의식은 연속적인 돌연변이를 통해 우리를 가족·사회·문화적 의지에 맞서는 도구로 만든다. 대부분의 경우 이러한 의지들은 물려받은 개념, 감정, 욕구 및 필요가 축적된 것으로서, 인류를 위한 영적 계획에 반하는 것이며 우리를 낮은 의식 수준으로 떨어뜨린다.

프랑스의 신학자 루이 클로드 드 생 마르탱Louis Claude de Saint-Martin(1743-1803)은 이런 글을 남겼다.

전능하신 하나님, 인간들에게 빛이 쏟아지라고 당신께서 명하셨을 때 무슨 일이 일어났습니까? 그들 삶의 원리는 타성에 있었고, 빛이 그들에게 쏟아졌지만 그들은 그것을 느낄 수 없었습니다. 그들은 한낮에 졸고 있는 아이들 같았습니다.

태아는 이미 어머니의 배 속에서부터 조상들이 물려준 모델을 모방하라는 명령을 입력받는다. 가족은 외부적 모델 없이 '무無'에서 비롯된 순수하고 단순한 생명체를 받아들이려

하지 않는다. 아이들은 계획과 지시("너는 이렇게 저렇게 될 것이다", "너의 모습은 이러하고 저러할 것이다", "너는 우리의 생각과 신념에 순종하며 그것을 외부에 전파할 것이다" 등)에 따르도록 강요받고, 또 제약받는다. 높은 의식 수준에 이르기 위해 우리가 극복해야 할 주요 장애물은 가족, 사회, 문화가 만들어낸 환상인 '개인적 자아'다. 천사가 야곱과 씨름했듯(창세기 32장 24~28절)[*], 본질적이고 진정한 자아는 이 개인적인 자아와 씨름한다. 이 투쟁을 통해 개인적 자아와 '분리(disjoint, 탈구시킨다는 뜻이 있다. ─ 역주)'될 수 있다면, 즉 한계를 깨버릴 수 있다면 개인적 자아는 계획, 운명, 투영 또는 반복으로부터 해방되어 변모된 모습으로 드러난다.

정신을 좀먹는 기생적인 생각을 몰아냄으로써 계몽된 이는 천재가 되고, 차별을 없앰으로써 정서적 평화를 얻은 이는 성인이 되고, 죽음에 대한 두려움을 극복함으로써 자아실현을 이룬 이는 영웅이 되고, 혹독한 훈련을 거쳐 승리를 거둔 이는 챔피언이 된다. 이들은 자신의 조상을 모방하는 수준을 넘어섰으며 자신의 마음, 감정과 욕망, 장기와 내장에 깃들

---

[*] 해당 내용은 다음과 같다. 야곱이 시내 건너에 있는 에서를 만나기 전날 밤, 자다 일어나 두 아내와 두 여종과 열한 아들을 데리고 야뿍 나루를 건넜다. 야곱은 그들을 데리고 개울을 건넌 다음 자기에게 딸린 모든 것도 건네 보냈다. 그리고 혼자 뒤떨어져 있었다. 그런데 어떤 분이 나타나 동이 트기까지 그와 씨름을 했다. 그분은 야곱을 이겨낼 수 없으리라는 것을 알고 야곱의 엉덩이뼈를 쳤다. 야곱은 그와 씨름을 하다가 환도뼈를 다치게 되었다. 그분은 동이 밝아오니 이제 그만 놓으라고 했지만 야곱은 자기에게 복을 빌어주지 않으면 놓아드릴 수 없다고 떼를 썼다. 일이 이쯤 되자 그분이 야곱에게 물었다. "네 이름이 무엇이냐?" "제 이름은 야곱입니다."

어 있는 어떤 신성한 의식을 인식한다. 칼리오스트로처럼 영원과 무한에 거하는 이들에게는 기계적이고 자동적인 그 어떤 것도 존재하지 않는다. 고정관념대로 살아가지 않는 이들은 머릿속에서 지껄이는 목소리를 멈추고, 모든 사건을 어린아이처럼 순수한 눈으로 바라보고, 가슴을 열어 숭고한 감정이 꽃처럼 피어나게 하고, 전통이라는 재에 생명의 숨결을 불어넣어줄 능력을 지니고 있다. 정신이 깃든 몸은 빛나는 삶을 살다가 빌렸던 에너지를 다시 우주에 돌려준다. 그리고 그의 비인격적 본질은 몸의 죽음 이후에도 계속 존속한다.

'정상적인' 사람, 즉 우리 대부분이 그렇듯이 시대의 한계에 따라 사는 사람은 자신의 개체성이라고 믿는 그것에서 벗어나는 데 큰 어려움을 겪을 것이다. 실패, 심각한 질병, 정치적 환멸, 경제적 파산 또는 사랑하는 사람의 죽음 등은 사람을 극심한 고통에 빠뜨릴 수 있다. 마치 깨진 거울처럼 개인적인 '나'가 산산이 부서져버린 것처럼 느껴지고, 모든 것에서 의미가 사라져버린다. 나라고 생각했던 그것도 사라져버린다. 그는 삶을 포기할 것인지 아니면 삶을 재건할 것인지에 대한 딜레마를 어쩔 수 없이 직면하게 된다. 여러 다양한 종파들이 신자들에게 이 위중한 상태를 재현하여 겪게끔 한다. 예를 들어 일부 프리메이슨 롯지lodge에 입회하려면 영원의 상징인 아카시아 나뭇가지가 들어 있는 관에 스스로를 가두어야 한다. 이는 모든 과거의 자신이 죽었음을 상징한다. 그리고 그는 잠시 후 관에서 나오게 되는데, 이는 다시 태어나 새로운 존재로 거듭났다는 것을 상정한다.

우리가 동일시하는 개인적 자아는 신념, 목적, 욕망 등을 가지고 있지만 이것들은 사실 가족과 사회를 모방한 것이며 진정한 현실이라고 볼 수는 없다. **우리는 계속해서 타인의 눈을 통해 세상을 바라본다.** 칼리오스트로라는 익명으로 자신을 드러낸 그는 이름이나 성, 사회 계층, 인종, 국적, 나이, 성별(그는 자신을 '남자'가 아니라 '존재'라고 주장했다), 종교적 신념 또는 정치적 신념, 특정 직업과 자신을 동일시하지 않았다. 그를 정의하는 것은 불가능했다. 당시 사람들은 그를 '마법사'라고 불렀다. 우리가 하루아침에 이러한 자유의 상태에 도달할 수는 없지만, 스스로의 한계를 인식하기 시작할 수는 있다. 그러기 위해서는 '정상적인' 관점이 아닌 다른 관점에서 자기 자신을 바라볼 필요가 있다.

나는 아래에 협소한 자아상을 점진적이지만 확실히 끊어낼 수 있는 몇 가지 연습과 사이코매직 행위를 적어두었다. 무엇보다도, 마음을 변화시키기 위해서는 집중력을 계발해야 한다. 현재 우리는 외부와 내면에서 감지하는 것들을 완전히 보고, 듣고, 느끼지 못하기 때문이다. 개인적 자아는 왜곡된 안경처럼 작용한다. 따라서 우리는 우리가 배운 세상의 모습대로 대부분의 세상을 바라본다. 집중력을 계발하기 위한 방법은 다음과 같다.

집 벽에 2.5센티미터 크기의 검은 원을 그린다. (칠판이나 화이트

보드 같은 곳이 아니라 반드시 벽에 그려야 한다. 상징적으로 보자면 집은 개인적 자아의 전체성을 비춰주는 거울과 같지만 집 안의 가구는 그렇지 않다.) 이 원의 중앙에는 눈에 보일락 말락 한 흰색 점이 있다. 매일 아침 최대한 이른 시간에 행위자는 이 원 앞에 앉아 15분 동안 움직이지 않고 그것을 응시한다. 마음속으로 어떤 말도 하지 않도록 노력하라. 열심히 집중하다 보면 흰색 점이 점점 더 선명하게 보인다. 마음속에 침묵이 찾아오고 흰 점이 크게 보이면 본질적인 자아를 정복하는 큰 걸음을 내디딘 것이다. 매일 아침, 이 짧은 명상 후 행위자는 거리로 나가 자신이 사는 블록 주변을 세 번 돌면서 걷기 기도에 집중한다. 걷기 기도는 마음속으로 다음의 기도문을 반복하는 것인데, 문장을 세 부분으로 나누어 읊어야 하며 각 부분은 한 걸음에 해당한다. "나는 ― 그대의 ― 것입니다. 나는 ― 그대를 - 믿습니다. 그대는 ― 나의 - 행복입니다."

이 연습을 어느 정도 수행한 후 행위자는 동일시에서 벗어나기 위해 금요일에 동이 트면 자신의 얼굴 사진으로 만든 가면을 쓰고 목에 자신의 이름을 부정하는 문구가 적힌 팻말을 건다(예를 들어 이름이 홍길동인 경우 팻말에 "나는 홍길동이 아니다"라고 적는다). 이렇게 변장한 그는 저녁 6시까지 술집, 카페, 식당, 서점, 쇼핑몰, 영화관, 가족이나 친구의 집 등 자신이 자주 가는 장소들을 최대한 많이 돌아다니며 자신을 관찰한다. 그러다 저녁 6시가 되면 집에 혼자 들어가서 가면과 팻말을 눈에 잘 띄는 곳에 두고 옷을 벗으라. 창문을 닫고, 커튼을 치고, 핸드폰을 끄고, 텔레비전과 컴퓨터의 전기 코드를 뽑은 다음 아무것도 하지 말라. 음악을 들어도 안 되고 책을 읽어서도 안 된다. 외부와 완전히 단절된 채로 집에 있으라. 집 청소를 하거나 물건을 수리하거나 가구를 옮기는 등의 행동도 하지 말라. 혼자서 큰 소리로 말하는 것도 안 된다. 침묵만을 유지한다. 가열하거나 조리하거나 당이 첨가된 음식은 먹지 않고 오로지 생 음식(raw food)만 먹어야 한다. 그것도 아주 조금만 먹어야 한다. 커피, 차, 청량음료, 술을 마시거나 흡연을 하거나 약을 해서도 안 된다. 이런 식으로 어떤 활동도 하지 않으면 그는 어쩔 수 없이 자기 자신을 봐야만 한다.

행위자는 자정에 잠자리에 들고, 아침 4시에 알람을 맞추고 일어나 차 한 잔과 과일 한 조각을 아침 식사로 먹는다. 이 근본적인 경험(제한된 개인적 자아를 홀로 마주하는 경험)은 월요일 저녁 6시에 끝날 것이다.

다음 날 아침, 팻말과 가면을 착용한 행위자는 새 옷을 입고 밖으로 나가 방문했던 장소들을 다시 돌아다닌다. 이렇게 자신을 관찰하며 저녁 6시까지 걸어 다닌다. 집에 도착하면 팻말과 가면을 불에 태우고 그 재를 봉투에 담아 중요한 회의가 있을 때마다 왼쪽 재킷 안주머니에 넣어 휴대한다.

개체적인 '나'와의 동일시를 극복하려는 노력을 계속 이어가기 위해 일주일 중 하루(남자의 경우 화요일, 여자의 경우 금요일)를 정해 '나'라는 단어를 말하지 말라. 행위자는 주머니에 빨간 잉크가 든 만년필을 가지고 다니며 '나'라고 말할 때마다 얼굴에 빨간 선을 긋는다.

만약 당신이 높은 위치에 있는 사람이거나 유명한 사람이라면 자기 스스로를 너무 진지하게 받아들일 수 있다. 이런 문제를 극복하려면 3개월에 한 번씩 광대로 변장한 채 광장에 앉아 자신에게 가까이 다가오는 모든 어린아이들에게 플라스틱으로 만들어진 두꺼비나 개구리를 주라. 남자아이의 경우에는 "이 개구리는 마법에 걸린 공주"라고 말해주고, 여자아이의 경우에는 "이 개구리는 마법에 걸린 왕자"라고 말해주라.

어른 되기

창세기 2장 24절의 내용은 다음과 같다. "이리하여 남자는 어버이를 떠나 아내와 어울려 한 몸이 되었다." 또, 마태복음 10장 37절에서 예수 그리스도는 "나보다 아버지나 어머니를 더 사랑하는 사람은 내게 합당하지 않다"고 말한다. 심리적 측면에서 보면, 이 구절들은 아이에서 성인으로 넘어가야 할 필요가 있음을 나타내고 있다. 신비주의 철학자 G. I. 구르지예프(1877-1949)는 인간이 온전한 영혼을 가지고 태어나는 것이 아니라 영혼의 씨앗을 가지고 태어나는데, 이 씨앗은 그가 평생 동안 성장시켜야 하는 것이며, 이를 위해서는 엄청난 영적 노력이 필요하다고 말했다. 또한 그는 "이러한 영적 작업을 하지 않는 사람은 돼지처럼 살고 개처럼 죽는다"고 말하기도 했다.

마티니의 올리브처럼 숭고하면서도 이질적인 요소가 태어날 때부터 우리 몸에 박혀 있다는 것은 우리로서는 받아들이기 힘든 생각이다. 반면, 우리가 작은 의식을 가지고 태어났으며 그 한계를 점점 더 허물어감으로써 (우리 의식과 실재가 같은 크기가 될 때까지) 의식을 발전시켜야 한다는 생각은 좀 덜 환상적인 이야기처럼 들린다. 그러니 돼지와 개에 대해 말하는 대신, 영적인 작업을 하지 않는 사람은 유아적인 삶을 살다가 자아실현을 이루지 못한 채 세상을 떠난다고 말하는 편이 더 나을 것 같다.

이것이 바로 사이코매직의 목적이다. 다시 말해, 행위자가 자신의 가족이 만들어놓은 심리적 감옥에서 벗어나도록 하여 부모 또는 그의 조상이 넘지 못했던 한계를 넘어가게 하는 것이 사이코매직의 목적이라는 말이다. 이는 대단히 어려운 과제이기도 하다. 왜냐하면 조상으로부터 물려받은 결함들이 우리의 '개체성', 즉 개인적인 자아를 이루고 있으며, 우리는 이것을 우리의 본질적인 자아와 혼동하기 때문이다. 개체성은 본질적으로 자기 자신과 외부 세계에 대한 어린 시절의 관점에 의해 만들어진다.

이러한 유아성은 노년기까지 이어지며, 부모를 이름이 아닌 '엄마'와 '아빠'라는 지칭으로 부르는 습관으로 인해 더욱 강하게 굳어진다. 대부분의 어머니는 명령이나 조언을 할 때 이러한 지칭을 아이에게 심어준다. 예를 들어 "내가 말한 대로 해" 또는 "내가 말했잖니"라고 말하지 않고 "엄마가 말한 대로 해" 또는 "너희 아빠가 그랬잖니"라고 말한다. 사춘기가 시작되기 전의 어린아이들은 강력한 원형을 필요로 하는 것이 정상이므로 부모를 '엄마' 또는 '아빠'라고 부르는 것이 필수적이다. 만약 그렇게 하지 않는다면 아이들은 불완전하고 보호받지 못한다고 느낄 것이다. 그러나 열세 살(원시 부족에서 아이가 부모로부터 분리되어 성인이 되는 입문 의식을 치르는 나이)이 되면 더 이상 부모를 그런 호칭으로 불러서는 안 된다. 만약 그렇게 하지 않는다면 개인은 결코 성인이 된 기분을 느낄 수 없을 것이다. 사이코매직에서는 다음과 같은 의식을 치르기를 권장한다.

아이의 열세 번째 생일이 되는 날, 가족들이 모여 축하하는 자리를 만든다. 어머니는 초코펜으로 '엄마'라고 쓰인 직사각형 초코바를, 아버지는 '아빠'라고 쓰인 직사각형 초코바를 아이에게 준다. 그것을 먹은 아이에게 부모는 다음과 같이 말한다. "너는 이제 어른들의 세계에 들어왔단다. 우리를 존중하는 마음은 계속 유지하되, 이제부터는 우리를 거대한 상징이 아닌, 너와 비슷한 존재로 대하고 우리를 이름으로 불러주렴." 그런 다음 어머니는 아이에게 멋진 선물을 주며 새로운 방식으로 감사 인사를 해보라고 권한다(예를 들어 어머니 이름이 김영희라면 아이는 '감사합니다, 영희 씨'라고 말한다). 아버지 역시 선물 하나를 주며 새로운 방식으로 감사 인사를 해보라고 권한다(아버지 이름이 김철수인 경우 아이는 '감사합니다, 철수 씨'라고 말한다). 부모는 아이의 감사 인사에 이렇게 대답한다. "이제부터는 우리를 아빠나 엄마라고 부르면 대답하지 않을 거야. 대신 이름으로 부르면 우리는 온전히 네게 응답해줄 거란다."

마음속에 깊이 박혀 있는 '엄마', '아빠'라는 말에서 벗어나고 싶어하는 어른에게는 다음의 행위를 권장한다.

적어도 1킬로그램 이상의 돌에 '엄마'와 '아빠'라고 쓴 다음 도시에서 조금 떨어진 길로 간다. 흙길이면 더욱 좋다. 행위자는 돌을 최대한 멀리 던지며 앞으로 걸어간 다음 다시 돌을 주워서 세 걸음 걷고 또 던진다. 이런 식으로 돌을 던지고 주우면서 3킬로미터를 걸어가야 한다. 그 후 행위자는 돌을 꿀로 뒤덮은 다음 땅에 묻는다.

4부

사이코매직 사례

책 앞부분에 나온 사이코매직 조언은 각 제목에 써 있는 문제로 인해 고통받는 모든 사람들에게 보편적으로 적용될 수 있지만, 각 개인의 성격과 가정사에 맞게 약간의 변화를 주어야 한다. 4부에서는 다른 사람이나 자신을 위한 사이코 매직 행위를 직접 구상하려는 사람들, 즉 이 기법을 더 깊이 탐구하고 싶은 사람들을 위해 수많은 상담 사례 중 몇 가지를 소개할 것이다. 이는 내가 매주 수요일마다 무료 상담을 해주 는 파리의 한 카페에서 2007년에 진행했던 상담 사례들이다. 나는 카페에 있는 다섯 시간 동안 최대 서른 명 정도를 만날 수 있기 때문에 각 상담 시간이 8분을 넘기지 않는다. 나의 상담에서는 타로카드와 30년 이상의 리딩을 통해 계발된 직 관 능력을 함께 사용하여 심리 검사를 한다. 이렇게 하면 내담자에게 억지로 캐묻지 않아도 마음의 벽에 나 있는 문을 찾아 본질적인 문제로 바로 들어갈 수 있다.

일반적으로 내담자들은 자신이 '왜' 고통받고 있는지 알고 싶어하지 않는다. 그들은 그저 고통스러운 증상만을 없애고 싶어한다. 심인성 질병과 내적 고통은 본질적으로 인식의 부족으로 인한 것이다. 그가 가지고 있는 상처의 근원은 너무나 고통스러워 무의식이라는 어둠 속에 꼭꼭 숨겨져 있다. 타로 상담에서 리더는 내담자를 삶 속으로 돌려놓기 위해 열심히 싸운다. 내가 이제 막 리딩을 시작하던 시기에는 때때로 대단히 사납게 이런 싸움을 벌이기도 했다.

내 책 《스승과 마법사》(El maestro y las magas)에서도 언급했지만, 이런 태도는 나의 선 명상 스승인 에조 타카타[Ejo] Takata(1928-1997)로부터 배운 것이었다. 마침내 무언가를 주는 것과 억지로 받게 만드는 것은 다르다는 것을 이해하게 된 나는 부드럽고 자비로운 길로 나아가기 시작했다. 나는 모든 차별을 내 마음속에서 제거했으며, 잘못 해석된 종교적 문헌에 근거한 도덕성으로 사람들을 엄격하게 심판하는 내면의 판사를 내 영혼으로부터 추방시켰다. 상담 시간 동안 나는 나 자신을 잊고 내 앞에 있는 사람에게 전적으로 집중했다. 오직 유용하게 쓰이고자 하는 마음, 상대에게 다정하게 귀를 기울이려는 마음, 기꺼이 상대의 거절을 받아들이고 그 또한 치유의 중요한 일부로 여기는 마음으로만 상담하면서 가슴을 활짝 열었다.

사이코매직은 과학적 학문이 아닌, 연극에서 유래한 예술적 창작물이며 내담자 안의 창의성을 일깨워 그들 스스로가 자신의 치유자가 되게끔 한다. 이 오랜 활동은 나에게도 매우 유용했다. 나는 지성과 무의식 사이의 장벽을 조금씩 자연스럽게 열 수 있었다. 문제의 원인이 밝혀지면 그 즉시 아무 노력 하지 않아도 사이코매직 행위가 알아서 떠올랐고, 내담자들은 이를 듣고 놀라워했다. 왜냐하면 내가 제안한 행위들이 불가능하거나, 초현실적이거나, 터무니없는 것처럼 보이긴 해도 그들이 실제 겪고 있는 상황과 정확히 맞아떨어졌기 때문이다. 예를 들어 나는 한 멋쟁이 신사에게 어린 아들과 가까워지려면 함께 오토바이를 타라고 말한 적이 있었다. 그러자 그 신사는 최근 오토바이 한 대를 샀다고 말했다. 또 다른 예로, 나는 한 여성에게 말을 탄 뒤 말의 땀으로 몸을 문지르라고 조언했는데, 알고 보니 그녀는 승마 학교를 소유한 사람이었다.

아래에서 소개할 각 사이코매직 행위 역시 내담자가 듣고서 안도의 미소를 지은 것들이다. 그것은 그들이 찾고 있던 것과 정확히 일치했다. 만약 내담자의 문제가 당신의 문제와 비슷하다고 느껴진다면, 그리고 내가 제안하는 행동이 당신의 마음에도 공명한다고 느껴진다면 책에 나온 사이코매직 행위를 당신의 상황에 맞게 조정하여 실행해도 좋다. 예를 들어 내가 가족의 무덤을 찾아가라고 조언을 했다고 치자. 어쩌면 그 가족은 납골당에 모셔져 있을 수도 있고 화장되어 뼛

가루만 남았을 수도 있다. 하지만 납골당이나 유골이 뿌려진 장소에서 사이코매직 행위를 한다고 해서 결과가 달라지지는 않는다. 가끔 나는 실천하기 매우 어려운 사이코매직 행위를 조언하기도 한다. 예컨대 다 큰 성인에게 모유 수유가 가능한 여성을 찾아 그녀의 모유를 먹으라는 조언 같은 것 말이다. 여러 번 거절을 당하더라도 계속해서 자신을 도와줄 여성을 찾으라. 인내하고 믿음을 가지기만 하면 언제나 원하는 바를 이루게 된다. 우리는 "산이 그대에게 다가오지 않는다면 그대가 산으로 가라"는 속담을 조금 바꿔 열의를 가지고 이렇게 말해야 한다. "산에 가지 않아도 온 영혼을 다해 산을 원한다면 산이 내게로 온다."

프랑스의 정신과 의사 자크 라캉Jacques Lacan(1901-1981)은 창조적 황홀경에 빠진 상태로 수업을 하면서 학생들에게 이렇게 말한 적이 있다. "나는 먼저 말을 하고 그다음에 생각한다." 무의식의 메시지에는 꿈의 자발성이 있다. 그것은 지성에 의해 만들어지지 않는다. 내담자에게 조언을 해주는 입장에 있는 사람은 먼저 무의식으로부터 사이코매직 행위에 대한 메시지를 받은 다음, 무의식이 말한 그대로 내담자에게 조언해준다. 이성적인 마음의 산물인 설명은 분명 행위의 어떤 측면을 분명히 알게 해주긴 하지만, 그 신비를 다 밝혀내지는 못한다. 나는 내담자들에게 내가 제안한 행위를 수행했다면 자세한 경험담과 함께 어떤 결과를 얻었는지 편지를 써서 보내달라고 요청한다. 나는 이러한 만남이 어떻게 진행되는지

독자들이 알 수 있게끔 아래에 편지 하나를 옮겨 적어놓았다. 의사가 제왕절개 수술을 해야 한다고 말했지만 결국에는 정상적으로 행복하게 출산할 수 있었던 한 부부의 사례다.

아내와 저는 2007년 10월 10일에 네 살 난 아들과 함께 당신을 만나러 갔습니다. 당신은 아내가 임신한 것을 보고는 이렇게 물었지요.

"둘째인가요? 첫째 이름이 어떻게 되나요?"

"이선Ethan이에요."

"둘째는 어떤 이름을 지어줄 건가요?"

"나선Nathan이요."

"그 이름은 문제가 될 수 있어요! 이선을 따라 하는 느낌이잖아요. 아이가 자기만의 개성을 갖길 원한다면 다른 이름을 선택하는 것이 좋겠네요. 오늘 타로 상담을 받으러 온 이유는 뭐 때문이죠?"

"저희가 2주 후에 출산할 예정이거든요. 그런데 아이의 위치가 거꾸로 되어 있어요. 의사가 제왕절개 수술을 받아야 한다고 해요. 정신분석가인 남편과 저는 왜 이런 일이 일어나는지 아주 명확하게 알고 있어요. 저는 첫 출산 때처럼 극심한 고통을 또 겪을까 봐 무서운 마음이 있고, 딸이 아니라 아들이라는 사실이 좀 아쉽기도 해요. 그리고 남편이 점점 제 아버지처럼 행동하는 듯이 느껴져요. 저희 아버지도 정신분석가셨거든요. 이 정도만 해도 문제에 대한 인식을 잘 하고 있는 편이긴 하지만 실제로는 제왕절개 수술을 막는 데 아무 도움이 안 되고 있어요. 사이코매직을 통해 저희 아이가 올바른 위치로 돌아설 수 있을까요?"

우리의 사연을 들은 당신은 다음과 같은 조언을 해주셨지요.

"이선이 곧 태어날 남동생 역할을 해줘야겠네요. 당신은 의사 역할을 맡아 벌거벗은 아내의 몸에 이선을 올려두세요. 이때 이선을 동생과 똑같이 거꾸로 된 태아 자세로 두셔야 해요. 아이를 초콜릿으로 유인하면서 머리가 아래쪽을 향할 때까지 천천히, 조심스럽게 아이의 방향을 돌리세요. 그런 다음 부인께서 출산 흉내를 내시는 겁니다. 이선을 두 다리 사이로 부드럽게 빠져나가게 하는 거예요. 아이의 새 이름은 이 행위를 하기 전에 미리 정해두세요."

저는 아내가 내면 깊은 곳에서 다른 이름을 찾을 때까지 기다렸습니다. 아내는 사흘 동안 이름을 고민했는데, 항상 이선과 매우 유사한 발음의 이름만을 떠올렸습니다. 그러다 나흘째 되던 날, 아내는 루카라는 이름을 떠올렸습니다! 마침내 저희 부부는 역할극을 할 수 있게 되었고, 이선은 기꺼이 동생 역할을 맡아주었습니다. 이선과 아내는 완전한 알몸이었습니다. 저는 아이를 배 위에 올려놓고 초콜릿을 주기 시작했고, 천천히 조심스럽게 아이의 방향을 뒤집어 주었습니다. 아이는 웃으며 초콜릿을 먹었습니다. 15분 후, 저는 아들을 올바른 자세로 눕힐 수 있었습니다. 아내는 쉽고, 즐겁고, 행복한 출산을 연기했습니다. 저희 부부는 "세상에 태어난 걸 환영한다, 루카!"라고 말하며 이선을 안아주고 뽀뽀하며 인사를 나눴습니다. 그러면서 이선은 아홉 번째 마지막 초콜릿을 먹었습니다.

그러고 나서 기적이 일어났습니다! 태아가 배 속에서 조금씩 조금씩 방향을 틀었던 것입니다. 출산의 순간이 다가왔을 때 아내는 무통 주사도 맞지 않고 아무런 문제 없이 평온하게 아이를 낳았습니다. 의사와 조산사는 너무 놀랍다면서 저희에게 병원비를 청구하지 않았습니다.

개인 상담 사례

여기에 제시된 모든 사례는 사이코매직 행위를 실천한 뒤 만족스러운 결과를 얻은 내담자들의 사례다.

1. 남자들과 사이가 좋지 않은 한 여성이 있다. 남성과의 이러한 갈등은 그녀의 어머니가 심어준 남성에 관한 부정적인 이미지 때문이었다.

머리부터 발끝까지 어머니의 옷으로 차려입고 자신이 어머니가 되었다고 상상하면서 어린 시절에 주입받은, 남성에 관한 모든 부정적인 개념을 연인에게 말하라. 어머니에게서 물려받은, 증오로 가득 찬 말들이 자신의 입을 통해 나올 수 있도록 허용한다. 연인에게 모욕적인 말을 쏟아낸 뒤, "나는 그 여자가 아니야!" 하고 소리 지르며 입고 있던 어머니의 옷을 갈기갈기 찢으라. 이 넝마 조각에 꿀을 듬뿍 묻힌 후 선물 포장을 해서 어머니에게 보낸다.

2. 한 젊은 여성은 차를 운전할 때 극도의 긴장감 때문에 운전을 거의 못 하고 있었다.

어린 소녀처럼 옷을 입고 부모님을 태운 채로 운전하라. 어머니는 초콜릿 한 봉지를 들고 있다가 5분마다 하나씩 그것을 입에 넣어준다. 아버지는 5분에 한 번씩 "여자가 남자보다 운전을 더 잘한다"고 귀에 속삭여준다.

3. 여덟 살 이전의 일들을 아예 기억하지 못하는, 아이가 없는 한 여성은 자궁에 암이 생길까 봐 매우 두려워하고 있었다. 그녀의 어머니는 임신 3개월 때 낙태를 한 경험이 있었고, 그 후 그녀를 낳았다. 그녀의 아버지는 어머니가 그녀를 임신한 지 3개월 되었을 때 집을 떠났다. 나는 그녀에게 그녀의 탄생 자체가 환영받지 못한 일이었을 거라고 설명했다. 개

성이 부족했던 그녀는 어머니와 자신을 동일시했다. 그녀는 낙태된 태아에 빙의된 기분을 느꼈고, 이것이 암의 형태로 현실화되는 것을 두려워하고 있었다.

검은색으로 칠한 식칼을 빨간 자루에 넣어 일주일 동안 지니고 다니라. 그런 다음 그것을 어머니 모르게 어머니의 집 어딘가에 숨겨놓으라. 이렇게 한 다음 빨간 자루를 사탕으로 채워 사탕을 고아원에 있는 아이들에게 나눠준다.

여기서 빨간 자루는 살고 싶다는 욕망을, 검은 칼은 그녀의 언니 또는 오빠에게 그랬던 것처럼 그녀 역시 낙태하려는 어머니의 욕망을 상징한다. 세상에 태어남으로써 어머니에게 순종하지 않았다는 죄책감은 암을 유발한다. 종양은 그녀가 태아였을 때의 상태를 반영하는 것이기도 하다. 이 사이코매직 행위는 모든 것을 다시 그녀의 어머니에게로 돌려주는 행위였다.

4. 일이 잘 풀릴 수 없게끔 언제나 스스로 일을 망쳐버리는 한 여성이 나를 찾아왔다. 타로를 통해 나는 그녀가 계속해서 장애물을 만들어내는 이유가 그녀의 아버지 때문이라고 설명해주었다. 그녀는 아버지의 애정을 받지 못한 채 자랐고 딸이 아닌 아들을 낳고 싶어했는데, 이는 아버지와 그녀의 유일한 공통점이었다. 그녀는 여전히 아버지의 유골을 간직하

고 있다고 말하며 나의 타로 리딩에 확신을 더해주었다.

나는 그녀에게 남자 옷을 입은 채 유골함을 들고 럭비 경기장
(아버지가 좋아했지만 한 번도 그녀를 데려가려 하지 않았던 곳)에 경기
를 보러 가라고 조언했다. 경기 전체를 모두 관람한 다음 자신
이 앉았던 자리에 아버지의 유골을 뿌린다. 그런 뒤 남자 옷을
땅에 묻고 그 위에 난초를 심으라.

**5. 시각장애를 가진 한 남성이 어머니에게 장애아 취급을
받는 것을 견디기 힘들다며 호소해왔다. 그는 자신의 엄청난
분노를 표현할 수 있을 만한 사이코매직 행위를 알려달라고
했다.**

양손에 황소의 눈알을 들고 어머니 앞에 서서 "봐요!"라고 외
친 다음 그녀에게 눈알을 던지며 "먹어버려!"라고 소리치라. 록
음악을 최대 볼륨으로 틀고 옷을 벗은 다음 웃으면서 "봐요, 난
남자라고요!"라고 말한다.

**6. 연인과의 관계에서 오르가슴을 느낄 수 없었던 한 여성
이 나를 찾아왔다. 그녀에게는 남자를 두려워하는 마음이 있
었다. 그녀는 아버지가 이탈리아 팔레르모^Palermo에서 폭력배
들의 총에 맞아 죽었다고 했다.**

사격 동호회에 가입한 다음 총을 사라. 그리고 오르가슴을 느낄 수 있을 때까지 연인이 그녀의 성기를 자극해준다. 이후 아버지의 사진, 결혼반지와 함께 총을 땅에 묻으라.

7. 한 남성이 눈물을 흘리며 20년 넘게 앓고 있는 우울증에서 벗어날 수 있는 사이코매직 행위를 알려달라고 요청해왔다. 그는 전처와 지금은 성인이 된 딸, 어머니에게서 학대당하고 있다는 느낌을 받고 있었다. 그들은 결혼 생활을 망쳤다는 이유로 그를 비난하면서 끊임없이 돈을 요구하고 있었다.

나는 그에게 전처, 딸, 어머니를 집으로 초대해 저녁 식사를 하라고 조언했다. 테이블에는 수저 없이 검은색 금속 접시 세 개만 놓으라. 행위자는 각 접시에 구운 통닭을 한 마리씩 올려놓는다. 그리고 망치를 꺼내 무서울 정도의 분노를 끌어올려 "그만! 그만! 그만!"이라고 외치면서 닭 세 마리를 모두 잘게 부숴버린다. 셋에게 흙으로 가득 찬 화분 세 개를 주면서 닭 조각을 그 안에 묻으라고 명령하라. 그런 다음 각자에게 꽃이 피는 식물을 주며 화분에 심으라고 하라. 행위자는 이렇게 말한다. "이제 내 집에서 나가. 오늘부터 나와 함께 식사하고 싶으면 당신들이 저녁값을 직접 내야 할 거야."

8. 한 여성이 어떻게 하면 아버지가 자신에게 의존하지 않게 할 수 있냐고 물어왔다. 아버지는 보통 청소와 요리를 하

며 집에서 딸을 기다리고 있었고, 외부적인 일들은 모두 그녀에게 맡기고 있었다. 나는 그녀에게 당신은 아버지의 딸이 아니라 아내 역할을 하고 있다고 설명해주었다. 다시 말해 그녀는 남자 역할을 맡고, 아버지는 여자 역할을 맡아 둘이 부부로서 살고 있던 것이다.

아버지에게 수제 구두 한 컬레를 선물해주겠다는 말을 하라. 수제 구두를 만들기 위해서는 발 치수를 측정해야 한다. 아버지의 발을 종이 위에 올려놓고 연필로 발의 윤곽선을 그리라. 이 종이를 제화 장인에게 주며 높은 굽이 달린 여성용 신발 한 컬레를 만들어달라고 부탁한다. 신발이 다 만들어진 후에는 아버지에게 그것을 선물하며 이렇게 말하라. "집에 계시거나, 아니면 쇼핑하러 가거나 친구를 만날 때 제가 계속 아버지를 돌봐주길 바라신다면 이 신발을 신고 계세요. 제가 아버지의 남자라면 아버지는 제 아내 역할을 맡으셔야 해요."

9. 아버지와 문제가 있는 내담자가 나를 찾아왔다. 그는 아버지가 더럽다면서 그를 경멸하고 있었으며, 여자친구에게 아버지가 굴뚝 청소부라고 말하는 것을 수치스럽게 여겼다.

아버지의 더러운 옷을 입고 얼굴에 검댕을 칠한 다음 여자친구를 만나러 가라. 행위자는 평소처럼 그녀를 대하지 않고, 마치 자신의 아버지가 된 듯이 행동하며 이렇게 말한다. "우리 아들이 부끄러워서 감히 네게 고백하지 못한 것이 있단다. 오늘 나는 아들을 대신해 네게 그걸 말하러 왔어. 우리 아들은 내가 더러운 굴뚝 청소부라는 것을 네가 모르기를 원하더구나. 나도 이 일을 포기하고 싶지만 아들의 학비를 대려면 이 일을 해야만 해. 그 아이가 너를 깊이 사랑하는 것 같더구나. 내 아들은 착하고, 공부도 잘하고 똑똑하단다. 내가 그 녀석을 사랑하는 만큼 사실은 그 아이도 나를 마음속 깊이 사랑하지. 이 문제를 끝내고 싶은데, 부디 나를 씻겨주겠니?" 그런 후 행위자는 여자친구에게 이 옷을 벗겨달라고, 그리고 목욕을 시켜달라고 부탁한다. 다 씻은 다음에는 미리 가져온 자신의 옷을 입고 여자친구와 함께 아버지를 만나러 간다.

10. 접골사로 일하고 있는 한 내담자가 나를 찾아왔다. 그는 샤머니즘에 관심이 있었으며 그의 어머니는 오른쪽 무릎에 암이 있었다. 그는 이것이 심인성 질병이라고 믿고 있었다. 남편과의 사별 후 어머니는 남자에게 환멸을 느꼈고, 이 때문에 평생을 과부로 살아가고 있었다. 그녀가 받아들이는 유일한 남성은 오직 아들뿐이었다. 어머니는 의사에게 치료를 받고 싶어하지 않았으며 아들이 자신을 치료해주기를 바랐다. 하지만 그는 방법을 몰랐다.

어머니에게 플라시보 효과가 있는 가짜 수술을 해주라. 문어를 사서 그것을 검은색으로 칠한다. 그것을 어머니의 집에 가져가

라. 빛이 들어오지 않도록 창문에 암막 커튼을 쳐야 한다. 이렇게 완전히 어두워진 집 안에 촛불을 켜고 향을 많이 피우라. 어머니를 카펫 위에 눕힌 뒤 성수로 그녀의 무릎을 씻어준다. 그리고 문어를 암이 있는 부위에 대고 10분 이상 꾹꾹 누르며 이렇게 말하라. "이게 어머니의 암이에요. 이제 이걸 잘라낼 거예요." 행위자는 일부러 무딘 칼을 사용하여 문어(암)를 떼어내기가 아주 힘들다는 듯이 연기를 한다. 그가 암 덩어리를 떼어내기 위해 열심히 싸우고 있다는 것을 어머니가 믿을 수 있도록, 그는 이러한 연기로 어머니를 설득시켜야 한다. 매우 격렬한 투쟁 끝에 그는 마침내 문어를 무릎에서 떼어낸다. 그런 다음 그는 촛불의 불빛으로 문어를 비추면서 어머니와 함께 화장실에 가서 '암'을 변기에 던져 넣는 모습을 보여준다. 어머니는 그것이 사라지도록 변기의 물 내림 버튼을 직접 누른다. 행위자는 어머니에게 고급 브랜드 향수를 선물해주고, 그녀는 무릎에 매일 그 향수를 뿌린다.

11. 바르셀로나 출신의 어느 여성이 나를 찾아왔다. 그녀는 독실한 가톨릭 신자인 부모님 밑에서 자랐고, 자신이 살해당할지도 모른다는 두려움에 계속 시달리고 있었다. 나는 타로를 통해 그것은 낯선 사람에게 살해당할 것에 대한 두려움이 아니라, 성적 욕망을 가진 자기 자신에 대한 두려움이라고 설명해주었다. 그녀의 부모님은 그녀가 온전한 처녀막을 가진 성녀가 되기를 바라면서 그녀에게 수녀가 되라고 교육시

켰다.

수녀 옷을 입고 람블라스^{Ramblas} 거리를 걸으며 남자들에게 포르노 사진을 나눠주라. (하나를 구해서 여러 장 복사하면 된다.) 사진 100장을 나눠준 후 콘돔 100개가 들어 있는 상자와 함께 수녀복을 부모님에게 보내라.

12. **50세의 한 여성은 자신에게 감정적으로 어떤 것이 필요한지 설명하는 일을 매우 어려워했다. 특히 30년 동안 결혼 생활을 한 남편에게는 그것을 더더욱 어렵게 느꼈다. 타로의 도움을 받아, 그녀는 어렸을 때 결핵에 걸려 1년간 병원 생활을 했다는 것을 기억해냈다. 그 기간 동안 그녀의 가족 중 누구도 병문안을 오지 않았다고 한다. 그녀는 남편에게 자신을 표현하는 데 어려움을 겪는 이유가 여기서 비롯되었음을 이해하게 되었다.**

어떤 꾀병이든 만들어내어 아침 일찍 개인 병원에 가라. 병상에 누워서 가족들이 병문안을 오기를 기다리라. 이때, 버려진 느낌에서 오는 슬픔을 표출해야 한다. 네 시간 후, 남편이 꽃과 초콜릿, 봉제 인형을 들고 병원에 도착한다. 그는 그녀의 볼에 입을 맞춘 후, 초콜릿을 입에 넣어주고 옷을 벗긴다. 그런 다음 인형을 그녀의 온몸에 문지르고 그녀와 사랑을 나눈다. 둘이 병원을 나온 후에는 술집에 가서 술을 마시며 이를 축하한다.

13. 매우 공격적인 상사와 문제를 겪고 있던 한 여성이 나를 찾아왔다. 그녀의 아버지는 어머니에게 언어폭력을 일삼아왔다고 한다. 또, 그녀는 항상 자신을 모욕하는 공격적인 남성들하고만 연애를 해왔다는 것을 깨달았다. 그녀는 마치 그들이 별로 중요하지 않은 사람이었다는 듯 그들을 비난하고 있었다.

두 달 반 동안 다음의 행동을 해야 한다. 첫 달의 첫날, 상사가 자리에 없을 때 그의 사무실에 들어가 책상 위에 작은 초콜릿 상자를 놓아두라. 15일 후에도 이와 똑같이 하되 더 큰 초콜릿 상자를 놓아두라. 두 번째 달의 첫날에는 더 큰 상자를 가지고 다시 똑같은 행동을 한다. 15일 후, 익명으로 더 큰 상자를 책상 위에 놓아두라. 이 일련의 행위가 끝난 후, 세 번째 달 중순에 가장 큰 상자를 상사의 책상에 올려두면서 일부러 그에게 정체를 노출한다. 그리고 상사에게 이렇게 말하라. "당신을 향한 나의 행동이 공격적이었다는 것을 깨달았어요." 상사는 그 뒤로 당신을 더 잘 대해줄 것이다.

14. 군 조종사인 내담자가 있었다. 그는 전쟁 중에 비행기가 격추되어 포로로 잡혀간 경험이 있었다. 자국으로 귀환한 후 그는 상사가 자신을 깔본다고 느꼈고, 이 때문에 계속해서 상관들과 갈등을 겪고 있었다. 그는 교관이었으며 자신의 직업이나 환경을 바꾸고 싶어하지 않았다. 알고 보니 그의 아버

지도 군 조종사 출신으로, 자신은 한 번도 포로로 잡힌 적이 없다는 것을 언제나 자랑했다고 한다. 내담자는 포로로 잡혀간 일 때문에 자신이 아버지의 신뢰를 저버렸으며 그를 실망시켰다고 느끼고 있었다.

작은 비행기를 빌려 아내와 아들, 그리고 그의 오른쪽에 아버지를 태워 온 가족이 함께 여행을 떠난다. 이륙 후 15분이 지나면 아버지는 비행 중인 그를 안아주고 입에 뽀뽀를 해준 다음 그의 가슴에 메달을 달아준다. 이러한 행위는 그가 아버지로부터 인정받고 있다는 것을 무의식에 확인시켜주는 행위로, 그의 직업적 상황을 개선해줄 것이다.

15. 어머니 덕분에 어렸을 때부터 피아노를 배운, 바르셀로나에 살고 있는 한 청년이 있었다. 그는 좋아하는 일은 아니지만 돈을 많이 벌 수 있는 일을 하고 있었다. 그는 음악에 전념하는 삶을 살게 되면 굶어 죽을까 봐 두려워했다. 알고 보니 그의 아버지는 "네가 예술가가 되면 먹고살 만큼 벌지도 못하고 거지가 될 거야"라고 말한 적이 있었다.

전자 피아노를 들고 람블라스에 가서 "나는 거지가 아닙니다. 돈을 주지 마세요. 나는 즐거움 때문에 피아노를 연주합니다"라는 팻말을 세워놓고 그 옆에서 몇 시간 동안 연주하라.

16. 20년 동안 생식기 포진으로 고통받고 있는 한 여성이 이러한 병에 심리적 원인이 있는 것인지, 그렇다면 어떻게 치료할 수 있는지 알기 위해 나를 찾아온 적이 있었다. 그녀가 뽑은 타로를 보면서 나는 이 병이 성적 학대의 결과라고 말해주었다. 그녀는 4년간 정신분석 작업을 한 끝에 정신분석가가 그녀에게 말해준 내용도 그와 같다고 했다. 학대는 그녀가 아직 아기였을 때, 그녀의 아버지가 저지른 것이었다.

나는 그녀에게 아기로 변장한 뒤 공갈 젖꼭지를 빨라고 했다. 이와 동시에, 그녀의 남편은 아버지의 얼굴이 인쇄된 티셔츠를 입는다. 이때 여성은 성기에 장미 잼을 바르고 남편과 부드럽게 사랑을 나눈다. 내면아이를 달래고 만족시키기 위해서는 이러한 경험을 일주일 동안 반복해야 한다.

17. 아버지 없이 자랐던 한 청년이 어느 노인과 사랑에 빠졌다. 그는 6개월 동안 노인과 연애했고, 함께 살았다. 하지만 청년이 믿음직하지 못한 사람임을 알게 된 노인은 그를 집 밖으로 내쫓은 뒤 집 비밀번호를 바꾸고 다시는 문을 열어주지 않겠다고 통보했다. 청년은 슬픔에 잠겼고, 어떻게 하면 그가 자신을 다시 받아줄 수 있을지 알고 싶어했다. 청년의 말을 들어보니 전 애인의 생일이 한 달 후라고 했다.

하나는 큰 케이크, 하나는 미니 케이크로 생일 케이크 두 개를 주문하라. 이 두 케이크에는 설탕으로 70(사랑하는 사람의 나이)이라는 숫자가 적혀 있어야 한다. 생일 3일 전에 작은 케이크를 들고 상대의 집에 찾아가라. "이건 당신 생일에 가져다줄 큰 케이크의 축소판이야. 내 사랑은 매일 커지고 있어"라고 적힌 카드와 함께 케이크를 문 앞에 놓아둔다. 그렇게 하면 상대가 당신을 다시 받아줄 것이다.

18. 나를 찾아온 어느 커플은 15년 동안 관계를 유지해왔다고 했다. 둘은 아주 어렸을 때부터 사귀어왔으며 둘 사이에는 자녀가 없었다. 동거도 하지 않았다. 외동딸인 여성은 어머니와 사별한 아버지와 함께 살고 있고, 외동아들인 남성은 아버지와 사별한 어머니와 함께 살고 있었다. 둘은 이런 상황이 문제가 된다는 것을 깨달았다.

커플이 이런 상황에서 자유로워지기 위해서는 최대한 비밀리에 작은 집 하나를 빌려야 한다. 이 사랑의 보금자리에서 자주 만남을 가지라. 이들은 두 개의 로켓 목걸이를 만드는데, 남성은 어머니의 사진이 들어 있는 목걸이를, 여성은 아버지의 사진이 들어 있는 목걸이를 만든다. 사랑을 나눌 때 남성은 여성의 아버지 사진이 들어 있는 목걸이를, 여성은 남성의 어머니 사진이 들어 있는 목걸이를 착용한다. 두 사람은 이렇게 사랑을 나누는 횟수가 몇 번이 되었는지를 계속 세야 한다. 그러다 횟수가 마흔 번이 되면 여성은 꽃이 가득 피어 있는 화분 흙에 목걸이를 묻어 아버지에게 선물하고, 남성은 꽃이 가득 피어 있는 화분 흙에 목걸이를 묻어 어머니에게 선물한다. 그 후에는 함께 사는 것이 쉬워질 것이다. 여성의 아버지가 둘을 찾아오게 되면 항상 남성의 어머니도 함께 오도록 해야 하며, 두 분을 따로따로 뵙지 않도록 한다.

19. 짝을 찾고 싶어하는 한 여성 내담자가 있었다. 하지만 그녀는 언제나 헌신적이지 않은 남자들만 만나왔다. 여성은 남자들이 자신에게 접근할 수 없도록 내쫓는 것이 다른 누구도 아닌 자기 자신이라는 사실을 잘 알고 있었다. 종교적인 강박이 심한 그녀의 어머니는 그녀를 낳은 이후로 쭉 혼자 살고 있었고, 파트너를 찾지 못했다.

종교 용품 판매점에 가서 가급적이면 실제 사람 크기에 가까운 성인의 조각품을 사라. 예를 들어, 피에트렐치나의 성 비오 (Padre Pio) 조각상 같은 것 말이다. 어머니에게는 "이 성인을 어머니께 사드려야겠다는, 저항할 수 없는 어떤 충동이 느껴졌어요" 하고 말하며 그것을 선물해야 한다. (이 행위를 통해 내담자의 무의식은 '남자'와 함께 있는 어머니를 보게 되고, 금기를 극복하여 어머니가 이루지 못했던 것을 이루게 될 것이다).

20. 한 내담자는 자신이 태어나기 한 달 전에 아버지(리딩 당시 76세)가 하반신이 마비되었고 그 후로 어머니(69세)가 지

금까지 아버지를 돌봐왔다고 한다. 그가 태어나기 1년 전에는 열세 살이던 형이 암으로 사망하는 일이 있었다. 아들의 죽음에 죄책감을 느낀 아버지는 (아마도 아들의 죽음을 어느 정도 원했기 때문인 것 같다) 아들을 회상하고 싶어하지 않았고, 마비를 통해 스스로를 거세했다. 어머니는 죽은 형을 내담자로 대신하며 위안을 얻었다. 그는 죽은 형에게 에너지를 빼앗기는 기분을 느꼈으며 암에 걸리는 것을 매우 두려워하고 있었다.

석고나 플라스틱으로 물건을 만드는 방법을 배우라. 행위자는 자신의 손으로 직접 열세 살짜리 소년의 뼈대를 만들어야 한다. 그의 형은 일렉트릭 기타를 연주했고, 뮤지션이 되어 콘서트를 하고 싶어했었다. 직접 만든 해골을 등에 짊어지고 록 콘서트에 가라. 그리고 무대 가까이로 가서 음악가의 발밑에 이 가짜 뼈를 제물로 바치라. 그런 다음 아버지를 만나러 가서 시끄러운 록 음악을 튼다. 행위자는 아버지 앞에서 알몸으로 춤을 춘다. 이 광란의 상황 속에서 그는 아버지를 품에 안고 이렇게 말한다. "아버지는 형이 아니라 저랑 춤을 추고 있어요!" 그 후 그는 누가 봐도 명백해 보였던, 동성애자라는 자신의 성 정체성을 받아들이고 연인을 찾은 뒤에 바로 부모님께 그를 소개한다.

21. 긴 머리의 한 청년이 내 앞에 앉더니 아무 말도 하지 않았다. 나는 그의 왼손 손톱이 매우 길고 오른손 손톱이 매

우 짧다는 것을 알 수 있었다. 그의 타로를 리딩하면서 나는 그의 이중성에 대해 이야기했다. 그는 자신의 오른손을 남성적이라고 느꼈고 왼손을 여성적이라고 느꼈다. 내 생각에 청년의 어머니는 그를 통해 그녀의 부모님이 원했던 완벽한 남자가 되고 싶어했던 것 같다. 반면, 청년은 어머니를 내면화하여 그녀를 통해 완벽한 여성이 되기를 원하고 있었다. 이로 인해 그는 여자도 남자도 될 수 없는 갈등에 빠진 상태였다.

카페 테라스에 앉아 민트로 만든 리큐어(여성적인 녹색)와 석류 주스(남성적인 빨간색)를 주문하라. 두 음료를 조금씩 번갈아 마시면서 지나가는 남성과 여성을 관찰하고 그들의 성적 에너지에만 의식을 자유롭게 집중해보라. 누군가를 자유롭게 바라봄으로써 행위자는 자기 자신을 있는 그대로 받아들일 수 있게 될 것이다.

22. 한 내담자가 어머니의 왼손에 감염된 상처를 치유하고 싶다며 내게 어머니의 사진을 보여주었다. 나는 왼손이 어머니의 어머니, 즉 그녀의 외할머니를 상징할 수 있다고 설명해주었다. 그리고 어머니의 상처가 낫지 않는다면 그것은 아마 외할머니가 이미 돌아가셨어도 어머니가 여전히 어렸을 적 외할머니가 주었던 도움을 요청하고 있기 때문이라고 설명했다.

나는 내담자에게 어머니를 외할머니의 묘에 데려간 다음 감염

된 손에 꿀을 바르라고 조언했다. 그리고 그 손을 어머니(내담자에게는 외할머니)의 무덤에 문지르게 하라고 시켰다. 이 행위를 마친 뒤 어머니의 상처는 치유되었다.

23. 매우 남성적이고 거친 외모의 한 남자가 구체적인 이유를 밝히지 않은 채 자신의 성생활에 문제가 있다고 털어놨다. 나는 그가 뽑은 카드를 리딩하며 어렸을 때 아버지에게 강간당한 적이 있지 않냐고 물어보았다. 그러자 그는 눈물을 흘리며 이렇게 말했다. "그건 제가 오랫동안 혼자서 간직해온 비밀입니다…!" 그의 아버지는 경찰관이었다.

아버지와 비슷한 제복을 입으라. 그런 다음 행위자는 아내에게 자신의 옷을 입히고 그녀와 항문 성교를 해야 한다. 그런 다음 제복과 아내에게 입혔던 옷을 태우고 그 재를 모아 경찰서 문 앞에 뿌려야 한다.

24. "개 같은 넌!"이라는 말로 폭언을 일삼았던 아버지 때문에 이성과 관계를 맺는 데 어려움을 겪고 있는 한 여성이 있었다. 그녀는 남성에게 매우 공격적인 성향이 있었다.

동물병원에 가서 개의 턱뼈를 얻어오라. 턱뼈에 달린 이빨을 뽑아서 개 목걸이를 만들고, 그것을 나갈 때마다 착용하라. 이렇게 상징적으로 분노를 표출하게 되면 행위자의 태도도 변화한다. 그 뒤 행위자는 좋아하는 남자에게 개 목걸이를 선물한다.

25. 한 여성이 몸에 비해 너무 커 보이는 가죽 재킷을 입고 나타났다. 원래 그 자켓이 누구의 것이었냐고 물었더니 그녀는 구제 옷가게에서 샀다고 답했다. 하지만 그녀는 그것을 아버지가 물려준 자켓처럼 생각하고 있었다. 여성은 어렸을 때 자신이 너무 못되고, 버릇없고, 무례해서 아버지를 칼로 위협한 적까지 있다고 말했다. 그녀는 감화교육원에 다녔었고 지금은 직업이 없다고 했다. 그녀는 죄책감을 안고 살아가고 있었으며 자기 자신을 어떻게 용서할 수 있는지 알고 싶어했다.

광대가 되는 법을 배운 다음 병원에 가서 아픈 아이들을 즐겁게 해주라.

26. 아이티인의 후손인 한 남성이 나를 찾아왔다. 그는 피부가 좀 검긴 했지만 그렇다고 너무 검지는 않은 사람이었다. 하지만 그는 자신의 몸에 만족하지 못했으며 차별을 느끼고 있었다. 남성은 자신의 정체성을 바꾸고 싶어했다. 그는 플루트 연주가였다.

온몸을 밝은 살구색으로 칠한 채 당신이 살고 있는 도시의 중심가를 걸으라. 그런 다음 카페 테라스에 앉아 플루트 연주를 한다. 연주가 끝나면 집으로 돌아와 어두운색으로 피부를 칠하

라. 다시 도시의 중심가를 걸어 카페 테라스로 가서 아까와 같은 곡을 연주하라. 마지막, 세 번째에는 몸에 아무런 칠을 하지 않고 원래의 자연스러운 피부색으로 앞의 과정을 반복한다.

27. 매일 밤 극심한 허리 통증을 경험하고 있는 한 기혼 남성이 나를 찾아왔다.

아내에게 자장가를 부르는 동시에 성기로 등을 문지르면서 등을 애무해달라고 부탁하라. (이 마사지를 세 번 받은 후 그의 통증은 사라졌다).

28. 한 여성이 지금까지 간직해온 어마어마한 분노로부터 자유로워지고 싶어했다. 그녀의 어머니는 지배적이고 무정한 성격으로, 그녀에게 약간의 척추측만증이 있다는 이유로 다섯 살 때부터 열다섯 살 때까지 코르셋을 입으라고 강요했다. 우리는 상담을 통해 그녀가 여성성을 억누르며 살아가는 이유가 여기에서 기인한 것임을 알 수 있었다.

야구 방망이와 아동용 코르셋, 하트 모양의 초콜릿 한 상자를 사라. 그런 다음 어머니에게 가서 "앉아보세요. 제가 쇼를 보여드릴 테니까요" 하고 말한다. 딸은 어머니에게 쇼를 보는 동안 먹을 초콜릿을 준 후 코르셋을 방망이로 격렬하게 때리면서 자신이 기억하고 있는 모든 고통들을 말로 표현한다. 그런 다음 코르셋을 창밖으로 던지고 집으로 돌아와 야구 방망이를 금색으로 칠하고 그것을 벽에 장식품으로 걸어둔다.

29. 한 유대인 싱글맘이 특별한 이유도 없는데 이제 막 열세 살이 된 자신의 외동아들이 죽을 것 같다는 엄청난 불안을 느끼고 있었다. 타로를 통해 나는 그녀가 정말로 무서워하는 것은 사실 아들의 죽음이 아닌, 아들이 성인이 되는 상황이라고 말해주었다.[*] 아들이 성인이 된다는 것은 곧, 그가 성에 눈을 뜨고 늦든 빠르든 언젠가는 다른 여자와 함께 떠나면서 그녀 혼자만 남게 되는 것을 의미했다. 그녀는 아이가 태어난 후부터는 독신 여성이었을 때처럼 돈을 잘 벌지 못하고 있다고 덧붙였다.

어린이였던 아들이 성인이 된 것을 인정하는 의식을 준비하라. 이 의식에는 남자 열 명이 참여해야 한다. 그들은 손에 50유로짜리 지폐[**]를 들고 소년에게 다가간다. 그들 중 한 명이 소년에게 지폐를 준다. 그러면 남자들이 모두 모여 소년의 몸에서 무언가를 쫓아내려는 듯 소년의 몸을 털어준다. 그런 뒤 다른 한 명이 지폐를 준다. 그들은 다시 소년의 몸을 털어준다. 열 장의 지폐를 모두 줄 때까지 이런 식으로 반복한다. 그런 다음

---

[*] 유대교에서는 열세 살 때 성인식을 치른다.
[**] 50유로는 한국 돈으로 대략 7만 5천 원이다. 한국에서는 5만 원권 지폐를 활용해도 좋을 것 같다.

그들은 소년을 축하해주며 이렇게 말한다. "이제 너는 남자가 되었단다!" 이후 어머니는 아들과 단둘이 있을 때 아들에게 이렇게 말한다. "네게 500유로가 생겼으니 제안을 하나 하마. 내가 500유로를 더해줄 테니 총 1,000유로의 자금으로 함께 작은 사업을 하나 해보는 건 어떠니? 이 돈을 주식시장에 투자해서 불려보자."

30. 여섯 살 된 아들과 단둘이 살고 있는 한 여성이 있었다. 그녀는 성공한 사업가인 아이 아버지와 별거 중이었다. 치열한 법정 공방 끝에 남성은 여성에게 열두 평짜리 작은 아파트를 사주었지만 그 후로는 이를 빌미로 양육비를 보내지 않고 있었다. 이 내담자는 어떻게 하면 마땅히 받아야 할 양육비를 받아낼 수 있을지 알고 싶어했다.

전남편에게 다음과 같은 내용의 편지를 쓰라. "당신 아들은 여섯 살이고, 당신을 매우 사랑해. 우리가 이 아이를 잘 먹이고, 입히고, 길러줘야 한다는 것은 당신도 너무나 잘 알고 있을 거라 믿어. 하지만 양육비가 밀린 걸 보니 당신에게 경제적으로 큰 어려움이 있는 것 같네. 나는 당신이 좋은 사람이라는 것을 알아. 그래서 한 달에 50유로씩이라도 당신을 돕고 싶어. 마음 같아서는 더 해주고 싶지만 지금 상황에서 내가 해줄 수 있는 건 이게 전부인 것 같아. 당신이 나와 내 아들에게 해준 것이 많으니 나도 당신이 문제를 해결할 때까지 당신을 돕고 싶어."

31. 자신이 살고 있는 평범한 삶이 더 이상 자신에게 맞는 삶이 아니라는 것을 느낀 한 여성이 있었다. 그녀는 모든 것을 버리고 새로운 삶을 시작해야 한다는 것을 스스로도 잘 알고 있었지만 타성, 두려움 또는 불합리한 책임감에 시달리면서 확실한 결단을 내리지 못하고 있었다. 여성은 어떻게 하면 확실한 결정을 내릴 수 있을지 궁금해했다.

휠체어를 타고 람블라스^{Ramblas} 거리로 가서 일주일 연속으로 하루에 한 시간씩 펑펑 울라. 누군가가 왜 그렇게 슬퍼하냐고 물어보면 이렇게 대답하라. "어제 제가 죽었거든요!"

32. 한 남자가 관계를 할 때마다 사정 후에 성기가 아프다는 고민을 털어놓았다. 의사를 찾아가봐도 원인을 알 수 없다는 대답만 들었다고 한다. 타로를 통해 우리는 이러한 증상의 원인이 그의 어린 시절에 있었다는 것을 알 수 있었다. 종교 광신도인 그의 어머니는 언제나 어린 그에게 "다 크면 성직자가 되어야 한다"고 말했었다.

성직자 옷을 입고 어머니에게 가서 이렇게 말하라. "저는 제가 성생활을 포기하고 성직자가 되어야만 한다는 것을 알고 있어요. 물론 어머니는 이런 소식을 기뻐하시겠죠. 하지만 저는 이것 때문에 고통스러워요." 그런 다음 그는 옷을 벗고 어머니에게 알몸을 보여준다. 그리고 이렇게 말한다. "저는 성직자가 아니라 어머니께 손자를 안겨드릴 사람이에요. 그러니 신이 만들어주신 이 성기를 보세요. 제 성기를 존중하고 축복해주세요.” 행위자는 어머니를 설득해 그녀와 함께 나가서 성직자 옷을 땅에 묻고 그 위에 작은 과일나무를 심는다.

33. 터키식 목욕탕에 갇히는 사고로 인해 몸에 화상을 입어 죽을 뻔한 한 남자가 상담을 요청했다. 이 사고 이후 그는 이상한 불안에 시달리고 있었다. 타로를 통해 우리는 그가 임신 10개월 차에 양수가 부족해 피부가 벗겨진 채로 태어났다는 사실을 알게 되었다. 힘겨웠던 출산 과정 탓에 그의 어머니는 오랫동안 병을 앓았다. 그는 너무 커서 엄마 배 속에서 제대로 나오지 못했다는 비난을 받았고, 이러한 비난 때문에 그는 실패에 대한 신경증을 앓았다. 터키식 목욕탕에서의 사고는 그가 느꼈던 생애 최초의 불안을 재현해주는 사고였다.

아기 옷을 입고 다리와 발에 높은 장대를 연결한 채 거리를 걸어 다니라. 사람들이 당신을 쳐다보면 그들에게 “저는 큰 아기이고, 그래서 행복하답니다!”라고 말하라. 그리고 아이들에게 과자를 주면서 걸어 다니라.

34. 힐러로서의 소명을 느끼는 한 남자가 태극권, 도인導引, 침술 및 레이키를 공부했지만 이것들을 실제로 행하겠다는 결정을 내리지 못해 나를 찾아왔다. 타로를 리딩해보니 그는

부모로부터 인정받지 못한(그는 고아였다) 아이였고, 이 때문에 아직 스스로를 인정할 수 없다는 것을 알 수 있었다. 그에게는 믿음이 부족했다.

> 프랑스의 루르드lourdes*에 가보라. 동굴에서 10킬로미터 떨어진 곳으로 가라. 거기서부터 눈물을 흘리며 동굴을 향해 걸어가야 한다. 흘린 눈물은 작은 잔에 모으라. 동굴에 도착하면 성스러운 샘에 눈물을 쏟으며 성모님께 이렇게 간청하라. "저 자신에 대한 믿음을 주세요!"

35. 희곡을 쓰는 한 남자가 2막 집필에 어려움을 겪고 있었다. 그는 벽에 가로막힌 기분이었다. 글이 써질 때마다, 몇 쪽 정도 써놓은 글을 찢어서 쓰레기통에 갖다 버려야만 한다는 충동이 일었다. 그는 창조성이 막혀 있기도 했지만 배변 활동에도 문제가 있었다. 즉, 변비가 심해 사흘에 한 번 힘들게 변을 보는 상황이었다. 타로를 통해 우리는 이것이 어린 시절의 문제에서 기인한 것임을 알 수 있었다. 그의 어머니는 둘째 아이가 생기지 않는 것에 대해 항상 불평을 했다고 한다. 그녀는 아이가 생길 때마다 유산을 했다. 내담자는 자신의 어

---

* 1858년 프랑스의 루르드 마사비엘Massabielle 동굴에서 열네 살 소녀가 열여덟 차례에 걸쳐 성모 마리아의 발현을 목격했다고 한다. 아홉 번째 발현 때 성모 마리아가 "샘에 가서 물을 마시고 몸을 씻으라"고 말했고, 그때 소녀가 파낸 샘물이 아직도 메마르지 않고 솟아나고 있어 기적의 샘물, 루르드의 물이라고 불린다. 루르드는 질병의 치유를 위해 찾는 사람들에게 기적을 선사한다고 믿어진다.

머니와 자신을 동일시하여 자신의 두 번째 행위를 '중단[**]'한 것이다. 스스로의 창조를 막음으로써 그는 자신의 배변 활동도 막아버렸다.

배변 활동을 할 때 2막을 적을 흰 종이 몇 장으로 항문을 닦으라. 이 더러워진 종이에 2막의 시작 부분을 쓰라. 그런 다음 그것을 가죽 상자에 넣고 빨간색 실링 왁스로 봉인하라. 그는 이 상자를 어머니에게 맡기며 "저를 위해 아홉 달 동안 보관해주세요"라고 말한다. 아홉 달이 지나면 행위자는 상자를 다시 가져와 땅에 묻고 그 위에 큰 식물과 작은 식물, 총 두 그루의 식물을 심는다. 이렇게 하면 2막뿐만 아니라 다른 모든 막을 쓰는 데 아무 어려움이 없을 것이다.

36. 자신의 성공 가능성과 자신이 세운 계획의 실현 가능성을 의심하는 한 여성이 있었다. 그녀는 자신이 남성이 아니라는 이유로 아버지의 기대나 시선에서 열등감을 느끼고 있었으며, 남성적 힘에 너무 큰 가치를 부여하고 있었다.

매우 여성스러운 핸드백을 사라. 성인용품점에서 큰 딜도를 사서 금색으로 칠하라. 이 남근을 핸드백에 넣고 길을 걸어 다닌다. 소변을 보기 위해 화장실을 갈 때마다 남근을 손에 들고 성

[**] 스페인어로 abortar. '유산하다'라는 뜻도 있지만 '이루지 못하다, 실패로 끝나게 하다, 중단하다'라는 뜻도 있다.

호를 그으면서 "하늘에 계신 우리 어머니, 어머니의 뜻이 땅에서도 이루어지이다"라고 암송한다. 그런 다음 행위자는 남근을 핸드백에 넣고 권위 있게 이렇게 말한다. "가만히 있어, 내 말에 복종해!"

37. 한 레즈비언 여성이 강압적인 성향의 어머니에게서 벗어나지 못하고 있었다.

어머니에게 수갑을 보여주라. 그런 다음 게임을 하자며 자신과 어머니에게 한 쪽씩 수갑을 채우고 하루 종일 떨어지지 않도록 해야 한다. 어머니가 아무리 항의하고, 화를 내고, 절망하고 울어도 수갑을 풀어주지 말라. 그렇게 하루가 끝나면 어머니에게 온 가족이 함께 있는 자리에서 자신과 자신의 애인을 맞이해주어야만 수갑을 풀어주겠다고 말하라. 온 가족이 모였다면 그들 앞에서 대형 타이머를 들고 애인과 정확히 10분 동안 키스를 하겠다고 발표한다. 가족들은 시계를 보면서 키스가 끝날 때를 알려줘야 한다. 그 후, 행위자와 애인은 거기 있는 모든 가족들에게 타원형 과자 또는 사탕을 나눠준다.

38. 건장한 남자가 마스티프[*] 한 마리를 데리고 나를 만나러 왔다. 그는 개에게 큰 애정을 가지고 있는 듯했으며, 자신

을 검도 사범이라고 소개했다. 그는 수년간의 수련 끝에 검도 7단을 땄고 가장 높은 단인 8단을 따는 것이 자신의 가장 큰 꿈이라고 했다. 8단을 따기 위해서는 일본에 가야 했다. 하지만 8단을 부여해주는 일본의 공식 협회는 일본인 응시자들에게 엄청난 자질을 요구하기 때문에 지원자가 외국인이라면 사실상 승단시험^{**}은 통과할 수 없는 것이나 마찬가지였다. 그는 나에게 승단시험에 통과할 수 있는 사이코매직 행위를 요청했다.

나는 그에게 알고 있는 바를 실천으로 옮기라고 말하면서, 도장에서 개를 단칼에 두 동강 내라고 조언했다.

그러자 그는 한마디 말도 없이 나를 바로 떠나갔다. 일주일 후, 그는 저번처럼 마스티프와 함께 나를 찾아왔다. 그는 내게 감사 인사를 전하며 "그동안 제가 검도를 수련한 것은 단지 싸움의 재미 때문이었지, 명예를 얻기 위해서가 아니었다는 것을 깨달았습니다. 이제 8단을 따야겠다는 욕심이 사라졌으니 저는 이 가여운 개를 죽일 필요가 없어졌어요."

39. 한 청년이 애인과 함께 나를 찾아왔다. 그의 어머니는 그가 곁에서 없어질 때마다 펑펑 울면서 그를 감정적으로 협

** 8단 승단심사에서 중요한 것은 이기고 지는 것이 아닌, 검도의 기술을 통해 표현되는 정신수양의 정도다. 즉, 기술이 아닌, 응시자의 삶의 방식에 따라 승단이 결정된다.

박하고 있었고, 이 때문에 그는 감옥에 갇힌 기분이라고 했다. 그는 사랑하는 사람과 함께 살고 싶어했지만 어머니와 떨어질 수가 없었다. 알고 보니 그의 아버지는 차에 치여 사망했고, 그 후로 그는 외동아들로서 과부가 된 어머니와 함께 살았다고 한다. 어머니는 그런 사고가 다시 일어날까 두려워 아들을 붙잡고 있었다.

집 앞에 차를 주차하고 어머니가 창밖을 볼 때까지 경적을 계속 울리라. 그런 다음 가짜 피 3리터를 몸에 뿌리고 머리와 팔만 나오도록 차 아래에 누워 있는다. 그리고 이렇게 외친다. "나는 아버지가 아니고, 이렇게 죽지도 않을 거예요. 왜냐하면 저는 한 여자를 사랑하기 때문이에요!" 행위자는 일어나서 애인이 탑승해 있는 차에 다시 올라타 피투성이가 된 채로 그녀와 사랑을 나눈다. 그런 다음 애인과 함께 차에서 내리고 집에 들어간다. 어머니에게 애인을 소개하며 "이쪽은 제 약혼녀예요. 저희 둘이 결혼할 거니까 저희를 축복해주세요!"라고 말하라.

40. 어린애 같은 목소리와 몸짓을 보이는 어떤 피아니스트가 작곡을 하고 싶지만 창의력을 발휘하기가 힘들다고 털어놓았다. 알고 보니 그의 어머니는 남자를 싫어했다. 따라서 그는 어머니에게 미움을 받지 않기 위해 성별이 없는 아이처럼 행동해왔다. 그는 창의력이 성적 에너지와 밀접한 관련이 있다는 것을 이해해야 했다.

어머니의 사진을 태우고 그 재 한 꼬집을 우유 한 잔에 녹여서 마시라. 그런 다음 성기로 피아노 건반을 치면서 자위를 하고, 그 위에 사정함으로써 거기에 자신의 씨를 뿌리라.

41. 부모님의 잦은 싸움을 보고 자란 한 여성이 어떻게 해야 공격적인 말을 그만할 수 있을지 알고 싶어했다. 남성이 유혹의 말을 하며 다가올 때마다 그녀는 남성들을 모욕하기 일쑤였다.

플라스틱으로 만들어진 가짜 이빨을 사서 진짜 이빨 위에 붙이라. 그리고 카페 테라스로 가서 앞에 요거트와 꿀을 두고 앉으라. 그녀는 핸드백에서 펜치를 꺼내 가짜 이빨을 뽑는 게 고통스럽고 힘들다는 듯한 연기를 한다. 신음하며 큰 노력을 들인 끝에 그녀는 이빨을 모두 뽑아낸다. 그 후 잇몸, 치아, 혀, 입천장에 꿀과 요거트를 부드럽게 발라준다. 그녀는 돌아다니다가 자신에게 호감의 눈빛을 보이는 첫 번째 남자에게 걸어가서 키스를 한다.

42. 극장에 서는 것이 꿈인 한 남자는 아름다운 목소리를 가졌음에도 대중 앞에 서서 말을 하지 못했다. 그에게는 병적인 수줍음이 있어서 사람들 앞에서 아무 말도 할 수 없었다.

1.5미터 길이의 파이프 관을 만들어 예쁜 색을 입히고 광택제

를 칠하라. 그런 다음 흰 가운, 금발 가발, 날개를 활용해 천사로 변장한 채 파이프를 가지고 현대 미술 박물관에 가라. 행위자는 박물관 관람객들에게 '당신의 귀에 매우 아름다운 말을 속삭여주겠다'고 설명하며 자신의 행위에 참여해줄 의향이 있는지 묻는다. 이때, 이 일을 돈을 위해 하는 것이 아니라, 자신의 예술 세계를 발전시키기 위해 하는 것임을 분명히 밝혀야 한다. 행위자는 자신의 제안에 응하는 관람객에게 파이프의 한쪽 끝을 귀에 대게 하고 자신은 파이프의 다른 쪽 끝에 입을 대고 시를 낭송한다. 가능한 한 많은 사람들과 함께 이 행위를 반복한다. 이렇게 하루가 끝나면 그는 받아들여진 느낌을 받을 것이며 수줍음을 극복하게 될 것이다.

43. 한 여성이 10년 전에 남자친구에게 강간을 당했다고 고백해왔다. 당시 그녀는 반항하지 않고 그저 그가 원하는 대로 하도록 내버려 두었다고 한다. 여성은 그를 다시는 보고 싶어하지 않았으며, 그 사건 이후로 연애도 하지 않았고 성생활도 하지 않았다. 나는 그녀에게 그 전 남자친구의 이름이 뭐였냐고 물었다. 그녀는 "알베르토Alberto"라고 대답했다. 다시 그녀에게 아버지의 이름은 뭐냐고 물었다. 그녀는 "알폰소Alfonso"라고 대답했다. 나는 두 사람의 이름에서 첫 두 글자가 같다는 것을 지적했다. 그리고 그녀가 무의식적으로 아버지에게 강간당했다는 인상을 받은 것 같다고 설명했다. 이러한 설명은 그녀의 근친상간적 욕망을 드러내는 것이기 때문에

그녀에게 죄책감을 불러일으킬 수 있다.

여성은 남성 친구에게 자기 아버지의 얼굴로 만든 가면을 쓰고 공공 광장의 벤치에서 자신을 기다려달라고 부탁해야 한다. 그녀는 어린 소녀처럼 옷을 입고 아버지 앞에 나타난 다음 바닥에 앉아 이렇게 말한다. "아빠, 고백할 게 있어요. 저는 아빠의 여자친구가 되어 아빠랑 결혼하고 싶었어요. 엄마한테 그랬던 것처럼, 아빠가 제 위로 몸을 던져 저를 소유해주길 원했어요. 저는 너무 어린 소녀였어요. 저를 용서해주세요." 친구는 "나는 너를 이해하고 용서한단다"라고 말한다. 그런 다음 변장한 채로 카페에 가서 페이스트리와 함께 청량음료를 마신다. 그 후 그녀는 아버지의 가면과 소녀 의상을 묻고 그 위에 장미 덤불을 심는다.

44. 자신의 경계선을 침범하는 어머니와 떨어져 수년 동안 다른 나라에 살고 있는 한 남자가 있었다. 하지만 그는 여전히 마음속에서 느껴지는 어머니의 존재감 때문에 파트너를 찾지 못하고 있었으며, 연애도 못 하고 있었다.

합성수지 재질의 끈을 사서 허리에 네 번 감으라. 끈 끝에는 어머니의 사진을 붙여야 한다. 그는 나흘 동안 이렇게 입고 있어야 하며 그동안 목욕을 해서는 안 된다. 나흘이 지나면 끈과 사진을 어머니에게 우편으로 보낸다. 우편에는 가위 하나와 "줬

다가 뺐는 사람에게는 작은 혹이 납니다.* 제게 생명을 주셔서 감사합니다"라는 글귀가 적힌 카드도 동봉한다.

45. 모욕적이고 협박적인 편지를 받은 한 내담자가 우울한 기분이 든다고 호소해왔다.

편지를 생고기에 싸서 개미집에 던져버리라.

46. 예술가이자 화가인 한 남성은 자신이 다른 사람들이 생각하는 그런 사회적 인물이 아니라고 느끼고 있었다. 그는 자신에게는 딱히 하고 싶은 말이 없으며, 자기 그림에 진정성이 없다고 느꼈다. 단지 그림을 팔기 위해서나 고상한 척하는 사람들의 박수를 받기 위해 그림을 그리는 기분이라고 했다. 그는 이런 삶이 싫었으며, 진정한 인간이 되고 싶어했다.

자신의 얼굴 사진 열 장으로 가면 열 개를 만든다. 행위자는 그것들을 착용하기 전에 얼굴에 해골 분장을 한다. 그리고 자주 가는 장소 아홉 군데에 가면을 쓰고 간다. 한 장소에 도착할 때마다 그는 가면을 벗고 그것을 작은 조각으로 찢어 아이의 머리 위로 비처럼 뿌린다. 아홉 개의 마스크를 모두 찢고 나면 집으로 돌아와 거울 앞에서 열 번째 마스크를 찢는다. 그는 해골로

---

* 무언가를 주거나 베풀었다가 후회하고 다시 가져오는 사람을 비판하는 속담.

분장한 자신의 얼굴을 한 시간 동안 바라본다. 그런 다음 분장을 지우고 그림들을 창밖으로 던진다. 이름도 바꾼다. 그는 모든 지인들에게 화가 ○○○(그의 원래 이름)이 죽었고 인간 ○○○(그의 새 이름)이 태어났다는 것을 알리는 단체 문자나 메일을 보낸다.

47. 한 남자가 자신에게 어머니와 관련한 트라우마가 있다고 고백했다. 그의 어머니는 잡지를 돌돌 말아 그의 머리를 때리면서 그를 공포에 떨게 했다. 그는 서른 살이 되었는데도 여전히 어머니를 두려워하고 있었다. 나는 어머니가 어떤 잡지를 구독하고 계시냐고 물었다. 그는 그것이 축산업에 관한 잡지라고 했다. 아마 그의 어머니는 농장에서 소를 키우고 싶었을 것이다.

소가 많은 곳으로 가라. 행위자는 여러 소 중에서 한 마리를 선택해 소의 눈을 응시한다. 그러면서 소에게 큰 소리로 모욕적인 말을 함으로써 자신의 증오심을 표출하고 날달걀 열두 개를 소의 머리에 던진다. 그런 다음 날달걀 열두 개를 깨지지 않도록 솜으로 잘 감싸 예쁜 상자에 담은 다음 어머니에게 우편으로 보낸다.

48. 한 한국 여성이 남편과 갈라선 5년 전부터 삶이 정체되었다고 느끼고 있었다. 그녀는 패션 스타일리스트였으며

앞으로 나아가기 위해서 어떻게 해야 하는지 알고 싶어했다.

이성애자, 게이, 레즈비언 커플뿐 아니라 여성과 반려견, 어머니와 딸, 할아버지와 손자, 두 친구 등을 위한 세트 옷을 만들라. 한 명을 위한 옷이 아닌, 둘을 위한 옷(서로 다른 스타일이지만 함께 있을 때 상호 보완적인 조화를 이루도록 디자인된 옷)을 만드는 것이다.

49. 한 여자가 자신의 아버지가 여성을 경시한다며 상담을 요청해왔다. 그는 그녀에게 "이 멍청한 여자들은 정말이지 참아줄 수가 없군"이라는 말을 오랜 세월 반복해왔다고 한다. 여성은 자신이 똑똑하다는 것을 아버지에게 증명하려 많은 노력을 해왔지만 이제는 지쳤다고 했다. 그녀는 본인이 원하는 것을 마음껏 하며 살고 싶다면서 스스로를 아버지로부터 해방시킬 수 있는 사이코매직 행위를 알려달라고 했다.

생리 첫날에 아버지를 저녁 식사에 초대하라. 저녁 식사가 끝나면 여성은 아버지에게 생리혈 네 방울을 탄 코냑 한 잔을 대접한다. 생리 둘째 날, 그녀는 하고 싶은 것들을 종이에 적고 그 종이를 탐폰에 말아 넣은 다음 그것을 질에 삽입한다. 몇 시간 후, 그 종이를 화분에 묻고 거기에 꽃이 피는 식물을 심는다. 생리 셋째 날에 이 식물을 아버지에게 선물로 보내라.

50. 항문에 사마귀가 있으며, 자신을 두고 다른 사람과 바람을 피운 남자친구와 정서적 문제를 겪고 있는 한 남자가 있었다. 그는 애인과 헤어지고 싶지 않았지만 그렇다고 그를 용서할 수도 없었다. 상담을 깊이 해보니 지금은 돌아가신 그의 아버지는 그가 동성애자라는 사실을 전혀 모른 채 돌아가셨다고 한다.

아버지의 무덤에 가서 자신의 항문에 꿀을 발라 문지르며 이렇게 말하라. "아버지, 저는 동성애자예요. 저를 축복해주세요." 그런 다음 고환이 붙어 있는 황소의 생식기를 사서 그것을 비닐봉지에 넣고 연인의 성기에 묶어야 한다. 행위자는 자신이 느낀 고통, 질투, 분노를 큰 소리로 표출하면서 식칼로 비닐봉지에 연결된 줄을 자른다. 그런 다음 황소의 생식기를 땅에 던지고 발로 밟아 그것을 조각내버린다. 그와 그의 연인은 키스하고 포옹한 뒤 조각을 집어 들어 그것을 땅에 묻으러 간다. 그들은 황소의 생식기를 묻은 '무덤'을 아름다우면서도 무거운 돌로 봉인한다.

51. 한 남자가 마음을 여는 데 도움이 되는 사이코매직 행위를 알려달라고 했다. 그는 자신이 사랑을 할 수 없다고 느끼고 있었지만 이런 비관적인 마음에 관한 심리적 이유를 탐구하고 싶어하지는 않았다.

불교 승려처럼 옷을 입고 얼굴을 파란색으로 칠하라. 오른손은 금색, 왼손은 은색으로 칠한 채 양손을 가슴에 대고 번화가를 걸으며 이렇게 말한다. "나는 사랑하고 싶다. 나는 사랑할 수 있다. 나는 사랑해야 한다. 사랑이 불러오는 변화들을 받아들여야 한다." 길을 걸으며 만나는 모든 여성들에게 미소를 지으라.

52. 어느 젊은 유대인 여성이 가족에게서 독립하고 싶어했다. 하지만 그녀는 이에 대한 죄책감을 느끼고 있었다.

100유로짜리 지폐 세 장과 가족사진을 히브리어 성경 안에 넣으라. 그녀는 유대교 회당에 가서 성경을 거기에 두고 이렇게 말한다. "나는 그들이 나에게 준 모든 것에 대한 값을 지불합니다. 이제 그들을 여기에 남겨두고 자유롭게 내 길을 가겠습니다."

53. 마흔 살의 한 여성이 자신이 설립한 회사가 왜 제대로 굴러가지 않고 있는지를 알고 싶어했다. 우리는 상담을 통해 그녀에게 감정적인 문제가 있다는 것을 알 수 있었다. 그녀는 먼저 죽은 남편이 그곳에서 불행을 느끼기 때문에 아내인 자신까지 실패하기를 원한다고 느끼고 있었다. 여성은 남편에게 사로잡혀 있는 듯한 기분을 느꼈다.

남편이 묻혀 있는 무덤에 가라. 행위자는 남편의 사진에 침을 묻혀 그것을 무덤 위에 붙인다. 그리고 남편에게 이렇게 말한다. "당신이 나에게 왜 화를 내는지 이해해. 내가 당신을 여기에 묻은 게 별로 마음에 들지 않는 거지? 당신이 가고 싶어하는 곳으로 데려다줄게." 행위자는 사진을 떼어낸 후 그것을 남편의 고향으로 가져간다. 그녀는 그 지역의 공동묘지에 가서 남편과 이름이 같거나 남편과 같은 이니셜을 가진 사람의 무덤에 남편의 사진을 꿀로 붙인다. 마음이 한결 가벼워질 것이다.

54. 젊고 잘생긴 한 게이 남성이 연애를 할 수 없다며 상담을 요청해왔다. 그는 왼손을 잃었고, 이것이 그의 콤플렉스였다.

보기에 안 좋고 부자연스럽다고 해서 굳이 의수를 숨기려 하지 말라. 의수를 은색으로 칠하고 각각의 손가락마다 눈길을 끄는 반지를 끼우라. 중지에는 붉은 보석이 박힌 반지를 끼워야 한다.

55. 한 여성이 심리적 요새 안에 갇혀 살아가는 기분을 느끼고 있었다. 그녀는 열일곱 살 때 네 명의 친구에게 강간을 당한 적이 있었기에 그 어떤 남자도 믿지 않았다.

네 명의 남성 테라피스트들과 함께 연기를 하라. 그녀는 강간당했을 때와 같은 옷을 입어야 한다. 네 명의 남성이 그녀를 쓰러뜨리려고 공격한다. 이때 여성은 스스로를 지키려 노력해야 한다. 그러다 마침내 스스로를 지키는 것이 실패에 가까워지면, 그녀는 마치 개에게 말하는 것처럼 큰 권위를 가지고 "누워!"라

고 명령한다. 그러면 그들은 누워서 가만히 있는다. 그녀는 그
들 사이를 걸으며 그들의 가슴을 어루만져준다. 여성은 그들에
게 이렇게 말한다. "이제 나한테 와. 나는 너희들을 원해!" 그러
면 그들은 일어나서 그녀를 부드럽게 어루만진다. 그러면서 각
자 소시지 한 조각씩을 그녀의 입에 넣어준다. 그녀는 그들의
눈을 바라보며 이 전문적인 치유 활동에 지불하기로 한 값에 해
당하는 돈을 그들의 손에 쥐여준다. 그리고 "모든 것에 감사드
립니다"라고 말한다. 그 후, 여성은 열일곱 살짜리 소녀가 입었
던 그 옷을 땅에 묻고 그 위에 덩굴식물을 심는다.

**56. 매우 부유한 집안에서 태어나 재정적인 문제가 전혀
없었던 한 남자가 자신이 현실에 발을 딛고 살아가지 못한다
고 느끼고 있었다. 그는 자신의 상상력이 과할 정도로 풍부하
다고 느꼈으며, 자신이 미쳐버릴까 봐 두려워하고 있었다. 그
는 파리에 살고 있었다.**

5층 이상의 건물로 가서 관리인에게 스스로를 대학 건축학부에
서 보낸 사람으로 소개하라. 그런 다음 건물 계단을 아주 정밀
하게 측정해야 하는데, 그러기 위해 자신이 계단을 청소해야 한
다고 말하라. 관리인에게 이를 허용하는 조건으로 약간의 돈을
주라. 행위자는 무릎을 꿇고 깃털로 만들어진 먼지떨이로 다섯
층의 계단을 모두 청소한다. 일주일에 한 건물씩, 다른 건물 여
섯 군데에서도 같은 작업을 반복한다.

57. 정서적 문제가 있는 한 남성이 아내에게 아주 공격적이고 지배적인 태도를 보이고 있었다. 그는 자신의 이런 행동에 죄책감을 느꼈다. 우리는 상담을 통해 어렸을 때 어머니가 그에게 지나치게 가혹하게 굴었다는 것을 알 수 있었다.

아내의 발에 꿀을 바르고 발 전체를 핥으라. 이 행동을 여섯 밤 연속으로 반복해야 한다.

58. 시인인 한 여성이 자신의 영혼을 알 수가 없다고 찾아왔다. 그녀는 연극 예술가인 자신의 부모님이 딸이 아닌 아들을 갖기를 원했었다고 말했다. 그녀는 이로 인해 아직도 고통받고 있었다.

남자처럼 옷을 입고 부모님을 찾아가라. 그리고 부모님 앞에서 변태(metamorphosis)에 관한 퍼포먼스를 하고 싶으니 자신 앞에 앉아보라고 말한다. 음악의 리듬에 맞춰 그녀는 가능한 한 천천히 옷을 벗는다. 옷을 다 벗은 후, 그녀는 소음순을 벌려 질에서 작은 수정 구슬을 꺼낸다. 그런 다음 그녀는 "드디어, 내 영혼을 보세요"라고 말한다. 그녀는 수정 구슬을 입에 넣고 삼킨다. 그런 뒤 부모님에게 여성복 입는 것을 도와달라고 하라.

59. 한 여자가 아버지의 자살 후 고통 속에 살고 있었다. 그녀의 어머니는 정신분열증 환자에다 공격적인 성격을 가지

고 있어, 아버지가 삶을 영위할 수 없을 지경이었다. 더 이상 견딜 수 없었던 아버지는 차를 타고 집을 나와 강가에서 약을 삼켰고, 그렇게 사망했다. 내담자는 어머니가 아버지를 정신적으로 파괴하는 것을 그저 방관하기만 했다는 죄책감을 느끼고 있었다.

해골 그림 라벨이 붙은 병에 알약 모양 사탕을 넣으라. 그런 후 아버지가 자살한 강가로 운전해서 간다. 거기서 가져온 알약을 전부 다 삼키라. 검지를 입에 넣어 토를 한다. 먹었던 알약을 잘 말려서 예쁘고 작은 주머니에 넣는다. 어머니에게 그 알약 모양 사탕을 선물한다.

한 달 후, 나는 다음과 같은 내용의 편지를 받았다.

제가 토한 알약 모양 사탕을 어머니가 먹는 것을 보고 복수의 전율과 함께 완전한 해방감을 느꼈습니다. 마침내 저는 제가 구하던 영적 평화를 얻었습니다.

60. 말을 약간 더듬는 한 남자가 턱 근육, 즉 교근咬筋에 통증이 있다고 했다. 상담을 통해 우리는 그가 어렸을 때 그의 남동생이 유양돌기염*으로 고통받았기 때문에 부모의 관심

---

* 귀 아래쪽에 염증이 생긴 것을 말한다. 귀에서 분비물이 흐르고 통증이 있으며 두통과 발열이 있다.

이 동생에게 쏠려 있었음을 알 수 있었다. 그는 무의식적으로 관심을 끌기 위해 이러한 고통을 재현하고 있었다.

동생의 이름이 적힌 가로 2센티미터, 세로 5센티미터 크기의 라벨을 6일 동안 아침마다 턱의 아픈 쪽에 붙이라. 일상생활을 하는 동안에도 계속 붙이고 있어야 한다. 누군가가 왜 그것을 붙이고 있냐고 물어보면 "문제가 있어서요"라고만 대답하고 더 이상의 설명은 하지 말라. 저녁이 되면 라벨을 떼어 부모님의 사진이 붙어 있는 화분에 묻는다. 일주일 후 그 화분에 라벤더를 심는다.

61. 한 남자가 자신에게 계속해서 불운이 따른다고 말했다. 그가 시도하는 사업은 언제나 모조리 실패했다. 그는 입양아였는데, 그의 아버지는 그가 열일곱 살 되던 해에 해군에 입대하라고 그를 설득했다. 불운은 그가 해군을 그만둔 후로 시작되었다. 이미 고인이 된 그의 아버지에게는 선원이 되고 싶다는 열망이 있었으며, 그 안에는 온갖 동성애적 상징들이 내포되어 있었다.

자신이 가장 오래 복무했던 군함과 비슷한 모형 군함을 사라. 배를 다 조립했다면 해군 장교 제복을 입고 아버지가 묻혀 있는 묘를 찾아가라. 그곳에서 행위자는 제복을 벗고 무덤 위에 올려놓는다. 미니어처 배와 남근 모형 플라스틱도 함께 올려놓은 후

"그만! 그만 저주하세요! 아버지의 소원을 이뤄드리려고 제복과 배, 남근을 가져왔어요. 그러니 이제 제가 원하는 것을 이루게 해주세요!"라고 말하라.

62. 한 영화감독이 장편 영화를 만들지 못하겠다면서 상담을 요청해왔다. 그는 항상 단편 영화만 만들어온 사람이었으며 25년 동안 한 번도 장편 영화를 만들지 못했다. 우리는 상담을 통해 이것이 작은 성기에 대한 콤플렉스 때문이라는 것을 알 수 있었다.

영화 특수효과 아티스트에게 연락하여 성기 위에 씌울 수 있는 50센티미터 길이의 인조 성기를 만들어달라고 의뢰하라. 영화 제작자를 만나러 갈 때 이 가짜 성기가 오른쪽 다리에 붙게끔 하라. 이렇게 하면 장편 영화를 제작하는 데 필요한 자신감을 얻을 수 있다.

63. 아버지를 포함해, 집안에 자살한 사람이 많은 한 남자가 우울증에서 벗어나기 위해 가족들(남아 있는 일곱 명)과 좋은 관계를 맺고 싶어했다.

장난감 물총을 들고 이 일곱 명을 찾아가라. 나쁜 아이처럼 웃으며 얼굴에 물총을 쏘라.

64. 광신적인 가톨릭 가정에서 자란 한 여성이 연인과의 관계에서 오르가슴을 느낄 수가 없었다. 그녀는 섹스가 부부 생활의 의무이며, 즐거움을 위한 것이 아니라는 교육을 받아 왔다. 그녀는 매우 작은 목소리로만 말하면서 모독에 대한 욕망, 어쩌면 죽이고 싶다는 욕망을 억누르고 있었다.

자정에 연인과 사랑을 나누면서 5분 동안 이웃들을 다 깨울 정도로 크게 비명을 지르라. 극한의 오르가슴을 느끼는 야생 동물처럼 소리를 질러야 한다. 이와 동시에 성경책을 찢는다. 찢어진 종이들은 모아서 공 모양으로 구긴 뒤 꿀을 묻혀 외할머니에게 보내라.

65. 돈을 투자하기만 하면 이익보다 손실을 더 크게 보는 한 남자가 있었다. 노동자인 그의 아버지는 시칠리아에서 온 이민자였다. 나는 그에게 치유 비용으로 얼마까지 투자할 수 있겠냐고 물었다. 그는 500유로라고 대답했다.

시칠리아 전통 모자*를 사라. 머리 위에 500유로짜리 지폐를 놓고 그 위에 모자를 쓰라. 모자는 일주일 동안 착용해야 한다. 일주일 후 아버지에게 가서 모자와 지폐를 선물로 주면서 "이 두 가지는 아버지 거예요"라고 말하라. 이렇게 하면 아버지에

---

* 코폴라 캡Coppola cap이라고도 한다. 빵모자와 비슷하게 생겼다.

게 물려받은, 돈에 관한 개념을 다시 돌려줄 수 있으며, 이로부터 해방될 수 있다.

66. 3년 동안 잇몸 출혈을 앓고 있는 한 여성이 있었다. 그녀는 어머니에게도 비슷한 문제가 있었다는 것을 기억하고 있었다. 우리는 이 질병 덕분에 아버지의 사랑을 받지 못한 내담자가 자신을 어머니와 동일시함으로써 충족되지 않은 어린 시절의 근친상간적 욕망을 표현하고 있음을 알 수 있었다.

브래지어에 어머니의 사진을 넣고 아버지를 만나러 가라. 그리고 아버지에게 "저를 안아주시고 입에 뽀뽀해주세요!"라고 말하라. 언제나 그녀를 거부했던 아버지는 그렇게 해주지 않을 것이다. 행위자는 어머니의 사진을 꺼내 그것을 피 나는 잇몸에 문지른 다음 아버지의 얼굴에 던진다. 그리고 이렇게 말한다. "이 병은 당신 것이니 당신에게 돌려드릴게요!"

67. 열한 살 때 아버지가 목에 총을 쏴서 자살한 한 여성이 있었다. 그녀가 만나는 남자들은 항상 갑자기 사랑이 식었다며 그녀를 두고 떠나버렸다.

소음기가 장착된 권총을 들고 아버지의 묘에 가서 무덤에 총을 쏘라. 총을 쏜 바로 다음에는 이렇게 말하라. "여기, 이 총알을 제 인생에서 빼내어 아버지께 돌려드릴게요." 그런 다음 권총과 꿀 한 병을 무덤에 남겨둔다.

68. 기타리스트인 한 청년이 창의성을 잃어가는 기분을 느끼고 있었다. 이와 동시에, 그는 자신과 같은 기타리스트지만 직업적으로는 성공하지 못했던 어머니의 애정을 잃을까 봐 두려워하고 있었다. 그는 어머니가 하지 못한 것을 자신이 해냈다는 죄책감 때문에 스스로를 실패로 몰아가고 있었으며, 어머니는 무의식적으로 아들의 성공을 금지하고 있었다.

어머니에게 저녁 식사에 초대해달라고 하라. 그리고 약속 시간보다 일찍 어머니의 집으로 가라. 어머니가 요리를 하는 동안 어머니의 기타를 닦아주겠다고 한다. 그는 방문을 닫고 속옷을 벗은 다음 속옷으로 어머니의 기타를 조심스럽게 문지른다. 그리고 그것을 주머니에 넣어 가져간다. 이 속옷은 세탁하지 말고 나중에 공연을 할 때마다 자신의 기타를 문지르는 데 쓴다. 이런 식으로 그는 성공에 대한 어머니의 허락을 훔칠 수 있다.

69. 자신의 여성적 창의력에 가치를 부여하기 위해 질에 금화 일곱 개를 넣고 걸어 다니는 사이코매직 행위를 실천한 여성이 있었다. 그녀는 집에 그것을 보관해 두었는데, 어디 두었는지 잊어버려서 찾을 수가 없다고 했다.

그녀가 낮은 자존감을 갖게 된 원인이 아버지에게 있으므로 그에게 전화를 걸어 금화 찾는 일을 도와달라고 하라.

70. 첼로 연주를 좋아하는 한 음악가 남성이 있었다. 상업 활동을 하는 그의 가족들은 그가 돈을 못 번다며 그를 멸시했다. 남성은 가족들이 자신을 매정하게 놀리는 짓을 그만두고 자신을 이해해주기를 바라고 있었다.

먼저 중고 첼로를 구매한 뒤에 모든 가족들을 저녁 식사에 초대하라. 저녁 식사가 끝나면 가족들에게 "이제 디저트가 나옵니다!"라고 말한다. 행위자는 중고 첼로를 테이블 위에 놓고 그것을 망치로 부순다. 그는 가족들의 접시에 부서진 첼로 조각을 나눠주고 그 위에 아카시아꿀을 뿌린다. 그리고 이렇게 말한다. "여러분은 이걸 원하셨죠. 이제 조각난 제 꿈을 드세요." 그러고는 자신의 첼로를 꺼내 테이블 위에 올라가 자신이 가장 좋아하는 음악을 연주한다. 불쾌해하는 사람들이 있다면 알아서 떠나가게 놔두라. 떠난 이들과의 관계는 완전히 끊어내고, 남아 있는 사람들과의 관계는 유지하라.

71. 불행한 결혼 생활을 하고 있는 한 여성이 있었다. 여성은 이혼을 원했지만 무언가가 그녀의 이혼을 막고 있었다. 그녀는 균형을 찾는 데 도움이 되는 사이코매직 행위를 알려달라고 했다. 가장 가보고 싶은 나라가 어디냐고 묻자 그녀는 "그린란드요!" 하고 대답했다.

그린란드행 비행기표를 사라. 남편에게 알리지 말고 보름 동안 여행을 갔다 돌아오라. 사라진 동안에는 잠자리를 제안하는 첫 번째 남자와 자야 한다.

72. 하얀 피부의 한 여성이 얼굴을 긁는 것을 멈출 수 없다며 고민을 털어놨다. 가끔은 너무 긁어서 얼굴에 피가 날 정도라고 했다. 나는 상담을 통해 흑인과 결혼한 그녀의 어머니가 백인과 바람을 피운 적이 있다는 것을 알게 되었다.

얼굴 전체를 검은색으로 칠하고 어머니에게 가서 이렇게 말하라. "남편을 속인 죄책감 때문에 항상 나를 이런 모습으로 보고 싶어했잖아! 내 얼굴을 돌려줘!" 행위자는 어머니를 화장실로 데려가 자신의 얼굴을 씻겨달라고 요구해야 한다. 어머니가 얼굴을 다 씻겨주면 행위자는 어머니에게 자신의 얼굴 전체에 입을 맞춰달라고 설득해야 한다.

73. 한 남자가 발작적인 분노를 보이는 여성과 함께 살고 있었다. 여성은 남성을 계속해서 심하게 모욕했다. 나는 상담을 통해 그가 지금 함께 살고 있는 여성만큼이나 화가 많은 어머니 밑에서 자랐으며, 어머니 역시 그를 계속해서 모욕했음을 알게 되었다.

28일 동안 자신이 들은 모든 모욕적인 말들을 스티커에 적으

라. 28일이 지나면 이 스티커들을 구겨 공 모양으로 만들라. 행위자는 여성에게 단호히 다가간 뒤 스티커 뭉치로 그녀의 입을 문지르면서 "사랑해!"라고 외친다. 그런 다음 스티커 뭉치를 우편으로 어머니에게 보낸다.

74. 자신이 어렸을 때 성적 학대를 받았다고 굳게 믿고 있는 한 남자가 있었다. 그러나 남성은 아무것도 기억하지 못했다. 그는 토할 것 같은 느낌이 들 때가 아주 많다고 했으며 남성 가족들에게 엄청난 분노를 느끼고 있었다. 하지만 그 분노가 정확히 누구를 향한 것인지는 알 수 없었다.

침실 바닥에 모든 남성 가족들의 사진을 놓으라. (그에게는 두 명의 형제, 아버지, 삼촌, 할아버지가 있었다.) 학대자가 그에게 정액을 삼키라고 시켰을 가능성이 매우 높기 때문에 그는 우유 4리터를 마시면서 토할 것 같은 느낌을 유발한다. 행위자의 몸은 마음과는 별개로 학대자의 사진 위에 구토할 것이다.

75. 한 여성이 아버지와 화해하고 싶어했다. 아버지는 죽기 전에 딸에게 비난과 모욕으로 가득한 편지를 남겼다.

아버지의 무덤을 맹렬히 채찍질한 다음 무덤 위에서 편지를 태우라. 마지막으로 붓에 꿀을 발라 거기에 '사랑'이라는 단어를 쓰라.

76. 배우이자 여행 가이드인 한 여성이 모든 게 힘들다고 느끼고 있었다. 그녀는 인생의 기쁨을 찾고 싶어했으며, 어머니가 자기에게 아무것도 주지 않았다고 느꼈다.

메추리알 여덟 개를 사서 완전히 삶아질 때까지 물에 끓이라. 그런 다음 각각의 껍질에 '엄마'라는 단어를 쓴다. 이 여덟 개의 알을 씹지 말고 통째로 삼키라. 우유 2리터를 마시고 유아용 변기에 토한다. 토사물은 화분 흙에 묻고, 그 위에다 수국을 심는다. 그리고 어머니에게 "제게 생명을 주셔서 정말 감사합니다" 라고 쓴 편지를 보내라.

77. 부모님이 자신의 탄생을 원치 않았다고 생각하는 한 여성이 있었다. 부모님은 그녀의 발전과 성장을 한 번도 지원해주지 않았다. 그녀는 이렇게 불평했다. "저는 이미 죽은 거나 다름없어요. 아무도 저를 신경 쓰지 않아요. 모두가 저를 무시해요."

비석 가게에 가서 당신의 이름과 출생 연도, 사망 연도를 새기라. 사망 연도는 출생 연도와 똑같이 적는다(예: 1985–1985). 이는 당신이 태어났을 때부터 이미 죽어 있었음을 상징하는 것이다. 그런 다음 일주일 동안 비석을 등에 메고 거리로 나가 모든 사람들이 비문을 읽을 수 있도록 하라. 일주일이 지나면 비석을 망치로 때려 부수어 돌가루로 만든다. 이 돌가루를 유골함에 담아 바다에 흩뿌린다.

78. 부모가 자신의 성생활을 비난해서 힘들다고 호소하는 한 여성이 있었다. 그녀가 남성에게 관심을 보일 때마다 부모님은 그녀를 창녀라고 불렀다. 따라서 여성은 부모님과 있을 때마다 유아기적인 태도를 취할 수밖에 없었다. 어떻게 하면 이 여성이 부모님 앞에서 자기주장을 할 수 있을까?

부모님에게 저녁을 함께 먹자고 한 뒤 식당으로 약속 장소를 정하라. 여성은 고릴라 복장을 한 남성 친구와 함께 약속 시간보다 늦게 도착한다. 부모님에게 그를 남자친구로 소개한 다음 이렇게 말한다. "계산은 미리 해놨어요. 저 없이 저녁을 드셔야 할 거예요. 저는 지금 바로 가봐야 하거든요. 이 고릴라와 섹스하고 싶어서 참을 수가 없네요." 여성은 그 큰 짐승을 껴안은 채 식당을 떠난다.

79. 한 기혼 여성이 남편에게 너무 잡혀 사는 기분이 든다고 털어놓았다. 그녀는 남성이 여성보다 더 많은 권력을 가지고 있다고 믿었다. 어떻게 하면 그녀가 남편보다 우월하다고 느끼게 할 수 있을까?

자신의 피 한 방울을 섞은 고급 와인 한 잔을 남편이 마시게 하라. 열흘 동안 이 행위를 반복해야 한다(매일 다른 손가락에서 채

혈한 피를 섞으라).

80. 속쓰림으로 고통받고 있는 한 여성이 있었다. 이 속쓰림은 그녀가 어머니에게서 "입덧이 너무 심해서 너를 지우려고 했었다"는 말을 들은 후부터 시작되었다.

매일 밤 우유 1리터를 마신 다음 깔때기를 사용해 목이 긴 유리병에 토를 하라. 9일 밤 연속으로 이렇게 한다. 행위자는 미신과 주술의 힘을 믿는 어머니에게 토사물이 담긴 이 유리병을 보내야 하는데, 유리병을 코르크 마개로 막은 다음 그 위를 실링왁스로 한 번 더 봉해야 한다. 밀봉이 잘 되었다면 이 병과 함께 다음과 같은 편지를 어머니에게 보내라. "이 유리병에는 주술사가 축복한 물이 들어 있어요. 이 병을 정원에 묻어두면 모든 식물이 무럭무럭 잘 자랄 거래요."

81. 한 여성이 돈을 버는 데 큰 어려움을 겪고 있었다. 그녀의 가정에서는 여성을 무시하는 분위기가 있었다고 한다. 돈이 많았던 그녀의 친할아버지와 외할아버지는 남성성을 과시하기 위해 집안의 남성들에게만 일해서 돈을 벌 수 있는 권리를 주었다. 따라서 여성들은 집안일에만 전념하면서 남편에게서 주급을 받아 생활해야 했다.

100유로짜리 지폐에 꿀을 발라 두 할아버지의 묘비에 붙이고 이렇게 말하라. "이건 당신들 때문에 제가 받을 수밖에 없었던 돈이에요. 다시 가져가세요. 이제 저는 제가 좋아하는 일을 하면서 돈을 벌겠어요!" 그리고 뒤도 돌아보지 말고 떠나라.

82. 네 자녀의 어머니인 한 여성이 있었다. 비록 남편이 전폭적인 지원을 해주고 있긴 하지만, 그녀는 속세를 떠나 무인도에 가서 소설을 쓰고 싶어했다. 여성은 이것이 이루기 어려운 꿈이라는 것을 알고 있었음에도 꿈을 이루고 싶어했다.

집에 자신만을 위한 방을 하나 만들라. 이 방에는 그 누구도, 그러니까 자녀, 남편, 가사도우미도 출입할 수 없다. 방 안에는 테이블, 의자, 두꺼운 공책 하나만 둔다. 매일 아침 6시에 일어나서 한 시간 동안 그 방에만 틀어박혀 모래가 가득한 대야에 발을 담그고 앉아서 소설을 쓰라.

83. 심리학적 지식이 전혀 없는 한 여성이 혼란에 빠져 있었다. 그녀는 자신이 열두 살 때 심장마비로 세상을 떠난 아버지를 이상화하고 있었다. 따라서 그 어떤 남성도 그녀 아버지의 자리를 대신할 수는 없을 것이었다. 아버지를 향한 이 사랑은 여성에게 죄책감을 느끼게 했지만, 여성은 혼란의 이유를 알지 못했다.

고해성사를 하러 성당에 가라. (이는 억눌러둔 근친상간적 욕망을 스스로 깨닫게 하기 위함이다.) 그리고 신부에게 이렇게 말하라. "신부님(Father), 저는 신부님과 사랑에 빠져서 여기 왔습니다. 신부님과 사랑을 나누고 싶습니다. 저희는 예수님처럼 아름다운 아이를 낳게 될 겁니다." 그런 다음 치마를 들어 올리고 그 자리에 소변을 보라. 내가 장담하는데, 이렇게 하면 혼란스러운 기분은 반드시 사라질 것이다.

84. 한 여자가 한 남자를 좋아하고 있었다. 둘은 육체적 관계 없이 만남을 가져왔으며 교제한 지는 5년이 되었다고 했다. 그녀는 남자친구가 병적으로 부끄러움이 많고 낭만적인 사람이라서, 자기 쪽에서 먼저 육체적 관계를 제안한다면 자신을 쉬운 여자, 문란한 여자로 생각하여 헤어지게 될 거라 믿고 있었다. 과연 그녀는 어떻게 해야 할까?

작은 터키석을 구입하라. 그것을 가지고 그를 만나러 가서 이렇게 말하라. "이번에 영매와 상담을 했는데, 그 사람이 말하길 우리가 전생에도 연인이었대. 전생의 우리 기억을 되살리려면 이 돌을 당신에게 주라고 했어. 근데 돌을 전해줄 때 내 입에서 당신 입으로 전해줘야 한대." 만약 그가 이 제안을 허락한다면 둘은 입맞춤을 통해 현실감을 되찾을 수 있을 것이다. 하지만 만약 그가 이 제안을 거절한다면 그녀는 그와 헤어지고 그를 잊어버려야 한다.

85. 남자를 만나면 항상 짧은 시간 안에 버림을 받는 여성이 있었다. 우리는 상담을 하면서 그녀가 이성들을 통해 아버지와의 관계를 재현하고 있다는 것을 알게 되었다. 여성의 아버지는 쉰 살에 자살로 생을 마감했으며 그때 그녀의 나이는 열다섯 살이었다. 그 후로 아버지의 빈자리는 어머니가 대신했으며, 당시 여성에게는 각각 열두 살, 열 살짜리 동생 둘이 있었다. 여성은 자신이 "어머니와의 관계를 위태롭게 하지 않을 남자를 찾고 있다"는 핑계를 대고 있다는 사실을 깨닫게 되었다. 이는 사실 아버지에게만 충실하고 싶어 지어낸 핑계였다. 어떻게 하면 여성이 이런 상황에서 벗어날 수 있을까?

29세 여성(그녀 자신)이 열다섯 살 된 딸과 두 명의 어린 자녀가 있는, 우울한 유부남과의 딱 한 번의 뜨거운 만남을 찾고 있다는 광고를 인터넷에 올리라. 그런 남자가 나타나면(그가 쉰 살처럼 보인다면 실제로 아내와 딸, 그리고 어린 자식 둘이 있는지 없는지 확인하려고 하지 말라) 그를 로베르토^{Roberto}(아버지의 이름)라고 부르고 그와 사랑을 나누는 동안 계속 이렇게 중얼거리라. "잘 가, 잘 가, 잘 가, 잘 가…."

86. 척추측만증이 심한, 마르고 키가 작은 남자가 자신을 돌봐주지 않았던 '어른들[*]'에 대해 불평을 늘어놓았다. 그의

---

[*] mayores. 나이가 많거나 경험이 많은 사람들. 여기서는 '선배 작가'로 해석할 수도 있다.

아버지는 도서관 사서였고 어머니는 서적상이었다. 그는 훌륭한 작가가 되고 싶었지만 부모의 문학적 기준에 부응하지 못할까 봐 두려워하고 있었다. 그의 부모님은 둘 다 실패한 작가였다.

책으로 가득 찬 배낭을 메고 5킬로미터를 걸은 다음 책들을 불태우라. 그런 뒤 '어른들'에게 가서 책을 태운 재 한 줌을 아버지의 손에, 또 한 줌의 재를 어머니의 손에 쥐여주며 이렇게 말하라. "이건 엄마, 아빠의 죽은 책이에요. 저는 살아 있는 책을 만들 거예요."

87. 서커스에서 광대로 일하는 한 여성이 있었다. 그녀는 일하는 게 행복하지 않다고 했다. 아이들을 웃겨주는 직업이지만 정작 그녀는 슬픈 기분, 뭔가가 빠져 있는 기분을 느꼈다. 여성은 열여덟 살 때부터 가족과 떨어져 살았으며 그녀의 아버지는 딸이 변호사가 되기를 원했다고 한다. 그러나 그녀는 서커스 단원으로서의 생활을 더 좋아했다. 여성의 아버지는 오랫동안 그녀와 연락을 끊은 적이 있었고, 이제는 딸과 만나긴 하지만 여성의 공연을 보고 싶어하지는 않았다.

광대 복장을 한 채 아버지에게 가서 이렇게 말하라. "제가 변호사가 되지 않을 거라는 사실을 인제 그만 받아들이세요. 아버지의 비난 때문에 제 일을 제대로 할 수가 없어요. 저를 위해 작은 희생을 해주실 것을 간곡히 부탁드려요. 광대 분장을 하고 공연장 한구석에 앉아 제 공연을 봐주세요. 그렇게 해주신다면 아버지가 저를 사랑으로 응원해주고 있다는 걸 확신할 수 있을 것 같아요." 만약 이렇게 하도록 아버지를 설득할 수 있다면 행위자는 공연 중에 황홀함을 느끼게 될 것이다.

88. 관절염에 걸린 한 여성이 있었다. 그녀는 젊은 여성이 었기에 이것이 비정상적인 상황이라고 생각했다. 우리는 상담을 통해 그녀의 외할머니가 보육원에 버려진 경험 때문에 엄청난 애정 결핍이 있었다는 것을 알게 되었다. 외할머니는 아무도 자신을 사랑해주지 않는다고 한탄하며 내담자의 어머니를 노예처럼 부렸다고 한다. 예컨대, 뼈가 약해진 부위에 안마를 해달라고 계속해서 요청했다는 것이다. 내담자는 외할머니가 뼈가 안 좋은 덕에 어머니의 보살핌과 관심을 받고 있다고 생각하며 자랐고, 이런 이유로 여성 역시 어머니의 관심을 끌기 위해 관절염을 일으킨 것이었다.

실물 크기의 플라스틱 골격 모형을 사서 일주일 동안 그것과 함께 자라. 그런 다음 외할머니의 무덤에 그것을 놓고 이렇게 말하라. "당신의 뼈와 고통을 돌려드릴게요."

이 행위 이후로 그녀의 관절 통증은 사라졌다. 그러다 파트너와 다투고 버림받았다고 느꼈을 때 잠깐 다시 도졌었다.

89. 노래를 잘하는 한 여성이 다른 사람들의 시선을 견디지 못해 대중 앞에서 공연을 할 수가 없었다. 그녀의 부모님은 그녀가 무엇을 하든, 하지 않든 관심을 별로 주지 않았었다.

직접 디자인한 아름다운 복화술 인형을 만들어 그것과 함께 노래하라. 이런 식으로 네 번을 공연해야 한다. 다섯 번째에는 인형 없이, 그러나 인형처럼 옷을 입고 공연한다. 그런 다음 행위자는 부모님에게 가서 당신들을 묶어도 되겠냐고 설득한 뒤에 함께 앉아 있는 부모님을 한 몸처럼 묶는다. 행위자는 알몸이 될 때까지 조금씩 옷을 벗으면서 그들 앞에서 노래를 부른다. 그리고 여행 가방에서 인형을 꺼내 그것을 조작하며 몇 소절을 부른 다음 인형이 이렇게 말하도록 한다. "나는 여러분의 딸이 대중 앞에서 자신을 표현할 때 사용해야 했던 인형이에요. 여러분이 이 여성의 예술에 관심을 전혀 보이지 않았기 때문에 그녀는 투명인간이 된 기분을 느끼게 되었답니다." 행위자는 인형을 찢어버리고 옷을 다시 입은 다음 부모님을 풀어준다. 만약 이렇게 했는데도 부모님이 감응하지 않았다면 행위자는 부모님을 더 이상 보지 말아야 한다.

90. 10년 동안 동거를 하며 대마를 피워온 한 커플이 있었다. 최근 대마를 끊게 된 그들은 안정감을 느끼지 못하고 있었다. 현실감, 즉 땅에 발붙이고 사는 기분이 들지 않는다는 것이 이들의 문제였다.

신용 대출을 받아 전 세계를 여행할 비행기표를 사라. 그리고 방문하는 도시마다 길에 굵은 못을 박으라.

91. 비서로 일하는 한 여성이 직업을 바꾸고 싶어했다. 여성은 램프 제작과 보석 공예를 하고 싶어했지만 부모님이 항상 그녀의 예술적 안목이 좋지 않다고 말했기 때문에 감히 직업을 바꿀 엄두를 못 내고 있었다.

최대한 흉하게 생긴 브로치를 만들라. 마찬가지로, 램프도 최대한 흉하게 만들라. 브로치는 어머니에게, 램프는 아버지에게 주면서 이렇게 말한다. "제가 만든 물건들을 한번 보세요!" 이 행위를 통해 행위자는 부모님에게 인정받고 싶은 욕구를 버리게 되어 자신이 원하는 것을 자유롭게 할 수 있게 될 것이다.

92. 사회적 콤플렉스가 있는 한 남자가 있었다. 그는 조각가가 되어 예술적인 재능을 펼치고 싶었지만, 자신에게는 그렇게 할 자격이 없다고 느꼈다. 그의 집안은 대대로 벽돌공으로 일해왔으며, 그 자신도 벽돌공이었다.

벽돌 스무 장을 쌓아 올린 다음 총으로 벽돌을 부수라. 그런 다음 자신이 직접 조각한 독수리 모양 석고상과 함께 그 조각들을 땅에 묻는다.

93. 한 여자가 분노 속에서 살아가고 있었다. 이유인즉, 그녀의 어머니가 집안을 다스렸고, 아버지는 그다지 남자답지 못한 사람이어서 어머니의 눈치를 보고 살았던 것이 화가 난다는 것이었다. 그녀의 부모님은 이미 둘 다 세상을 뜬 상태였다.

자신의 어렸을 적 사진을 크게 인화한 다음 가슴께에 걸고 장난감 가게에 가라. 거기서 찾을 수 있는 것 중 가장 큰 여자 인형을 구매한다. 그것을 가지고 부모님의 묘에 가라. 자신의 어릴 적 사진에 꿀을 발라 아버지의 무덤에 붙이며 이렇게 말하라. "당신이 필요했을 때의 내 모습이야. 하지만 당신은 그저 애에 불과했어. 나는 남동생을 사랑하듯 당신을 사랑할 거야." 다음으로 어머니의 무덤으로 가서 인형으로 묘비를 맹렬히 때리라. 분노를 다 풀고 나면 행위자는 어머니에게 이렇게 말한다. "당신도 역시 애에 불과했어. 당신은 약점을 감추기 위해 폭군을 자처했지. 나는 당신을 내 딸로 입양하겠어." 행위자는 인형을 땅에 묻고 그 위에 야자수를 심는다.

94. 자신을 이성애자라고 소개하는 한 여배우는 자기 안의 남성성이 너무 크다고 느꼈다. 알고 보니 그녀의 아버지에게는 동성애 성향이 있었다. 유아기의 근친상간적 충동 때문에 이 여성은 아버지가 자신을 좋아할 수 있도록 스스로를 남성화해왔던 것이다. 성인이 된 그녀는 불륜을 수없이 해왔음에

도 불구하고 항상 진지한 연애에는 실패했다. 그녀는 이제 가정을 꾸리고 싶다고 말했다.

임신한 남자처럼 옷을 입고 단독 공연을 하라. 행위자는 청중에게 임신한 남자로서의 느낌이 어떤지를 설명해야 한다. 이런 식으로 그녀는 유아기적 충동과 사랑하고 싶다는 욕망, 그리고 어머니가 되고 싶다는 욕망을 하나로 결합할 수 있다. 초연 공연에는 아버지를 초대하라.

95. 독실한 가톨릭 신자인 부모님 밑에서 자란 파리 태생의 여성이 있었다. 그녀는 어렸을 때부터 성적 쾌락이 죄라는 교육을 받았다. 이로 인해 여성은 몸의 감각에 집중하는 것은 금기사항이며 오직 머리 중심으로 살아가야 한다고 느꼈다.

목수를 고용하여 가枷˚를 만들라. 중국의 이러한 형벌 도구를 사용하면 목과 손목이 고정되어 머리와 손이 몸으로부터 분리된다. 이 상태로 남자 지인과 함께 노트르담 대성당에 간다. 이때 행위자는 자신에게 호감을 가지고 있는 남자 지인을 데리고 가야 한다. 성모상 앞에서 지인이 가를 풀어준다. 그것을 성모상 앞에 남겨두고 떠나라. 지인에게 미리 잡아둔 근처 호텔로 가자고 제안하라. 그곳에 도착하면 그에게 자기 눈을 가려달라

˚ 영어로는 cangue라고 한다. 죄인에게 씌우던 형틀이다. 긴 널빤지에 목과 손목이 들어갈 구멍이 뚫려 있어 착용하면 움직임이 제한된다.

고 한 뒤 관계를 맺자고 한다.

96. 부모님의 잦은 다툼과 서로를 향한 모욕적인 말 때문에 평생을 괴로워하던 한 여성이 있었다. 가끔 그녀의 부모님은 일부러 서로 아무 말도 하지 않으면서 며칠을 지내기도 했다.

부모님에게 가서 "평생 두 분이 다투는 모습을 보느라 고통스럽다"고 말하라. 부모님의 이런 모습만을 보며 살아간 사람은 가정을 이루기도 힘들다. 언젠가 손자, 손녀를 보고 싶다면 이들은 서로를 마주 보고 서야만 한다. 행위자는 부모님의 주변을 몇 번 돌면서 둘을 밧줄로 묶는다. 이 과정에서 행위자는 어렸을 때 느꼈던 모든 고통과 불안을 표출한다. 밧줄로 묶는 작업이 끝나면 그들에게 이렇게 말하라. "자, 이제 엄마, 아빠는 영원히 함께할 거예요!" 그리고 그들을 묶어둔 채 떠나라.

97. 가족이 거대한 바위처럼 느껴지며, 자신이 그 바위를 등에 짊어지고 있는 느낌이라고 털어놓는 한 남자가 있었다. 그의 큰누나는 유방암으로 사망했고, 말을 거의 하지 않는 그의 아버지는 한쪽 눈을 잃었으며, 어머니는 간질 발작을 앓고 있었다. 이 가족 내에서는 성적 학대도 있었다. 상담 결과, 농부였던 친할아버지로 인해 이 모든 일이 벌어졌음을 알 수 있었다. 친할아버지는 부츠가 최대한 닳지 않게 하려고 가족들에게 그것을 등에 매달아 다니라고 강요했었다.

부츠 한 켤레를 사서 그 안에 대변을 본 다음 할아버지의 무덤에 가서 "이 순간부터 나는 할아버지에게서 벗어날 거예요!"라고 외치며 던지라.

98. 한 절름발이 여성이 견디기 힘들 정도의 큰 슬픔에 사로잡혀 살아가고 있었다. 여성은 한 살 때 소아마비를 앓았다. 그녀의 부모님은 딸에게 예방접종을 하지 않았고, 그녀에게 전혀 신경을 쓰지 않는 편이었다. 그들 역시 온갖 문제 때문에 삶의 기쁨을 누리는 법을 모르는 가정에서 자란 사람들이었다.

잘 마른 나무를 찾아 그 나무에 온 가족의 사진을 못으로 박는다. 목발을 짚은 어린 시절의 자기 사진도 함께 박는다. 그 나무를 불에 태우라. 타고 남은 재는 모아서 성수 1리터에 녹인다. 이 반죽을 몸 전체에 바른 뒤 그 상태로 잠을 잔다. 다음 날 아침 몸을 씻으면 슬픔은 사라진다.

99. 지난 3년 동안 아래층에서 밤마다 들려오는 층간 소음 때문에 매우 화가 난 한 여성이 있었다. 나는 그녀에게 3년 전에 중요한 일이 일어난 적 있냐고 물어보았다. 그녀는 "그 당시 어머니가 돌아가셨어요. 저희 어머니는 사사건건 통제하려는 데다 성질이 매우 고약한 분이셨죠" 하고 대답했다. 아래층에 사는 사람은 정신과 의사였는데, 이를 통해 우리는

그 여의사가 사생활을 침해하는 어머니의 원형이라는 것을 알 수 있었다. 여성은 어머니를 미워하면서도 사랑했고, 그녀를 놓아주려 하지 않았다.

층간 소음이 들릴 때마다 소리가 나오는 바닥의 위치를 찾아 어머니의 사진을 그 위에 놓으라. 다음 날 아침이 되면 이 사진에 검은 리본을 붙여 아래층 집의 문 아래로 밀어 넣으라. 아래층 여자가 와서 왜 이러냐고 물어볼 때까지 사진을 복사해서 이 작업을 계속 반복하라. 그녀는 정신과 의사이기 때문에 이 문제를 이해하고 소음을 멈출 것이다.

100. 며칠 후면 서른여섯 살이 되는 한 여성이 있었다. 여성은 배우자, 직업, 가족, 재산 등등 자기 삶에는 아무것도 없기 때문에 살기가 힘들다고 했다. 그녀는 새로운 사이클을 시작하기 위한 힘을 얻을 수 있는 사이코매직 행위를 요청했다.

생일날에 구할 수 있는 것 중 가장 큰 못 서른여섯 개를 사라. 망치를 들고 딱딱한 땅이 있는 곳으로 간다. 서른여섯 개의 못을 오각별 모양으로 땅에 박는다. 빨간 사과를 먹으면서 오각별 위에 대변을 보라.

101. 부에노스아이레스^{Buenos Aires}에서 이런 편지가 날아왔다.

저는 여행사 직원으로, 현재 병가 중입니다. 왼쪽 유방에서 세 개의 암 덩어리를 제거했지요. 제가 암에 걸린 주된 이유 중 하나는 어머니와의 내적 갈등이라고 생각합니다. 어머니는 냉정한 사람이며 저와 거리를 두려 하고, 애정도 없고, 이기적이고, 까불거리고, 유치한 분입니다. 이런 제게 조언을 해주시겠어요?

나는 다음과 같이 답장했다.

당신은 어머니가 냉정하고, 거리감이 느껴지고, 애정도 없고, 이기적이고, 까불거리고, 유치한 사람이라고 말하고 있습니다. 그 이유를 스스로 생각해보면 좋겠습니다. 그러면 당신은 어머니가 그녀의 아버지와 심각한 문제가 있었다는 것을 알게 될 겁니다. 아마 당신의 외할아버지는 딸이 아닌 아들을 기대했을 겁니다. 그러면 그런 아버지의 딸은 실패한 남성처럼 행동하게 되지요. 우리는 유방을 'mama'라고 부릅니다. 여기서 조금 더 악센트를 주면 'mamá(엄마)'가 되지요. 당신의 암은 당신 자신의 것이라기보다는 당신의 어머니 것이라고 보는 것이 맞습니다. 모유 수유를 하는 것에 대한 어머니의 혐오가 암으로 드러난 것이지요. 페탕크 공을 검은색으로 칠하세요. 그리고 왼쪽 가슴 옆에 맨 가방에 그것을 넣고 다니세요. 씻을 때나 잠을 잘 때만 이 공을 내려놓아야 합니다. 일정 시간이 지나면 "당신의 것을 돌려드립니다"라고 쓴 편지와 함께 이 무거운 쇠공을 어머니에게 보내세요. 그런 다음 당신은 아기를 키우고 있는 여성을 찾아 일주일에 한 번씩 모유 수유를 받아야 합니다. 당신은 배에 베개를 넣어 임산부로 변장한 상태로 그녀의 젖을 빨아야 합니다.

102. 칠레 산티아고^{Santiago}에서 이런 편지가 날아왔다.

올해 초에 저는 우울증에 걸렸고, 끔찍한 고통 속에 빠져버렸습니다…. 더 이상 버티기 힘듭니다. 몸이 무겁고, 자주 슬프고, 기분이 오르락내리락하고, 너무 예민해서 사람들의 부정적인 생각들이 다 느껴집니다. 글쓰기 그리고 남자친구와 함께 있는 시간들이 그나마 저를 살아 있게 하는 것들입니다.

나는 다음과 같이 답장했다.

우울증에서 벗어나려면 7주 연속 금요일마다 알몸으로 욕조에 들어가 서 있으세요. 이때 당신의 남자친구가 머리카락을 포함한 당신의 온몸에 아카시아꿀이나 밤꿀을 뿌립니다. 이렇게 몸이 꿀로 다 덮였다면 그가 당신의 몸 전체(유방, 성기 및 항문, 발바닥 포함)를 애무합니다. 하지만 가슴 쪽 피부에는 하트 모양으로 꿀을 남겨두어야 합니다. 그는 당신이 이 하트를 볼 수 있도록 당신에게 거울을 건네줍니다. 그런 다음 미지근한 물로 당신을 씻겨줍니다. 깨끗하게 씻은 뒤 물기가 다 마르면 새 옷(신발, 원피스, 스타킹, 속옷 포함)을 입고 그와 함께 카페에 가서 차와 케이크를 먹으세요. 이날 입은 새 옷은 다시 입지 말고 다음 주 금요일을 위해 보관해둡니다. 이렇게 일곱 번의 금요일이 지나면 친구와 가족에게 새로운 이름으로 불러달라고 말하세요. 다른 사람의 도움 없이 당신 스스로 이 새로운 이름을 지어야 합니다. 이후에는 새 옷을 원하는 때에 입으면 됩니다.

103. 멕시코 과달라하라Guadalajara에서 이런 편지가 날아왔다.

저는 스무 살인 큰딸이 심각한 문제를 겪고 있어 당신에게 상담을 요청한 적이 있었습니다. 저희 딸은 항상 우울해하고, 자해를 하고, 저와의 대화를 거부했습니다. 대화를 하더라도 매우 공격적인 태도를 보였지요. 큰딸은 자기 여동생에 대한 질투가 극심했고, 집 안에서 계속 소리를 질렀습니다. 저는 당신의 조언대로 작은딸의 죽음을 연출했습니다. 거실 한가운데에 흰색 옷을 입은 작은딸을 눕히고 흰색 시트를 덮은 다음, 그 주변을 불을 붙인 흰색 초 네 개와 흰색 꽃으로 둘러쌌어요. 저는 검은 옷을 입고 큰딸을 불렀습니다(큰딸은 우리가 연기를 할 것이라는 사실은 알고 있었지만 자세한 내용은 모르는 상황이었습니다). 큰딸은 그 장면을 보고 화를 냈습니다. 저는 당신의 지시대로 "네 동생은 죽었어. 얘가 죽은 모습이 그렇게 보고 싶었니?"라고 물었습니다. 그러자 큰딸은 화를 내며 "당연히 아니지! 날 뭘로 보는 거야?"라고 대답했습니다. 그래서 저는 큰딸에게 이렇게 말했습니다. "그럼 다시 네 동생을 살려 내!" 큰딸은 울면서 동생에게 가서 이렇게 말했습니다. "네가 다시 살아났으면 좋겠어!" 그러고는 동생의 손을 잡고 "일어나, 제발!"이라는 말을 반복했지요. 작은딸은 자리에서 일어났고, 두 딸은 눈물을 흘리며 서로를 껴안았습니다. 당신은 큰딸이 동생을 되살리는 것에 동의하면 둘을 식당으로 데려가 밥을 먹이라고 하셨죠. 그래서 그렇게 했어요. 저희는 옷을 차려입고 함께 식당으로 갔습니다. 그러자 신기하게도 우리 테이블을 담당한 웨이트리스가 큰딸에게 다가오더니 장미꽃을 주며 너무 예쁘다고 하더군요. 저녁 식사를 마친 후 저는 딸들에게 집으로 돌아가자고 말했습니다. 그런데 정말 놀랍게도, 큰딸이 작은딸에게 밖에서 더 놀자고 하지 뭐예요. 처음으로 두 딸이 꼭두새벽까지 놀다 들어왔어요.

다음 날 우리 셋은 양초를 묻으러 가서 그 위에 식물을 심었습니다. 며칠이 지난 지금, 딸이 밝게 웃으며 활발해진 모습을 보이고 있습니다. 저와의 관계도 급격히 개선되었고요.

104. 스페인 빌바오^{Bilbao}에서 이런 편지가 날아왔다.

저는 2005년 크리스마스 전에 당신에게 상담을 받았던 스물세 살 청년입니다. 그때 저는 목이 꽉 막힌 듯한 고통스러운 느낌이 사라지지 않고 있다며 이 느낌을 없앨 수 있는 사이코매직 행위를 알려달라고 요청했습니다. 제가 문제를 얘기하자 당신은 저에게 이렇게 물었습니다. "누나나 여동생이 있나요?" 저는 누나가 셋이라고 대답했습니다. 아마 당신은 직감적으로 제가 '남자아이는 울면 안 된다'는 관념이 강한 가정에서 자랐음을 느끼셨던 것 같습니다. 당신은 제게 가장 잘 어울리는 누나 옷으로 여자처럼 차려입은 다음 부모님 앞에 서서 울라고 조언하셨습니다. 어머니는 항상 여자처럼 옷을 입는 남자를 비난하셨고, 그 생각을 온전히 받아들이며 자란 저는 술에 취하거나 여자를 꼬시려 할 때 빼고는 여자 옷을 입어본 적이 없었습니다. 그리고 제게는 또 다른 두려움이 있었습니다. '이러다 게이가 되면 어쩌지? 이렇게 하다가 내가 남자를 좋아한다는 사실을 깨닫게 되는 건 아닐까?' 하는 두려움이었죠.

2006년 3월 3일, 저녁 식사 후 저는 화장실에서 누나 옷을 입어보았습니다. 그리고 치마를 입은 채로 거실로 갔습니다. 가족들은 저를 보고 깜짝 놀라면서 웃었습니다. 첫마디가 "정말 예쁘다!"였어요. 울고 싶은 기분보다는 부모님께 제 모든 걸 투명하게 다 보여드리는 기분이 들었습니다. 저는 부모님께 이렇게 말했습니다. "사이코매지션이 시킨 행동이에요(가족들은 이미 당신에 관한 얘기를 들은 상태였습니다). 이제 울어야 하는데 눈물이 안 나네요." 저는 어렸을 때 외로웠다고, 그렇지만 가족들에게 원한을 품지는 않았다고, 가족들을 사랑한다고 얘기했습니다. 마법 같은 이 순간, 저는 해방감을 느꼈습니다. 그 후 며칠 동안 저는 이 모든 것들을 의심하기 시작했습니다. 울지 않았기 때문에 효과를 보지 못할 거라고 생각했지요. 심지어 목의 통증도 더 심하게 느껴졌습니다. 저는 왠지 이 통증이 무언가를 알려주는 기분이 들었습니다. 실제로 울고 싶은 기분이 아니니까 눈물이 안 나는 거라고 알려주는 것 같았지요. 어쩌면 제 눈물은 슬픔이 아니라 분노의 눈물이었을지도 모릅니다. 저의 의지와는 상관없이, 모든 것이 제 안에서 성숙해가고 있었습니다. 이제 저는 눈물을 흘릴 수 있습니다. 매일 통곡하는 수준까진 아니지만, 지금의 저는 울어야 할 상황이 오면 울 수 있습니다. 처음에는 눈물이 조금밖에 안 나왔지만 연습하면 할수록 우는 게 더 편안해졌습니다. 목이 꽉 막힌 듯한 고통스러운 느낌은 이제 사라졌어요.

105. 파리에서 이런 편지가 날아왔다.

저는 2007년 2월에 직업적인 문제 때문에 당신을 찾아갔습니다. 저는 연기 학교에서 가장 뛰어난 학생이었는데도 모든 오디션에서 탈락했습니다. 그래서 왜 제가 연기분야에서 성공하지 못하는지 알고 싶었지요. 당신은 타로를 본 다음 바로 제 아버지에 대해 질문하셨습니다. 그래서 저는 아버지가 이미 세상을 떠나셨으며, 돌아가시기 전에는 TV 시리즈에서 단역을 맡았던 무명 배우였다고 말씀드렸습니다. 아버지는 세상을 등진 분이라 인간 자체를 싫어했고, 몰리에르Molière의 〈인간 혐오자〉(Le Misanthrope)에서 주연을 맡는 것이 꿈이었습니다. 저는 연기 학교에서 이 캐릭터를 여러 번 연기했었습니다.

당신은 제게 아버지의 묘에 가서 무덤 위에 꽃다발과 몰리에르의 작품을 놓아두라고 조언하셨지요. 그리고 돌아오는 길에 긴 금발 가발과 가시관을 쓰고 길거리와 지하철에서 만나는 모든 사람을 축복하라고도 하셨습니다. 실제로 이런 행위를 실천할 용기를 내는 데는 두 달이나 걸렸습니다. 가발은 쉽게 구할 수 있었지만 가시관은 전문 플로리스트에게 따로 주문해야 했습니다. 준비물을 다 구비하고 나니 더 이상 미룰 핑계가 떠오르지 않았습니다. 저는 아침 9시에 지하철을 타고 6년 만에 한 번도 가지 않은 아버지의 묘로 향했습니다(저는 할아버지의 장례식에는 갔으나 아버지의 장례식에는 가지 않았습니다). 가는 길은 한 시간이 걸렸습니다. 많은 시행착오 끝에 저는 아버지의 무덤을 찾을 수 있었습니다. 그리고 당신의 말대로 꽃다 발과 책을 놓고 아버지께 이렇게 말씀드렸죠. "〈인간 혐오자〉는 제 꿈이 아니라 아버지의 꿈이에요. 그러니 아버지께 돌려드릴게요. 언제나 아버지를 사랑할 거긴 하지만, 저는 아버지가 아니에요. 저는 인간을 그만 미워할 거고, 아버지가 실패했던 배우의 꿈을 이루는 것을 저 스스로에게 허락하겠어요." 그렇게 저는 가발과 가시관을 쓰고 발걸음을 돌렸습니다. 심장이 두근거리기 시작했습니다. 가장 어려운 부분이 시작된 겁니다. 지하철을 타려면 적어도 15분은 걸어야 했습니다.

당신의 조언에 따라 저는 거리에서 사람들을 축복하기 시작했습니다. "선생님을 축복합니다." "여사님을 축복합니다." 제 예상과는 달리 사람들은 그다지 공격적으로 반응하지 않았습니다. 몇몇은 놀란 표정을 지었지만 대부분은 저를 비웃지 않고 그저 "고맙습니다"라고만 대답하더군요. 그중 한 여성은 제게 누구냐고 물었는데, 저는 구세주라고 말하면서 웃었습니다. 두려움과 흥분, 큰 기쁨이 한데 뒤섞인 기분이 느껴졌습니다. 또 다른 여성은 제가 축복을 하자 이렇게 중얼거렸습니다. "주님의 평화가 당신과 함께하길 바랍니다." 이렇게 약 마흔 명을 축복한 것 같습니다. 저는 지하철에 올라타면서 큰 목소리로 "여러분 모두를 축복합니다"라고 세 번 외쳤습니다. 그런 다음 자신감을 가지고 차분히 자리에 앉았습니다. 아무도 저를 성가시게 하지 않았습니다. 한 거지는 제게 다가와 이렇게 말하기도 했습니다. "당신이 제게 주신 돈을 신께서 백배로 갚아주실 겁니다." 그래서 저는 주머니에 있는 돈을 전부 그에게 줬습니다. 가발과 가시관을 벗고 지상으로 올라왔을 때 제 눈에는 눈물이 가득했습니다. 당신의 조언에 따라 저는 가시관과 가발을 한데 묶어서 일주일 동안 침대 밑에 보관했습니다. 그런 다음 그것을 땅에 묻고 그 위에 월계수 나무를 심었습니다.

그 후 보름 동안 저는 비정상적인 피로를 느꼈습니다. 그리고 한 달 후, 저는 처음으로 방송에서 큰 역할을 맡게 되었습니다. 1941년에서 1944년 사이 프랑수아 미테랑 François Mitterrand 대통령의 젊은 시절 역할을 연기하게 된 겁니다. 설레고 불안하지만 행복합니다.

106. 부에노스아이레스에서 이런 편지가 날아왔다.

저는 프랑스 여행 중에 당신에게 사이코매직 행위를 부탁한 적이 있었습니다. 마이클 잭슨이 앓았던 질환인 백반증에 걸렸기 때문이었습니다. 이 병은 쿠바에서 파는 약으로 치료할 수 있었습니다. 그래서 저는 치료를 위해 아바나 Havana에 두 번이나 갔지만 항상 한두 군데씩 반점이 생겨서 걱정이 많았습니다. 당신은 제게 이 질병이 뭐가 그렇게 문제냐고 물어보셨지요. 그래서 저는 반점이 점점 커지고 있고, 새로운 반점이 또 나타날 수 있다고 대답했습니다. 그러자 당신은 제게 뭐가 그렇게 심각하냐고 물어보셨습니다. 저는 이 병이 몸 전체로 퍼지면 알비노^{albino}가 될 수도 있다고 대답했지요. 또다시, 당신은 뭐가 문제냐고 물었습니다. 저는 더 이상 무슨 말을 해야 할지 모르는 상태가 되어버렸습니다.

당신이 제게 준 조언은, 온몸을 하얗게 칠한 뒤에 반바지 하나만 입고 길거리에 나가라는 것이었습니다. 그 상태로 긴 산책을 한 뒤 화이트초콜릿 아이스크림을 먹고 산책이 끝나면 저의 나체 사진을 찍어 거실에 걸어두라고 하셨지요. 이 행위를 할 때는 사랑하는 사람을 동행하라고 하셨었는데, 이 부분이 진짜 문제였습니다. 당신이 사이코매직을 조언해주셨을 때, 저는 사랑에 굉장한 난항을 겪고 있었습니다. 상담을 받은 그다음 주, 저는 부에노스아이레스의 날씨가 더 따뜻하니 사이코매직 행위를 수행하기 쉬울 것 같다는 생각이 들었습니다. 그래서 그곳으로 돌아갔는데, 그러자마자 이루어질 수 없을 거라 생각했던, 제가 사랑했던 여자에게서 전화 한 통이 걸려왔습니다. 저는 그녀에게 몇 달 전에 번호를 준 적이 있었는데 마침 그때 전화가 걸려온 것이었죠.

저는 분장 용품을 사서 온몸을 칠하기 시작했습니다. 아래쪽에 흰 반점이 있는 성기부터 분장을 하기 시작했지요. 제 몸을 칠하면서, 그 반점이 점점 커져서 제 몸 전체를 덮어버리고 있다고 상상했습니다. 저는 만화가이고 하루 종일 색칠하는 게 일이니까 이런 행동이 그다지 이상하게 느껴지지는 않았습니다. 칠이 끝난 후에는 반바지를 입고 그 친구와 함께 거리로 나갔습니다. 평온한 척했지만, 사실은 그녀와의 산책을 최대한 빨리 끝내고 싶었습니다. 마치 길을 가다가 쓰레기장 주변을 지날 때, 악취가 사라질 때까지 숨을 참고 빠른 걸음을 걷는 것처럼 말입니다. 상대를 당황하게 하지 않기 위해 물리적 거리를 두려고 했지만, 그녀는 제 손을 잡았습니다. 그 순간 그녀가 저를 받아들였다는 것, 제 겉모습이 그녀에게 그렇게 큰 문제가 되지 않는다는 것을 깨달았습니다. 그때부터 상황이 바뀌기 시작했습니다. 저는 긴장이 풀렸을 뿐만 아니라, 그녀와 함께 이런 행동을 한 것이 얼마나 중요한 것인지를 깨닫게 되었습니다.

한 취객이 저에게 큰 소리로 인사를 건네길래 저도 큰 소리로 인사를 했습니다. 제가 지나가자 길거리에서 점심을 먹던 몇몇 노동자들이 저를 환영해주길래 저도 식사 맛있게 하라며 인사를 건넸습니다. 그리고 이 행위의 클라이맥스를 찍기 위해 우리는 쇼핑을 하러 왔다 갔다 하는 관광객들로 가득 찬 플로리다^{florida} 거리$^{\circ}$로 갔습니다. 그곳에서 우리는 거리 공연을 하고 있던 노르테뇨 Norteño$^{\circ\circ}$ 밴드를 지나쳤는데, 그때 기타리스트가 제게 이렇게 외쳤습니다. "나도 하얘지고 싶어!" 또 어떤 남자는 제가 총각 파티를 하는 중인지 궁금해했습니다. 대부분의 사람들이 제게 무관심한 척을 했습니다. 집에 돌아와서는 그녀가 제 알몸 사진을 찍어주었습니다. 이 사진은 액자에 넣어 거실에 걸어둘 생각입니다. 그런 다음 저는 분장을 지우기 위해 그녀의 도움을 받아 샤워를 했습니다. 칠이 점점 옅어지고 원래의 제 피부색이 돌아오는 것을 지켜봤지요. 더 이상 제 몸의 반점들이 점점 퍼져나가는 백색 종양처럼 보이지 않았습니다. 오히려 몸에서 압도적으로 많은 비율을 차지하는 제 피부색에 의해 포위된, 작은 흰색 섬처럼 보였습니다. 이 사이코매직 행위는 제게 많은 도움이 되었고, 그녀와는 깊은 관계로 이어졌습니다. 더 이상 저는 백반증을 두려워하지 않게 되었습니다.

∘   아르헨티나에서 가장 인기 있는 쇼핑 거리. 한국으로 치면 명동 같은 곳이다.
∘∘   노르테뇨는 스페인어로 '북쪽'이라는 의미. 멕시코 북부의 전통 음악이 체코, 독일, 폴란드 등지에서 온 이민자들의 노래와 결합된 장르다.

107. 프랑스의 유명한 가수이자 작곡가인 자크 이즐랑
Jacques Higelin**(1940년생)의 아들 아르튀르**Arthur **H(1966년생)가 이런 후기를 말한 적도 있다.**

저희 아버지는 판타지와 이야기, 노래로 가득한 인생을 사는 예술가였습니다. 어린아이의 상상력을 가지고 계신 분이었죠. 그러나 아버지는 음울했던 과거로 인해 여전히 고통을 느끼셨고, 이 때문에 비교적 평온한 가정생활을 영위하기 힘들어하셨습니다. 아버지의 마음 깊숙한 곳에 자리 잡은, 원심력 같은 고통은 계속해서 다른 이들을 만나도록 부추겼습니다. 그러니까, 아버지는 자신을 속박할 수 있는 모든 것에서 끊임없이 도망가고 있었던 것이죠. 부모님을 하나로 묶어줬던 깊은 사랑은 오히려 이별을 길고 고통스럽게 만들어버렸습니다. 어머니는 아버지가 끊임없이 나갔다 돌아오기를 반복하고, 지켜지지 않은 약속이 산더미처럼 쌓여가면서 지친 나머지 아버지와 점점 멀어져갔습니다.

저는 어머니의 불안감을 완전히 흡수하여 제 것으로 만들었고, 그때부터 저도 아버지를 기다리기 시작했습니다. 가끔 아버지는 콘서트 투어를 마치고 돌아와 멋진 선물을 들고 불쑥 나타나시곤 했습니다. 또 어떤 때는 정확한 날짜와 시간을 알려주며 이때 오겠다고 했지만 아예 오지 않거나 심각하게 늦게 오시기도 했죠. 저는 처음에는 설렘과 자부심을 느끼다가 걱정, 체념, 실망, 그리고 마침내 아버지에 대한 무관심을 느끼곤 했습니다. 이때 저는 "어쩌면 아빠가 돌아가셨는데 그걸 아무도 모르고 있는 게 아닐까?" 하는 심한 불안도 느끼고 있었지요. 마침내 아버지가 돌아왔을 때, 이미 일종의 우울증에 빠져 있던 저는 아버지에게서 풍기는 에너지를 견딜 수 없었고, 아버지를 만나서 반가우면서도 공허했습니다. 게다가 아버지에게 제 감정을 표현할 수 없다는 무력감도 느꼈습니다. 성인이 된 후 예술가로서의 성공을 이루었음에도 불구하고, 이 슬픔은 끊임없이 저를 괴롭혔습니다. 저는 끊임없이 기다리는 상태로 살아가면서 아버지가 저를 보러 와주길 바랐습니다. 그래야만 제가 진정으로 존재할 수 있을 것 같았으니까요. 이런 제 감정은 항상 불안해하고 실망하면서, 무의식적으로 미래의 버림받음을 준비했던 어머니의 감정과 다를 바가 없었습니다.

알레한드로, 당신은 제게 이렇게 말하며 사이코매직 행위를 알려주셨지요. "프로이트는 틀렸습니다. 아버지를 죽일 필요는 없습니다.° 죽은 아버지가 무슨 소용이 있겠습니까? 그렇게 하는 대신, 아버지를 흡수해서 그가 당신 안에 살게 해야 해요. 딱 한 번만 당신 자신이 상징적인

° 프로이트에 따르면, 어린 남자아이에게는 아버지 살해라는 유아적 환상이 있다. 아이에게 어머니는 첫 이성이기 때문에 아버지가 인생 첫 경쟁자가 된다는 것이다. 아이는 자신의 환상 속에서 경쟁자를 물리치고 이성을 쟁취한다.

아버지가 되어보세요. 당신은 음악가이자 공인인 사람이니 공연을 보는 관객들 앞에서 아버지가 되어보세요. 관객들의 시선을 사로잡게 되면 더 이상 무언가를 끊임없이 기다리지 않아도 될 겁니다. 더 이상 가닿을 수 없는, 넘어설 수 없는 아버지 앞에서 고통받는 아이로 남아 있지 않게 될 겁니다. 아버지의 옷을 입고 그의 노래 중 하나를 부르면서 관객에게 '나는 자크 이즐랑이다!'라고 외쳐보세요."

처음 당신의 말을 들었을 때는 어떤 신성한 것을 장난처럼 여기면 안 된다는 생각이 들어 거부감이 들었지만, 점차 이 행위에서 해방감을 느끼게 되었습니다. 공연 날이 다가왔을 때, 저는 당신의 지시를 정확히 따랐습니다. 공연이 거의 끝나갈 때쯤, 저는 다른 연주자들에게 무대에서 떠나달라고 부탁했습니다. 그런 다음 앰프 뒤에 숨겨두었던 여행 가방을 꺼내 피아노 위에 던졌습니다. 시끄러운 소리가 났습니다. 그런 다음 완전한 침묵 속에서 관객들을 향해 이렇게 외쳤습니다. "이 여행 가방 안에 누가 숨어 있을까요?" 그런 다음 진지하게 아버지와의 관계, 그의 부재, 기다림, 그리고 사랑에 대해 이야기했습니다. 저는 깜짝 놀라 입을 벌린 채로 저를 쳐다보고 있는 관중들 앞에서 말을 멈추지 않았습니다. 저는 그들 앞에서 옷을 모두 벗은 다음, 알몸으로 서서 이렇게 말했습니다. "자, 저는 세상에 처음 태어난 그 날처럼 여러분 앞에 벌거벗은 채로 서 있습니다!" 그런 뒤 여행 가방을 열고 아버지의 집에서 가져온 그의 옷을 꺼내기 시작했습니다. "작업용 점프수트, 징 박힌 벨트, 자수를 놓은 벨벳 재킷, 낡은 샌들…. 이건 다 아버지가 무대에 설 때 자주 입으셨던 옷들이에요." 매우 자세한 묘사였기에 모두가 웃었고 저도 함께 웃었습니다. 그리고 다시 이렇게 말했습니다. "이제 저는 사이코매직 행위의 일환으로서 제 아버지가 될 겁니다." 저는 아버지의 옷을 입고 그의 가장 유명한 노래 중 하나를 부르기 시작했습니다. 낯선 상황에 존중이라도 보이듯, 관객석에는 경건한 침묵만이 맴돌았습니다. 저는 제게 금지된 무언가를 넘어선다는 느낌으로 집중해서 노래를 불렀습니다. 노래를 마친 후 저는 옷을 벗고 저의 꿈을 함께 해준 관객들에게 감사를 표했습니다. 저는 그들에게 아버지의 의상을 던지고 저 자신의 무대 의상을 던지면서 관객들을 이 치유 과정에 참여시켰습니다. 다시 알몸이 된 저는 연주자들을 불러 마지막 곡을 연주했습니다. 이번에는 온전히 저 자신으로 존재하면서 깊은 내적 행복을 느낄 수 있었습니다. 이날 공연을 함께한 사람들도 우리 모두에게 자유의 에너지가 밀려오는 것을 느끼며 같이 기뻐했습니다.

오늘날 저는 아버지에게 아무것도 기대하지 않습니다. 아버지가 저를 봐줘야만 진짜 저 자신으로 존재할 수 있다는 생각도 사라졌습니다. 이제 저는 아버지가 제 말을 들어주지 않아도 저 자신을 표현할 수 있다는 것을 압니다. 여전히 깊은 마음속에 분한 마음은 좀 남아 있지만, 분노를 억누르거나 나 자신에게 돌리는 대신 이 감정이 흐르도록 놔두면서 그것이 표현되도록 할 수 있습니다. 그러면 분노는 생산적이고 창조적인 어떤 것으로 변화되고, 세상과 세상 사람들을 향해 나아갈 힘과 활력이 생깁니다. 저는 부모님을 용서하기로 했습니다. 부정적인 과거의 아픔으로부터 저 자신과 부모님을 해방시켜드리기로 했습니다. 부모님께서 제게 전해주신 생명과 그 모든 사랑만을 보겠다고 선택한 것입니다.

미래의 사이코매지션을 위한 조언

사이코매직은 강렬한 연극적·예술적 경험의 산물이다. 따라서 예술 활동을 해본 적 없는 사람이 사이코매지션으로 활동하는 것은 불가능한 일일지 모른다. 사이코매직 내에서는 해프닝[*]과 퍼포먼스, 시, 그림, 조각 또는 무술과 유사한 요소를 찾아볼 수 있다. 전통적인 마법과 샤머니즘 그리고 유명한 주술사들(curanderos)의 기법 또한 사이코매직이라는 이러한 치유 예술에 영감을 준 또 다른 핵심 요소였다. 전문적인 사이코매직 상담가가 되겠다고 결심한 사람은 먼저 나의 책《타로의 길》(La vía del Tarot)에서 가르치는 대로 타로를 배우고 연극, 조형예술, 마법, 샤머니즘, 무술의 역사에 정통해야 한다. 위대한 시인의 시를 읽음으로써 감수성도 계발해야 한다. 정신분석학에 정통해야 하며, 심리계보학(psychogenealogy)을 깊게 연구하고, 특히 모든 종교적 교리를 내려놓아야 한다. 마치 가족, 사회 및 문화에 의해 만들어진 자신의 개체성을 타파하는 데 열심인 불교 승려처럼 자기 자신을 닦으라. 이렇게

---

[*] happening. 비재현적이고 일회성이 강한 공연 예술이나 작품 전시 등을 말한다. 퍼포먼스와 비슷하다. 예술가와 관람객 사이에 우발적이고 유회적인 행위를 연출하여 관람객을 예술 활동 속으로 영입한다.

하면 개인성에서 기인하는 차별적인 태도를 넘어서 비개인적인 태도로 상담을 할 수 있다. 사이코매직적인 창의력은 타고나는 것이 아니며, 하룻밤 사이에 달성할 수도 없는 것이다. 이러한 창의력을 얻기 위해서는 수년간의 꾸준한 노력이 필요하다.

사이코매지션이 되는 준비 과정은 크게 세 단계로 나눌 수 있다. 일상생활 속에서 스스로를 통제하기, 의식 수준 계발하기, 객관적인 삶의 도덕성 확립하기가 바로 그것이다.

첫 번째 단계에서 수련자는 다음의 조건을 충족할 수 있어야 한다.

- 한 가지 주제, 한 지점, 한 가지 행동에 주의를 집중하라.
- 게으름을 이겨내라. 한번 시작한 일은 반드시 끝을 내는 법을 배워야 한다.
- 자신이 하는 일에 최선을 다하는 법을 배우라.
- 혼자 있을 때도 자신의 정신적 수준에 걸맞지 않은 부적절한 태도를 보이지 말라.
- 자신의 나쁜 습관, 강박 또는 집착, 반복적인 제스처를 모두 고치라.
- 표정 관리를 하고, 찡그린 표정을 짓지 말라.
- 매 순간 깨어 있으라.
- 관대한 마음을 키우라.
- 다른 사람의 말을 경청하고, 문제를 일으키지 않도록 하라.

- 듣는 사람의 지적 수준에 맞게, 말하는 방식을 조정하라.
- 모든 선물에 의식적으로 감사하라.
- 자신의 신체적 능력을 탐구하려는 노력을 하라.
- 자기를 드러내려 하지 말고, 척하거나 거짓말하지 말라.
- 고통이나 두려움에 안주하지 말라.
- 타인을 돕되, 그가 나에게 의존하지 않도록 하라.
- 다른 사람을 모방하거나 타인이 자신을 모방하기를 바라지 말라.
- 자신이 지나치게 주목을 받지 않도록 하고, 불필요한 요란을 떨지 말라.
- 모든 질문에 정직하게 대답하라.
- 강한 성격이나 영향력을 가진 인물에게 휘둘리지 말라.
- 남의 것을 빼앗지 말라.
- 바람피우지 말고, 홀리지 말고, 유행을 좇지 말라.
- 필요한 것만 먹고 건강을 지키라.
- 다른 사람들의 개인적인 문제에 대해 이야기하지 말라.
- 쓸모없는 친목 활동을 하지 말라.
- 시간을 잘 지키고, 청결하며 단정한 상태를 유지하라.
- 다른 사람의 물건이나 성공을 부러워하지 말라.
- 필요한 만큼만 말하고 자신을 과시하지 말라.
- 불필요한 제스처를 하지 말라.
- 자신이 한 행동이나 일이 가져올 유익에 대해 생각하지 말라.

- 절대 위협하지 말라.
- 하기 싫은 일을 억지로 하지 말고 자신의 가치관을 지키라.
- 항상 약속과 계약을 지키라.
- 자신을 잊고 상대방의 입장에 서라.
- 없애려 하지 말고 변화시키라.
- 누군가를 찾아갈 때는 선물을 준비하라.
- 비판이나 칭찬에 흔들리지 말고 자신의 길을 유지하라.
- 부모님과 자신에게 잘못한 사람들을 용서하라.
- 자신의 마음속에 떠오르는 모든 생각, 감정, 욕망이 아무리 괴물 같은 것일지라도 그것과 동일시되지 말고 그저 지나가게 놔두라.
- 다른 사람들이 스스로 문제를 해결할 수 있도록 도우라.
- 부당한 거절이나 승인을 절대 그냥 받아들이지 말라.
- 혐오감을 극복하여 그것을 자비심으로 탈바꿈시키라.
- 자만심을 극복하여 그것을 존엄성으로 탈바꿈시키라.
- 분노를 극복하여 그것을 창조성으로 탈바꿈시키라.
- 탐욕을 극복하여 그것을 아름다움에 대한 사랑으로 탈바꿈시키라.
- 질투를 극복하여 그것을 다른 사람의 장점이나 재능에 대한 사랑으로 탈바꿈시키라.
- 증오를 극복하여 그것을 관대함으로 탈바꿈시키라.
- 세상에 대한 불신을 극복하여 그것을 우주에 대한 사랑으로 탈바꿈시키라.

- 두려움을 직면하고 극복하라.
- 깨어 있을 때 용납하지 않을 행동은 꿈속에서도 하지 말라.

두 번째 단계에서 수련자는 다음의 조건을 충족할 수 있어야 한다.

- 자신의 주관적인 판단을 인식하라. 그것을 마치 객관적인 진실인 것처럼 여기면서 다른 사람들에게 적용하려 하지 말라.
- 자신이 살아가는 이유와 우주의 계획에 협력하기 위해서는 무엇을 해야 하는지 알고 있어야 한다.
- 감각들로부터 받은 인상들이 때로는 기만적일 수 있음을 알고 몸에 좌우되지 않아야 한다.
- 질병이 정신에 영향을 미치지 않도록 하라. 우울증이라는 관성이 자신의 성장을 방해하지 않도록 하라.
- 욕망을 억제하지도 말고(불만족), 그것을 지나치게 자극하지도(집착) 말아야 한다.
- 부정적인 감정, 감정적으로 깊이 얽혀 있는 사람들과의 관계, 사회와 지역, 끌림과 반감, 두려움, 불안 그리고 분노가 쌓여 만들어진 혐오감을 자기 자신과 동일시하지 말라.
- 머릿속 지껄임, 백일몽, 피암시성[*], 타인의 업적이나 특성

---

[*] suggestibility. 외부 자극이나 말에 의해 자신의 생각이나 행동이 영향을 받는 것을 의미한다. 쉽게 말하면, 다른 사람의 말이나 사회적 기대에 의해 자신이 흔들리는 상태.

을 자신의 것으로 여기고 싶어하는 욕망[※], 저속한 이기심, 자신이 반드시 죽는다는 사실을 망각하게 만드는 유해한 공상을 마음속에서 쓸어버리라.

- 감각적 자극이나 정보를 무분별하게 축적하거나 수집하려 하지 말고, 중요한 인물들의 성격을 모방하여 가짜 행동을 만들어내지 말라.

- 마음속에 믿음(단순 신념이 아닌 신뢰), 소망(미련이 남은 과거의 어떤 것을 이루려는 강박적 욕망이 아닌, 실질적인 현재의 목표를 향한 올바른 노력), 사랑(인류에 대한 사랑과 과거, 현재, 미래에 대한 사랑)을 일깨우라.

- 다른 사람들을 존경할 때 그들의 내적 성취를 보고 존경하라. 그의 나르시시즘적인 인격 왜곡(이는 광고에서 보여지는 듯한 과장된 이미지, 학위, 상장, 성형된 몸, 물질적 탐욕, 과도한 장식 등으로 반영된다)을 보고 존경하지 말라.

- 지적 중심, 감성적 중심, 성적 중심, 신체적 중심 네 가지를 조화롭게 발달시키라.

- 한두 개의 중심만 피난처로 삼으면서 다른 중심을 억압하지 말라. 이렇게 되면 자신의 생각, 감정, 욕망, 필요가 서로 다른 시간과 강도로 존재하게 되어 내적 장벽이 생긴다.

- 휴식할 줄 아는 것. 고요한 마음. 차별하지 않는 마음. 성적 만족. 내 몸이 살아 있음에 감사하는 것.

[※] 예를 들면 "나 대기업 회장 K와 친한 사이야" 하며 그와의 친분을 과시함으로써 자신을 높이려는 것.

- 습관과 반복을 없애라. 정당한 욕구를 따르라. 다른 사람을 따라 하거나 끊임없는 경쟁 속에서 남과 자신을 비교하지 말라.
- 다른 사람들을 완전히 알 수는 없다는 것을 알라. 그들과 맺는 관계가 건설적인 계획에 부합하는 것인지 신경 써서 확인해야 한다.
- 공덕을 쌓기 위해 행동하지 말라.
- 고통에서 도망치지 말고, 자발적으로 고통을 마주해야 한다.
- 정신적, 정서적, 성적, 신체적 에너지를 낭비하지 말아야 한다. 언제나 자신이 얻은 것을 다른 사람들에게도 나누고 싶다는 생각을 하라.
- 어린 시절의 집착을 통해 거짓을 미신으로 전환시키지 말라.
- '나에게 어떤 일이 일어나고 있는가'보다 더 중요한 것은 '내가 어떻게 반응하고 있는가'라는 것을 알라.
- 의식적 의지는 무의식적 의지와 결합되었을 때만 자유롭다는 것을 알라.

세 번째 단계에서 수련자는 진심으로 다음과 같이 말할 수 있어야 한다.
- 미래에 일어날 모든 일들은 결국 일어나게 되어 있다. 그리고 나는 그것을 받아들인다.
- 나는 지옥의 형벌을 두려워하는 마음이나 하늘의 보상을 기대하는 마음으로 어떤 행동을 하지 않는다.

- 나는 다른 사람이 원하는 내 모습이 아닌, 진정한 나 자신이 될 것이다.
- 나는 사회가 정한 법을 받아들이지만 내 마음과 가슴 속에서는 내가 원하는 대로 생각하고 사랑할 자유를 유지할 것이다.
- 나는 결코 내가 아닌 것이 될 수 없다. 나는 언제나 진정한 나로 있을 것이다.
- 나는 미래에 자아실현을 할 수 있을 거라고 주장하기를 그만두겠다. 내가 스스로를 깨닫고 내 잠재력을 실현시킬 때는 바로 지금이다.
- 신이 여기에 없다면 그는 어디에도 없다. 내가 여기에 없다면 나는 어디에도 없다.
- 나는 알 수 없는 미래를 위해 현재를 경시하지 않을 것이다.
- 만약 내세가 있다 해도 지금은 그것을 알 필요가 없다.
- 미래에 어떤 일이 일어난다면 그것이 무엇이든 간에 나는 그 일을 알게 될 것이다. 만약 미래에 어떤 일도 일어나지 않았다면 나 또한 신경 쓰지 않게 될 것이다. 그러니 내가 왜 그것 때문에 괴로워해야 하는가?
- 나는 고통에서 비롯된 신념들이 만들어낸 어리석은 생각에서 벗어날 것이다. 나는 과거의 나도, 미래의 나도 아닌 지금의 나다. 지금 내 마음을 다스려 평화를 얻는다면, 앞으로도 의식이 있는 한 어떤 차원에서든 행복하게 존재할 수 있을 것이다.

- 그러면 나는 내세에 대해 걱정하지 않을 것이고, 내 의식의 한계를 넓힐 것이며, 내가 알 수 있는 모든 것을 알아가는 걸 즐길 것이다. 지적, 정서적, 성적, 물질적 한계를 고수하면서 침체되어 살아가지 않을 것이다.
- 다른 사람을 이해하고 사랑하기 위해, 나는 나 자신을 이해하고 사랑하는 법을 배울 것이다.
- 나는 이 세상에서 내게 일어날 수 있었던 가장 좋은 일이 내가 태어난 일임을 깨달을 것이다.
- 나는 내가 죽음이라고 부르는 그것이 내게 꼭 필요한 변화라는 것을 깨달을 것이다.
- 나는 이 세상에 존재하는 것들이 이 세상의 본질을 정의하지는 않는다는 것을 깨달을 것이다. 황금 성배 안의 쓰레기 더미는 성배의 가치를 떨어뜨릴 수 없으며, 그저 성배를 잠시 더럽힐 뿐이다.
- 이 세상 속에는 폭력, 이기심, 광신주의 등이 존재하지만 그렇다고 해서 세상이 곧 그것들 자체는 아니다. 부정적인 일들이 많음에도 불구하고 세상은 본질적으로 낙원과 같은 곳이며, 나는 그 낙원을 깨끗하게 하고 긍정적으로 활용해야 한다. 황금 성배에서 쓰레기를 치우고 쓰레기 대신 다이아몬드를 넣어야 한다.
- 존재는 신성하다. 나는 신성하다.
- 나는 내가 얻는 모든 것을 다른 사람들과 나눌 것이다.

옮긴이의 말

저는 이곳, 옮긴이의 말에 저의 사이코매직 경험담을 적어볼까 합니다. 물론 책에 외국인들의 후기가 많긴 하지만, 아무래도 한국에서 행해진 한국인의 사이코매직 후기가 독자들에게는 더 와닿지 않을까 합니다. 저는 책을 이제 막 번역하기 시작했던 시기에 사회적 인정에 대한 욕구가 강한 여성을 위한 사이코매직을 행하기로 했습니다. "생리혈로 목 주변에 메달을 그려 눈에 잘 띄게 걸고 다니라"는 부분이었지요. 훨씬 더 수행하기 힘든 사이코매직도 있었기에 그 정도는 이 책 안에서 난이도가 그리 높은 편은 아니었습니다. 하지만 막상 사이코매직을 행동으로 옮길 생각을 하니 기괴한 차림으로 돌아다니는 것에 대한 거부감이 심하게 올라왔습니다. 당시 제 머릿속에는 이런 생각만 가득했습니다. '목에 피를, 그것도 사람들이 혐오하는 생리혈을 바르고 다닌다…. 미친 사람으로 보일 게 분명해. 진짜 해? 말아?'

그래도 했습니다. 화장실 거울을 보며 생리혈을 손가락에 묻혀 목에 메달 모양을 그렸습니다. 일부러 내 생리혈을 만져본 것은 그때가 아마 태어나서 처음이었을 겁니다. 처음 만져본 나의 피는 생각과 다르게 더럽거나 혐오스러운 느낌을 주지 않았습니다. 오히려 너무나 소중한 것, 귀한 것이라는 느낌을 받았습니다. 이 소중한 피를 제 몸에 바르면서 저는 마치 한 부족의 전사가 전쟁에 나갈 준비를 하는 듯한 느낌을 받았습니다. 차이점이 있다면, 이 전쟁은 외부 세력과의 싸움이 아닌 내 내면의 모든 두려움, 장애물과 맞서 싸우는 전쟁이었습니다.

일부러 목과 쇄골이 잘 보이는 옷을 선택해서 입고 밖으로 나갔습니다. 아직 사람이 많은 큰길로 나가지도 않았는데 '사람들이 날 이상하게 볼 거야', '내가 지금 사람들 눈에 어떻게 보일까?', '피가 잘 보이나?', '누가 이게 뭐냐고 물어보면 어떻게 대답하지?' 하는 생각들이 수없이 많이 났습니다. 그러다 마침내 사람들이 북적거리는 큰길로 나갔습니다. 생각과 달리 사람들은 저에게 큰 관심이 없었습니다. 심지어 저를 힐끗 쳐다보거나 이상하게 보는 사람이 단 한 명도 없었습니다.

한참 밖을 걷다 한 편의점에 들어갔습니다. 편의점 안은 조명도 밝았고, 계산을 하기 위해서는 직원분과 1:1로 대면해야 했기 때문에 시선을 끌 수밖에 없었습니다. 중년의 여성이었던 편의점 직원분은 예상대로 목에 그려진 메달 모양 핏자국을 흘낏 보았습니다. 호기심 어린 시선이었으나 딱히 그것이 무엇이냐고 묻지는 않았습니다. 그렇게 편의점을 나와 돌아다니다가 또 무언가를 살 상황이 생겨 다시 들어갔습니다. 이번에도 역시 여성분은 목에 그려진 핏자국을 흘낏 보았습니다. 하지만 여전히 아무것도 묻지 않았고, 오히려 밝게 웃으며 물건을 계산해주셨습니다. 책의 앞부분에서 저자가 말했듯이, '내담자가 실제로 사이코매직 행위를 시작할 때, 개인의 의도와 외부 세계 사이에 어떤 신비한 상호작용이 이루어진다'는 것이 정말이구나, 하는 생각이 들었습니다. 사이코매직 행위를 하는 내내 제가 예상했던, 저를 방해하는 일이나 당황스러운 일은 단 한 번도 일어나지 않았습니다.

사이코매직은 보편적으로 생각하는 마법, 즉 주술과는 성격이 조금 다릅니다. 실제 그 행위에 어떤 마력이 있어서 현실을 바꿔주는 것이 아니라 행동, 이미지, 소리, 냄새, 미각 또는 촉각을 활용해 내 무의식에 접근하는 기법이니까요. 16쪽에 서술된 '남성을 유혹하는 마법 의식'에 대한 설명을 읽어보면 알 수 있듯이, 사이코매직에서는 물리적인 행위 그 자체보다 그 행위를 하는 과정에서 일어나는 내적 변화가 더 중요합니다. 그러니 이런 관점에서 저의 후기를 정리해보면 저에게는 크게 세 가지 변화가 있었습니다.

첫째는, 두려워하는 어떤 것을 실제 행동으로 옮길 수 있는 용기 혹은 의지가 생겼습니다. 사이코매직은 대부분 피하고 싶고, 안 하고 싶어하는 행위들을 시킵니다. 귀찮고, 굳이 그렇게까지 해야 하나 싶지요. 하기 싫은 이유는 가지각색이겠지만 어쩌면 자신에게 처방된 사이코매직 행위가 자신이 가장 마주보기 두려워하는 것을 직면하게 만든다는 것이 그 이유 중 하나일 것입니다. 나중에야 이해된 사실이지만 저의 경우는 사회적 인정을 원하는 사람이었고, 그랬기에 사람들이 이상한 사람으로 볼 수 있는 행동을 해야만 했었습니다. 아이러니하게도, 사회의 시선을 견뎌내면서까지 이 행동을 하겠다고 용기와 의지를 낸 순간 저는 사회적 인정을 필요로 하는 마음을 극복할 수 있는 자격을 부여받은 것과 같았습니다.

둘째는, 생리혈에 대한 생각이 바뀌었다는 점입니다. 우리 대부분은 생리혈을 더러운 것, 혐오스러운 것으로 생각합니다. 남성뿐 아니라 여성도 그렇게 여기기 쉽지요. 하지만 조도로프스키의 말을 인용하자면 내 몸에서 나오는 것들은 내 창조물과도 같습니다. 그리고 그 창조물로 몸에 그림을 그린다는 것 자체가 그것을 아이처럼 가지고 노는 것과 같지요. 저는 이 행위를 통해 생리혈 자체가 소중하고 귀한 것임을 몸소 느낄 수 있었습니다. 여성보다 남성이 더 우월하며 가치 있는 성이라는 무의식이 있는 여성이라면 자신의 생리혈을 긍정하게 됨으로써 자신의 여성성 또한 긍정하게 됩니다. 또한 생리혈을 '열등한 여성이라는 증거'가 아닌, '오로지 여성만이 창조해낼 수 있는 것'으로 보게 됩니다.

셋째는, 평소의 내가 얼마나 남의 시선을 신경 쓰고 살았는지, 그로 인해 얼마나 고통받고 있는지를 명확히 인지하게 되었다는 것입니다. 집 문을 열고 밖에 나간 순간부터 저는 오로지 '남들이 나를 어떻게 볼까'만 생각하고 있었습니다. 그러다 그런 생각들로 인해 고통받는 내가 보였습니다. 있는 그대로의 나로 있지 못하고, 남들이 기대하고 원하는 모습대로 있어야 한다는 압박에 시달리는 나의 모습. 이것은 사이코매직 행위 때문에 새로 생긴 마음이 아니라, 아주 오랫동안 제 무의식 속에서 저를 괴롭히던 것이 사이코매직을 통해 수면 밖으로 드러난 것뿐이었습니다. 저는 거리를 돌아다니며 사실 아무도 신경 쓰지 않는데 혼자서 저를 엄청나게 신경 쓴다는 것을 깨달았습니다. 그리고 '내가 어떻게 보일까?'라는 이 감옥에서 저를 자유롭게 풀어줄 열쇠는 남에게 잘 보이면 얻어낼 수 있는 것이 아니라, 원래 제 손안에 쥐어져 있었다는 걸 알게 되었습니다.

솔직히 고백하자면, 이 한 번의 사이코매직 행위를 통해 제 삶이 드라마틱하게 변하지는 않았습니다. ― 애초에 저를 극심하게 괴롭히던 문제가 아니어서 그럴 수도 있습니다. 그러나 제가 이 과정을 통해 얻어낸 통찰들은 정말 값진 것들이었습니다. 저는 사회적 인정을 넘어서겠다는 의지와 용기를 낼 수 있었고, 여성이라는 저의 성을 긍정할 수 있었으며, 남들의 기준과 시선이라는 감옥에서 나올 열쇠가 내 손안에 있다는 것을 알게 되었습니다.

조도로프스키는 이렇게 말했습니다. "진정한 내가 되기 위해서는 진정한 내가 아닌 것으로부터 벗어나야 한다. 있는 그대로의 내가 되는 것이 인간의 가장 큰 행복이다." 어쩌면 저에게, 그리고 모든 이들에게 정말로 필요한 것은 진정한 나로 살아가는 삶인지도 모릅니다. 상처와 아픔과 고통으로 얼룩져 있는 우리들의 무의식을 의식이라는 빛으로 힘껏 껴안아 뒤틀려 있는 내 모습이 아닌, 본래의 맑고 밝은 나로 살아가는 그런 삶 말입니다. 이 책, 《사이코매직》은 인류 전체가 '있는 그대로의 내가 되는 행복'을 누리기를 바라는 그의 고귀한 염원으로 쓰인 책입니다.

아쉽게도 한국에는 아직 알려지지 않은 그의 다큐멘터리 영화 〈사이코매직, 치유의 예술〉(Psychomagic, A Healing Art, 2019)을 보면 그가 인류 전체를 치유하는 데 얼마나 헌신적인지를 알 수 있습니다. — 실제 치유 과정을 촬영한 영화이며, 2부에 나온 집단적 치유 사례와 책의 맨 마지막 사례인 가수 아르튀르 H의 치유 과정 등이 여기 나와 있습니다. 그는 90대라는 노령의 나이임에도 불구하고 말더듬이 40대 남성을 치유하기 위해 아버지 역할을 자처해 남성을 놀이공원에 데려가기도 하고, 광장에서 동성애자들을 위한 사회적 사이코매직 행사를 열기도 하고, 대량 학살 사건에 연루된 희생자들을 추모하는 거리 행진을 이끌기도 합니다. 책으로 읽는 것보다 실제 치유 과정을 눈으로 보면 사이코매직 행위는 훨씬 더 아름답고 감동적이며, 숭고하게 느껴지기까지 합니다.

우리가 인생을 살아가며 느낄 수 있는 가장 큰 아름다움은 치유와 승화의 아름다움일 것입니다. 조도로프스키가 만들어낸 사이코매직은 그 자체로 하나의 행위예술이며, 굉장한 슬픔과 고통이 사랑과 아름다움으로 변형되는 연금술적 행위입니다. 지금 우리는 그 어느 때보다도 더 치유와 승화가 절실한 세상에서 살고 있습니다. 우리 한 명 한 명이 스스로를 치유하면 그것이 사회의 치유, 지구 전체의 치유로 이어질 것입니다. 우리 모두는 그런 의미에서 지구의 치유자들입니다. 이 책을 읽는 여러분이 조도로프스키의 염원대로 진정한 나, 있는 그대로의 나로 살아갈 수 있기를, 고통을 아름다움으로 승화시킬 수 있기를, 나 자신과 세상에 치유의 빛을 비출 수 있기를 기도합니다.